ARO 11

Roger A. Maduro · Ralf Schauerhammer

Ozonloch,
das mißbrauchte Naturwunder

Dr. Böttiger Verlags-GmbH

1. Auflage
© Copyright by Dr. Böttiger Verlags-GmbH
Dotzheimer Str. 166, 6200 Wiesbaden

Alle Rechte der Verbreitung, auch durch Film, Funk,
Fernsehen, fotomechanische Wiedergabe, Tonträger
jeder Art und auszugsweiser Nachdruck,
sind vorbehalten.

Satz: Dinges & Frick, Wiesbaden
Druck: Ebner Ulm
Printed in Germany, 1991

ISBN: 3-925725-11-3

Titelbild: Satellitenaufnahme der Erde mit Nordlicht.
(Foto: L.A. Frank and J.D. Craven, University of Iowa)

INHALT

Was liegt da in der Luft? 7
Kapitel 1 : Die Ozon-These:
             Loch an Loch – und hält doch? 13
Kapitel 2 : Begeht Mutter Erde Selbstmord? 28
Kapitel 3 : FCKWs: Die bleierne Ente
             der Ozonthese 49
Kapitel 4 : Krebs durch Sonnenenergie? 68
Kapitel 5 : Ozon in der Atmosphäre 84
Kapitel 6 : Abnahme der Ozonschicht:
             Dichtung oder Wahrheit 111
Kapitel 7 : Das Ozonloch, Wunder des Südpols 126
Kapitel 8 : Ökologismus:
             Das Ende der Wissenschaft 143
Kapitel 9 : Der Mensch im Zentrum
             der Biosphäre 167
Kapitel 10 : Sind FCKWs wirklich ersetzbar? 189
Kapitel 11 : Das Bronfman-Protokoll – oder
             Wem gehören die Umweltschützer? 201
Nachwort : Ozonloch im Kopf 221

Einleitung

Was liegt da in der Luft?

Erinnern Sie sich noch an den „nuklearen Winter"? Einst lieferte er täglich neue Schlagzeilen, heute hört man kaum noch etwas von ihm. Er hat ausgedient. Wie ein alternder Star fristet er ein Schattendasein. Die Bühne internationaler Konferenzen beherrschen heute attraktivere Erscheinungen. Dabei ist es erst sechs Jahre her, als der „nukleare Winter" seine Sternstunde hatte.

Heute erstrahlt ein anderer Stern am Medienhimmel: die Ozonschicht. Wir werden uns damit beschäftigen. Wir werden uns die Rolle genauer betrachten, die die Ozonschicht in der Politik, in den Medien und in der Wirklichkeit spielt.

Am wirksamsten agierte die Ozonschicht bisher in der Rolle der bemitleidenswerten Heldin, welche in der Stratosphäre ausharrt und sich verzweifelt gegen die chlorierten Bösewichte wehrt, die aus den menschengemachten FCKWs auf sie einstürmen und ihr mit endgültiger Vernichtung drohen. Ein mächtiger Kampf tobt auf wissenschaftlichen Seminaren und politischen Konferenzen. Schon naht der Ozonschicht Hilfe. Einige Sheriffs haben sich ihre Rettung zum Ziel gesetzt und ziehen landauf, landab mit ihren akademischen Rössern zu Feld, daß der Medienstaub nur so emporwirbelt. Wer am Ende auf der Strecke bleiben muß, ist heute noch nicht abzusehen: Hoffentlich nicht die Wahrheit!

Doch bevor wir uns in dieses Ozon-Getümmel stürzen, sollten wir anstandshalber nochmals dem verblaßten Star mit dem Künstlernamen „nuklearer Winter" unsere Aufmerksamkeit schenken und seine kurze, aber lehrreiche Geschichte Revue passieren lassen. Er betrat die Bühne im November 1983 mit einem mächtigen Paukenschlag. Die große amerikanische Fernsehgesellschaft *ABC* strahlte das Dokumentardrama „Der Tag danach" aus. Es vermittelte angeblich ein realistisches Bild davon, welche Bedingungen nach einem potentiellen Atomkrieg herrschen werden. Die Sendung schlug ein wie eine Bombe, denn die Welt befand sich gerade in einer Phase großer strategischer Konflikte und Umwälzungen. Am 23. März 1983 hatte der damalige amerikanische Präsident Reagan das SDI-Programm öffentlich bekanntgegeben, und der brutale Abschuß des Zivilflugzeugs *KAL-007* durch sowjetische Kampfflugzeuge im August dieses Jahres stand jedem noch als bedrohliches Zeichen einer sich anbahnenden Konfrontation vor Augen.

Die in „Der Tag danach" szenisch geschilderten Konsequenzen eines Atomkrieges waren dramatisch, doch der medienbewußte Forscher Carl Sagan sattelte noch eins drauf. In einem unmittelbar nach dem Film ausgestrahlten Interview behauptete er, dieser Film „untertreibe" die Folgen eines Atomkriegs gewaltig. Seinen Berechnungen zufolge reiche bereits ein „kleiner" nuklearer Schlagabtausch mit 1000 Megatonnen TNT aus, um das Sonnenlicht mehrere Wochen lang zu verdunkeln und die Temperaturen auf der Nordhalbkugel um 30° C unter den Normalwert sinken zu lassen. Da war er, in all seiner frostig-faszinierenden Grausamkeit, der „nukleare Winter"! Zusammen mit anderen Kollegen veröffentlichte Carl Sagan Teile dieser Berechnungen – nach den Anfangsbuchstaben der Autoren als TTAPS-Studie bekannt– in der Zeitschrift *Science*.[1] Der „nukleare Winter" war damit als eine wissenschaftliche Tatsache etabliert. Doch, war er das wirklich?

Die wesentliche Behauptung Sagans verlieh dem „nuklearen Winter" immenses politisches Gewicht. Sie lautete: Schon ein *einseitiger* nuklearer Präventivschlag, mit dem der Angreifer alle Atomwaffen des Gegners ausschaltet, führe zwangsläufig zu einem „nuklearen Winter", der den vermeintlichen „Gewinner" des Atomkrieges genauso zerstöre wie den „Verlierer". Der fanatische Bevölkerungsreduzierer Paul Ehrlich (er verfaßte das Buche „Die Bevölkerungsbombe") behauptete sogar, der eintretende

„nukleare Winter" werde die gesamte Menschheit vernichten.[2] Wir werden übrigens sehen, daß der Zusammenhang zwischen fanatischer Bevölkerungskontrolle und der Propagierung der Klimakatastrophe kein Zufall ist. Doch da sind wir schon wieder bei dem neuen Star, und wollten uns doch vorerst nochmals auf den „nuklearen Winter" besinnen. Nachdem auf diese Weise „physikalisch" die Unmöglichkeit eines Atomkriegs bewiesen war, konnten die Politiker und Militärs in Ost und West nicht anders, als ihre Nuklearstrategien völlig über den Haufen zu werfen. So einfach stellte es sich für den an Hollywood-Happy-Ends gewohnten Betrachter dar.

In der wirklichen Welt haben die Militärs beider Großmächte jedoch in ihrer grenzenlosen Arroganz gar nicht auf die geniale Theorie des in den Medien so gerühmten Carl Sagan gewartet. Die Militärs hatten sich tatsächlich ganz ohne die Hilfe des genialen Sagan von selbst die Frage gestellt, ob ihre schwersten Kanonen nicht vielleicht doch nach hinten losgehen könnten, und hatten deshalb die klimatischen Folgen von Atomexplosionen — und der danach zu erwartenden Großbrände — schon in den sechziger Jahren untersucht.[3] Dabei waren sie zu weniger spektakulären Ergebnissen gekommen als Carl Sagan und seine Kollegen. Der nukleare Winter rechnet sich nämlich nur, wenn man eine Reihe extrem ungünstiger Annahmen macht, welche allesamt erfüllt sein müssen. Unter einigermaßen realistischen Bedingungen sind die klimatischen Auswirkungen auf den atomaren Angreifer jedoch keineswegs verheerend und sie sind bei weitem weniger schlimm als die direkten Folgen der Atombomben für den Angegriffenen.

Die wirkliche Sorge der Militärs ging Ende der siebziger, Anfang der achtziger Jahre genau in die entgegengesetzte Richtung, nämlich dahin, daß durch die technische Entwicklung und höhere Zielgenauigkeit die nukleare Abschreckung zunehmend ausgehöhlt wurde. Ein wachsender „Erstschlagsbonus" entstand. Eine destabilisierende Dynamik mit zunehmender „Vornestationierung" hatte eingesetzt. Nur vor diesem Hintergrund erkennt man übrigens den strategischen Sinn des SDI-Verteidigungsprogramms.

Nach und nach gestanden die Vertreter der These vom „nuklearen Winter" ein, daß ihre These völlig überzogen und in ihrem wesentlichen Gehalt nicht aufrechtzuerhalten war. Der Anführer der amerikanischen Klimaapostel, Stephen T. Schneider, spricht deshalb mittlerweile nur noch von einem „nuklearen Herbst", und P.J. Crutzen, dessen Artikel von 1982 in *Ambio*[4] als der eigentliche Startschuß für die These vom „nuklearen Winter" gilt und der es unternahm, in Rom den Papst persönlich in die Geheimnisse dieser apokalyptischen Theorie einzuweihen, spricht mittlerweile in Zeitungsinterviews[5] beim Thema „nuklearer Winter" nicht mehr über wissenschaftliche Fakten, sondern über politische Kontakte. Freeman Dyson bringt das Thema „nuklearer Winter" auf die einfache Formel: „Gute Politik, schlechte Physik!"

Professor S. Fred Singer, ein Umweltforscher von der Universität Virginia, schrieb bereits am 3. 2. 1984 im *Wall Street Journal*, daß der klimatische Effekt eines Nuklearschlags sogar in einer Erwärmung bestehen könnte, wenn man nämlich berücksichtigt, daß die Brände, die die Staubwolke des „nuklearen Winters" vor die Sonne schieben, auch Wasserdampf in sehr große Höhen tragen. Die dadurch hervorgerufene Erhöhung des Treibhauseffekts schwächt die Abkühlung des „nuklearen Winters" ab und wiegt sie möglicherweise mehr als auf.[6] Es ist eine sehr lehrreiche Erfahrung, daß genau die Forscher, welche uns heute in grellen Farben die Klimakatastrophe des vom Menschen verursachten Treibhauseffekts ausmalen, zur Zeit des „nuklearen Winters" vom Treibhauseffekt ganz und gar nichts wissen wollten. Erst 1988, als der „nukleare Winter" längst von der Medienbühne abgetreten war und der „Treibhauseffekt" mit lautem Trara ins Rampenlicht stürmte, fand sich Stephen Schneider bereit, dem abgehalfterten „nuklearen Winter" auch seinen Treibhauseffekt zuzugestehen. Er brachte fortan bestenfalls eine „schwache Abkühlung" zustande.[7] Mittlerweile sind viele Seiten geduldigen Papiers mit Berechnungen über den „nuklearen Winter" gefüllt worden. Eines ist jedoch offensichtlich: Der „nukleare Winter" war nicht, wie allgemein angenommen, eine neue wissenschaftliche Erkenntnis, die zu neuen politischen und strategischen Konsequenzen führte.

Es bleibt die Frage: Was ging in Wirklichkeit vor? Was bedeutet es, wenn die führenden Militärs und Politiker in Ost und West wußten, wie unhaltbar die These vom „nuklearen Winter" im Grunde war? Drängt sich da nicht unweigerlich der Verdacht auf, daß es genau umgekehrt war: Nicht die wissenschaftliche These erklärte die Politik, sondern die Allgemeinheit wurde mit dem „nuklearen Winter" an der Nase um eine politische Entwicklung herumgeführt, die sie in ihrer ganzen Wahrheit nicht erkennen sollte. Das hätte dann natürlich nichts mit Demokratie und dem Selbstbestimmungsrecht mündiger Bürger zu tun und erst recht nichts mit Wissenschaft. Das wäre dann vielmehr ein Rückfall in die Zeiten, als Hohepriester und Magier dem staunenden Volk die wundersame Weisheit der Gottkönige erklärten.

Kann man den Wissenschaftlern, wie zum Beispiel dem medienfreudigen Stephen Schneider, wirklich unterstellen, daß sie sich derart mißbrauchen ließen? Wir werden sehen, man kann. Doch selbst wenn dem so sei, sollten wir nicht froh sein, daß der „nukleare Winter" geholfen hat, die Kriegsgefahr zu bannen? Sollten wir nicht aufgrund der „guten Politik" über die „schlechte Physik" hinwegsehen? Ein verführerischer Gedanke, und eine gefährliche Verführung zugleich. Wer geneigt ist, ihr zu erliegen, der ersetze das abgegriffene Wort „Politik" durch den Begriff „Staatskunst". Denn Staatskunst bringt deutlicher zum Ausdruck, daß Politik eine Kunstfertigkeit ist, welche mit wissenschaftlicher Strenge betrieben werden muß. Schlechte Wissenschaft ergibt schlechte Politik. Gute Politik und schlechte Wissenschaft, das geht nicht zusammen.

Aus schlechter Wissenschaft folgt immer schlechte Politik, das wird dieses Buch anhand der These von der angeblichen „Zerstörung der Ozonschicht", dem neuen Stern am Medienhimmel, demonstrieren. Wir werden sehen, daß die gleichen Wissenschaftler, die eigentlich durch ihre unhaltbare Theorie vom „nuklearen Winter" vorsichtig geworden sein sollten, unbekümmert in der Atmosphäre herumrühren und eine Katastrophe nach der anderen aus ihren Computern hervorholen. Wir werden die immer weiter auseinanderklaffende Schere zwischen wissenschaftlich gesicherten Tatsachen und bereits ergriffenen politischen Maßnahmen sehen, Maßnahmen, die zum größten Teil unnötig oder falsch sind. Und wir werden sehen, daß die Zukunft der Menschheit nicht so sehr durch die Zerbrechlichkeit der Natur bedroht ist, sondern vor allem durch die unheilige Allianz von öffentlichkeitswirksamen „Wissenschaftlern" und Politikern und der daraus hervorgehenden politischen Methode.

Was wir brauchen, ist weniger Medienglamour, aber mehr Wahrheit. Wir müssen der Sucht nach schnellen Scheinlösungen wehren und die Freude an der Arbeit wecken, welche aus dem Bewußtsein entsteht, zur Lösung der wesentlichen Probleme beizutragen. Und wir können weder Politiker noch wirkliche Wissenschaftler sein, wenn wir nicht alle Menschen — alle, auch die in den ärmsten Gebieten dieser Erde — in unser Herz schließen und ihnen bei ihrer Entwicklung helfen, wie wir das für unsere eigenen Kinder tun würden. Dann werden wir „Nullwachstum" ablehnen und das richtige Verhältnis von Mensch und Natur finden. Dann werden wir praktisch erfahren, daß der Mensch nicht zwangsläufig die Natur zerstört, sondern sie sehr wohl erhalten und sogar weiterentwickeln kann.

Anmerkungen:

(1) „Global Atmospheric Consequences of Nuclear War", *Science*, Vol. 222, S. 1283-1292, 1983.
(2) *Science*, Vol. 222, S. 1292-1300, 1983.
(3) Robert, U.: Environmental Effects of Nuclear Weapons, *Report HI-518-RR*, New York, Hudson Inst., 1965.
(4) *Ambio*, Vol. 11, S. 114-125, 1982.
(5) *Die Welt*, 2. 10. 1989.
(6) Singer, S.F.: *Journal of Meteorology and Atmospheric Physics*, Vol. 38, S. 228-239.
(7) Schneider und Thompson, *Nature*, Vol. 333, S. 221-227, 1988.

Kapitel I

Loch an Loch – und hält doch?

Das Ozonloch verbreitet Angst und Schrecken. Es ist angeblich nur der Anfang einer furchtbaren Entwicklung — der Zerstörung der Ozonschicht. Diese Schreckensmär ergreift die Phantasien einfacher Gemüter und gelehrter Professoren, sie ist Thema von Talkshows, wissenschaftlicher „Panels" und Kneipengesprächen. Sie lebt von der Wirkung einiger geschickt ausgewählter Lügen. Eine Reihe falscher Tatsachen wird immer wieder wiederholt und wiederholt, bis jeder sie für wahr hält. „Wie jeder weiß,... erzeugen FCKWs Hautkrebs, durch die Zerstörung der Ozonschicht, und außerdem ist klar bewiesen, daß...!"

Für diese scheinbaren „Tatsachen", die aufgrund allgemeiner Verbreitung in den Massenmedien bereits als „Fakten" angesehen werden, in Wirklichkeit jedoch nur Behauptungen oder bestenfalls plausible Annahmen sind, wurde der Begriff „Faktoid" ins Leben gerufen. Doch wir werden dieses Wort nicht verwenden, da Medienkampagnen keine Zufallserscheinungen sind, sondern immer eine Absicht verfolgen, halten wir uns an das einfache und treffende Wort „Lüge".

Lüge Nummer 1: Ein einziges Chloratom aus einem Fluorchlorkohlenwasserstoffmolekül (FCKW) kann in der Stratosphäre Hunderttausende von Ozonmolekülen zerstören.

FCKWs sind träge, kaum chemisch reagierende, ungiftige, nicht brennbare chemische Verbindungen, die weder Ozon noch sonst irgendetwas zerstören. Um aus diesen gutmütigen FCKWs böse Ozonkiller zu machen, müssen die Ozonloch-Theoretiker die Behauptung aufstellen, daß die UV-Strahlung in der oberen Stratosphäre die FCKW-Moleküle aufbricht und das darin enthaltene Chlor freisetzt. Damit ist der Bösewicht entfesselt, der angeblich die Ozonschicht malträtiert. Immer wenn den gutmütigen FCKWs die Schuld am Megakill in der Ozonschicht zugeschoben wird, wird dabei implizit behauptet, daß die UV-Spaltung von FCKWs die einzige Möglichkeit ist, Chlor in die Stratosphäre zu bringen.

Es wird immer eine ganz wichtige und offensichtliche Tatsache verschwiegen: Die Chlormenge, die in allen FCKWs der Welt enthalten ist, ist unbedeutend klein im Vergleich zu der Chlormenge, die aus natürlichen Quellen in die Atmosphäre aufsteigt. Selbst wenn die Behauptung stimmte, daß harte UV-Strahlung in der Stratosphäre aus FCKWs Ozonkiller macht, wäre ihr Beitrag zur Ozonzerstörung gering.

Lüge Nummer 2: Alle FCKWs steigen mit der Zeit 30 km oder mehr vom Ort ihrer irdischen Freisetzung auf, um für immer in der Stratosphäre zu verschwinden. Die Stratosphäre ist die einzige „Senke", in der FCKWs durch UV-Spaltung wieder „abgebaut" werden können. Etwas anderes gibt es nicht.

In Wirklichkeit wartet die wissenschaftliche Arbeit, die den stichhaltigen Beweis dafür antritt, daß die relativ schweren FCKW-Moleküle in großer Zahl zur oberen Stratosphäre aufsteigen, bis heute auf ihre Veröffentlichung.

Es ist experimentell gar nicht so einfach zu belegen, wie die FCKWs 30 km hoch aufsteigen und von dieser Höhe, in der die größte Ozonkonzentration herrscht, immer weiter bis in Höhen von 40 oder sogar 60 km aufsteigen, um dort endlich in eine Region zu gelangen, in der die effektive Zerlegung durch UV-Strahlung überhaupt möglich ist. Diese Steigleistung der FCKWs basiert bis heute auf der Annahme, daß die FCKWs in die Stratosphäre aufsteigen müssen, weil sie wasserunlösliche Moleküle sind und sich deshalb nirgendwohin sonst verkrümeln können. Ihnen bleibt angeblich gar nichts anderes übrig, als nach und nach in die obere Stratosphäre aufzusteigen.

Lüge Nummer 3: FCKWs brechen in der Stratosphäre auseinander, um dann durch ganz bestimmte chemische Reaktionen die Ozonschicht zu zerstören.

In Wirklichkeit wurde die Photodissoziation von FCKWs durch UV-Licht in der Stratosphäre nie gemessen. Die chemischen Reaktionen, die von den Urhebern der Ozonzerstörungstheorie F. Sherwood Rowland und Mario Molina beschrieben wurden, haben nur in Laborexperimenten stattgefunden. Rowland und Molina gründeten ihr theoretisches Modell lediglich auf einige wenige chemischen Reaktionen in einer sorgfältig kontrollierten Laborumgebung. In der wirklichen Welt wurden mindestens 192 chemische Reaktionen und 48 photochemische Reaktionen beobachtet, die in der Stratosphäre ablaufen. Die meisten davon laufen sehr schnell ab und enthalten als Reaktionspartner freie Radikale und angeregte Atome. Schon in kleinsten Mengen beeinflussen sie die Chemie der Stratosphäre. Die meisten dieser Reaktionen können kaum im Labor reproduziert werden; noch schwieriger ist es, ihre Meßdaten in situ, d.h. in der Stratosphäre, zu gewinnen.

Es ist offensichtlich absurd, die Reaktionen einiger weniger Moleküle herauszugreifen, diese isoliert im Labor ablaufen zu lassen und daraus die wesentlichen Abläufe der Stratosphärenchemie herzuleiten. Das wußten Rowland und Molina auch, als sie 1974 ihren Bericht abfaßten, denn sie formulierten in der Einleitung sehr sorgfältig und abschwächend: „Wir haben versucht, die wahrscheinlichen Ablagerungen und Lebenszeiten dieser Moleküle zu berechnen." Diese „Versuche" über „wahrscheinliche" Vorgänge spazieren heute als „offensichtliche Tatsachen" auf den Titelseiten der Massenmedien einher!

Der Ozon-Mythos lebt seit zwanzig Jahren

Die Theorie, daß irgendeine vom Menschen hergestellte Chemikalie das Ozon in der Stratosphäre zerstört und damit ein gefährliches Loch in die Ozonschicht reißt, ist nicht neu. Die Theorie der Ozonzerstörung geht auf das Jahr 1970 zurück. Damals war diese Theorie ein gewichtiges Argument in der Debatte um das amerikanische

Raumfahrtprogramm. Es ging darum, ob man nach der erfolgreichen Mondlandung die nächsten Schritte der bemannten Raumfahrt unternehmen und in diesem Zusammenhang den geplanten Überschalltransporter bauen sollte.

Der Überschalltransporter (SST) sollte ein ziviles Passagierflugzeug werden, welches wie jeder andere Düsenjet vom Boden starten kann. Er sollte mit Überschallgeschwindigkeit in die Stratosphäre fliegen. Es war geplant, dreimal soviele Passagiere doppelt so schnell zu befördern, wie das heute mit der *Concorde* möglich ist.

Bis 1970 blieben die Argumente der Raumfahrtgegner ohne Wirkung. Dann verkündete James McDonald von der Universität des Staates Arizona seine entscheidende Entdeckung: Der Kondensstreifen des SST löst die Ozonschicht auf, behauptete er, und zwar als Folge der Reaktionen des Wasserstoffradikals HO. Wichtiger noch war, daß McDonald als erster die Auflösung der Ozonschicht mit einer Zunahme an Hautkrebs in Verbindung brachte. McDonald, der übrigens auch fest an die Existenz von UFOs glaubt, behauptete, daß der SST eine vierprozentige Abnahme des Ozons in der Stratosphäre verursache, was zu 40 000 Fällen an Hautkrebs mehr jährlich führen würde. Die auf diese Weise mobilisierte und auf den SST fokussierte Krebsangst versetzte letztendlich den SST-Plänen den Todesstoß.

Ein Jahr, nachdem McDonald seine Behauptungen aufgestellt hatte, erbrachten kompetente Wissenschaftler den Nachweis, daß McDonalds chemische Berechnungen falsch waren. Nicht nur das, es stellte sich sogar heraus, daß Kondenswasser, d.h. Wasserdampf, in der Stratosphäre auch ganz ohne die Existenz von Stratosphärenflugzeugen zugenommen hatte und diese Zunahme keineswegs mit der behaupteten Ozonzerstörung einherging. McDonald beeindruckte diese wissenschaftlichen Ergebnisse wenig. Er war wahrscheinlich zu sehr damit beschäftigt, den Einfluß von UFOs auf die Ozonschicht zu erforschen. Immerhin stellte er die interessante These auf, daß Stromausfälle auf der Erde durch außerirdische

Wesen verursacht würden.

Wie dem auch sei, in der Öffentlichkeit war die große Ozonkatastrophe geboren. Während immer mehr wissenschaftliche Beweise auftauchten, die McDonalds Behauptungen widerlegten, traten zwei weitere Forscher mit einer neuen Variante der Ozonzerstörungstheorie auf. Ende 1970 trugen Harold Johnson von der kalifornischen Universität in Berkeley und Paul Crutzen unabhängig voneinander die Ansicht vor, daß kleine Mengen Stickstoffoxid, wie sie durch den Ausstoß der Triebwerke des SST entstehen, die Ozonschicht auslöschen würden. Diesmal war die Voraussage der Ozonzerstörung gleichbedeutend mit Weltuntergang: Hunderttausende Fälle von Hautkrebs sollten entstehen, weil die „tödlichen" UV-Strahlen ungefiltert durch die geschwächte Ozonschicht hindurch auf die Erde niederschießen konnten.

Obwohl auch diese neue Variante der Ozontheorie sehr bald widerlegt wurde, war sie politisch äußerst wirkungsvoll. Der amerikanische Kongreß kürzte 1971 das Raumfahrtbudget drastisch und beendete alle Zukunftspläne für den Stratosphärentransporter. Die NASA mußte sich für ein Transportsystem mit geringeren Investitionskosten entscheiden: das Space Shuttle. Natürlich griffen die Gegner des Raumfahrtprogramms sofort auch das Space Shuttle an. Wieder arbeiteten zwei Forscherteams, ganz unabhängig voneinander, an einem neuen Atmosphärenschreck. Diesmal kam die Gefahr — welche Überraschung — von den Abgasen des Space Shuttles! Besonders von dem Anteil an Wasserstoffchlorid (HCl), den die beiden Shuttle-Zusatztriebwerke freisetzen.

Zwei Forscher an der Universität von Michigan, Richard Stolarski und Ralph Cicerone — beide waren übrigens keine ausgebildeten Chemiker —, begannen damit, die Auswirkungen des Chlorids auf das Ozon in der Stratosphäre zu untersuchen. Ein anderes Forscherteam, Mike McElroy und Steven Wofsy an der Universität Harvard, betrachtete ebenfalls die Wirkung von Chlor. Anfang 1973 wurde dann in privaten Besprechungen und internen „Papers" die neue Weltuntergangstheorie akademisch festgezurrt: Die Hauptthese war, daß die Ozonschicht durch den Chlorausstoß der Raketentriebwerke des Space Shuttles eliminiert werde.

Warum erging es dem Space Shuttle besser als dem Stratosphärentransporter? Wahrscheinlich wurde das Shuttle von der Spraydose gerettet, denn die schreckliche Gefahr durch FCKWs aus der Dose, die jeder tagtäglich bedenkenlos in die Hand nimmt, wirkte ungleich stärker auf die Phantasie als alle Geschichten über Abgase von Raketentriebwerken.

Damit sind wir beim vorerst letzten Kapitel der immer neuen Gefahren für die Ozonschicht angekommen: dem Märchen vom bösen FCKW. Es begann mit dem britischen Biologen James Lovelock, der auch dafür bekannt ist, daß er die Erdgöttin *Gaia* aus dem Reich der Schatten hervorgeholt und sie zu „wissenschaftlichem" Leben erweckt hat.

Lovelock hatte ein Gerät erfunden, mit dem sich unvorstellbar geringe Mengen gewisser Chemikalien messen lassen. Mit diesem Gerät fuhr er 1971 an Bord des Forschungsschiffs *Shackelton* in die Antarktis und maß über dem Ozean die Konzentration von FCKWs in der Luft. Da sein Meßgerät in der Lage war, unvorstellbar geringe Konzentrationen an FCKWs zu messen, stellte Lovelock tatsächlich überall in der Luft FCKWs fest; zwar in unvorstellbar geringen Mengen, aber immerhin! Nach Großbritannien zurückgekehrt, veröffentlichte er seine Meßergebnisse in der Zeitschrift *Nature*.

Ende 1973 standen also drei Dinge fest:
1. Ein Wissenschaftler kann berühmt werden und Forschungsgelder erhalten, wenn er behauptet, daß irgendein vom Menschen erzeugter chemischer Stoff die Ozonschicht zum Verschwinden bringt und dadurch den Weg für die krebserregenden UV-Strahlen freimacht;
2. Eine dieser heimtückischen chemischen Stoffe ist Chlor; und
3. in FCKWs ist Chlor enthalten, und diese FCKWs sind in der Luft in allen Teilen der Welt verteilt.

Die Zeit war reif für zwei neue Akteure: Vorhang auf für F. Sherwood Rowland!

F. Sherwood Rowland war Leiter eines kleinen Chemiefachbereiches an der Universität Kaliforniens in Irvine. Bekanntlich ist es in den USA, insbesondere für derartige Fachbereiche, sehr schwer, Forschungsmittel zu organisieren. Im Dezember 1973 machte sich Rowland gerade bereit, eine fünfmonatige lehrfreie Zeit in Wien zu verbringen. Da erfuhr er eine Neuigkeit, die die Chance versprach, dem Fachbereich dringend benötigte Fördermittel zu verschaffen. Einer seiner ehemaligen Studenten hatte sich mit der Frage beschäftigt, was mit den Fluorchlorkohlenwasserstoffen in der Stratosphäre möglicherweise geschehen würde. Dieser Student war Mario Molina. Er hatte einige Berechnungen angestellt und daraus gefolgert, daß FCKWs in die Stratosphäre aufsteigen, wo die UV-Strahlung das darin enthaltene Chlor freisetzen kann. Jedes einzelne Chloratom könne dann in einer unkontrollierbaren Kettenreaktion etwa 100 000 Ozonmoleküle zerstören. Molina hatte sogar ausgerechnet, daß die FCKWs auf diese Weise in 30 Jahren 40% der Ozonschicht zerstören könnten.

Rowland erkannte, daß eine Sensation in der Luft lag. Sollte die lange Geschichte der Ozonfresser um einen neuen Kandidaten bereichert worden sein? Ohne viel Zeit zu verlieren, nahm Rowland seinen Schüler Molina unter den Arm und flog noch zwischen den Jahren nach San Franzisko zur kalifornischen Universität in Berkeley, um Harold Johnson, den Hohenpriester der Ozonzerstörungstheorie, zu treffen. Johnson warf einen Blick auf Molinas Berechnungen, nickte zustimmend mit dem Kopf und gab seinen Segen.

Nach kurzem Zwischenstopp in Irvine reiste Rowland nach Europa und schrieb für *Nature* einen auf Molinas Berechnungen basierenden Artikel. In Europa traf Rowland auch Paul Crutzen, und es entstand aus den beiden ein Team, von dem man bald wußte, daß es immer für eine originelle These gut war, wenn es darum ging herauszufinden, auf welche Weise der Mensch schon wieder die

Ozonschicht zerstört. Rowlands Artikel erschien am 28. Juni 1974 in *Nature*. Anfänglich mußte ihre These sich gegen zwei Dutzend ähnlicher Theorien behaupten. Sie wurde 1975 schließlich der „Ringleader" im Ozonkrieg, geriet aber schon 1978 wieder außer Mode und mußte 1985 mit viel Getöse und der angeblichen „Entdeckung" des „Ozonlochs" wieder zum Leben erweckt werden.

Auf der Suche nach dem großen Ozonfresser

Teilweise erklärt sich die manische Suche nach Ozonkillern damit, daß die Chemiker seit 50 Jahren keine Übereinstimmung zwischen dem Ozongehalt in ihren mathematischen Gleichungen und ihren Meßwerten in der Stratosphäre herstellen konnten. Der Geophysiker Sidney Chapman lieferte 1929 eine Hypothese dafür, wie die Ozonschicht in der Stratosphäre entsteht und vergeht. Es ist der nach ihm benannte Chapman-Zyklus. In der oberen Stratosphäre, also in über 45 km Höhe, gibt es fast nur noch Sauerstoff und Stickstoff. Der Druck ist weniger als ein Hundertstel Normaldruck, und die Temperaturen liegen unter 0° C. Von der Sonne dringen Lichtstrahlen aller Frequenzen nahezu ungehindert ein. Chapman postulierte nun folgenden Kreislauf. Da Quanten des Sonnenlichts mit einer Wellenlänge von weniger als 240 nm (1 nm = 1 Nanometer = 1 Milliardstel Meter) genügend Energie haben, um die Bindung des molekularen Sauerstoffs aufzubrechen, findet folgende Reaktion statt:

(1) O_2 + Photon (Wellenlänge ≤240 nm) —> O + O

Jedes der Sauerstoffatome kann sich dann mit einem Sauerstoffmolekül zu Ozon verbinden, wobei ein weiterer „Stoßpartner" nötig ist, der nur Bewegungsenergie aufnimmt, aber ansonsten nicht an der Reaktion teilnimmt. Diese Aufgabe übernimmt in der Stratosphäre vor allem der Stickstoff.

(2) $O + O_2 (+ N_2)$ —> $O_3 (+ N_2)$

Wenn das alles wäre, würde nach und nach aller Sauerstoff in Ozon verwandelt. Das Ozon wird nach Chapman aber auf zwei Arten wieder abgebaut. Einmal wird es genau wie normaler Sauerstoff durch Sonnenlicht zerlegt, wobei weniger Energie nötig ist, da die Atombindung in O_3 schwächer ist als in O_2. Die Wellenlänge des aufspaltenden Photons kann bis zu 1180 nm betragen.

(3) O_3 + Photon (Wellenlänge ≤1180) —> O_2 + O

Außerdem kann ein Ozonmolekül mit einem Sauerstoffatom reagieren und zwei normale Sauerstoffmoleküle bilden.

(4) O_3 + O —> O_2 + O_2

Alle vier Reaktionen zusammen ergeben ein System, in dem sich ein sehr stabiles, dynamisches Gleichgewicht herstellt. Das gilt natürlich nur für die obere Stratosphäre. In tieferen Schichten laufen sehr komplizierte Prozesse ab, bei denen Wettererscheinungen und Luftbewegungen eine große Rolle spielen, weshalb der Wert für die über einem bestimmten Ort befindliche Ozonsäule täglich und jahreszeitlich stark schwankt.

Der Chapman-Zyklus hat jedoch ein Problem. Wenn man nachrechnet, wieviel Ozon bzw. atomarer Sauerstoff für den Fall dieses dynamischen Gleichgewichts in der oberen Stratosphäre vorhanden sein müßte, und diesen errechneten Wert mit den Meßwerten vergleicht, dann ist der gerechnete Wert um das Zehnfache zu hoch. Man muß also nach einem weiteren Ozonfresser suchen, der für diese Differenz verantwortlich ist. Doch das ist nicht alles: Da alle potentiell in Frage kommenden Reaktionspartner in der oberen Stratosphäre nur in 1000fach geringerer Konzentration vorkommen als die Stoffe, welche an den vier genannten Reaktionsgleichungen des Chapman-Zyklus beteiligt sind, muß man auch noch den „Trick" herausfinden, mit dem diese wenigen Moleküle zehnmal mehr Ozon fressen können als die 1000fach häufiger vorkommenden Stoffe.

Einen solchen Trick hat man gefunden. Aus spektroskopischen Beobachtungen weiß man, daß sich in der oberen Stratosphäre winzige Mengen an Wasserstoff- und Stickstoffradikalen befinden. Es sind die Moleküle HO und NO. Mit ihnen ist folgende Reaktion denkbar:

(5) $O_3 + HO \longrightarrow HO_2 + O_2$

(6) $HO_2 + O \longrightarrow HO + O_2$

Im Gesamtergebnis ergibt das genau die Gleichung (4) des Chapman-Zyklus,

$$O_3 + O \longrightarrow O_2 + O_2,$$

wobei das Hydroxylradikal nur eine Vermittlerrolle ausübt. Das gleiche gilt völlig analog für Stickstoffradikale. Ganz so einfach ist es in Wirklichkeit nicht, denn auch das zwischendurch entstehende Hyperoxylradikal HO_2 wird durch Sonnenlicht — und zwar nicht im energiereichen UV-Bereich, sondern im sichtbaren Bereich — sehr leicht zerlegt. Das bedeutet, daß die in Gleichung (6) beschriebene Reaktion nicht eintritt und das freie Sauerstoffatom wieder für die Ozonbildung zur Verfügung steht. Ob ein seltenes Molekül als Ozonfresser brauchbar ist, entscheidet sich aber vor allem dadurch, ob es Zehntausende von Ozonmolekülen zerstören kann, bevor es in eine andere Verbindung übergeht oder aus der Stratosphäre herausfällt. Das neue Gleichungssystem mit den zusätzlichen Ozonfressern ist alles andere als stabil und reagiert stark auf diese „aktive Lebensdauer" der kleinen „Fresser". Leider kann man ihre „aktive Lebensdauer" im Experiment nicht genau bestimmen.

Wie dem auch sei, für sehr große Höhen über 55 km glaubte man damit den benötigten Ozonfresser gefunden zu haben. In geringeren Höhen klappte die Sache rein rechnerisch immer noch nicht, und es begann die Suche nach weiteren Ozonfressern, welche die in diesen Höhen verbleibende Differenz von circa 20 Prozent auch noch wegschaffen. Als man schließlich auf das in FCKWs enthaltene Chlor als möglichen Ozonkiller kam, hat man das Kind mit dem Bade ausgeschüttet und vor lauter Eifer ausgerechnet, daß die FCKWs einen solch gefräßigen Magen haben, daß sie innerhalb weniger Jahre die gesamte Ozonschicht ratzeputz wegfressen.

Was man geflissentlich übersehen hat, ist die Tatsache, daß all diese Berechnungen mit großen Unsicherheiten behaftet sind. Bezüglich der entscheidenden Reaktionsgeschwindigkeit betragen sie bis zu 50%. In Laborexperimenten lassen sich die in der Stratosphäre herrschenden Bedingungen nur sehr ungenau nachahmen, und die verschiedenen Experimente liefern Reaktionskoeffizienten, die um mehrere Größenordnungen zu groß oder zu klein ausfallen. Angesichts dieser experimentellen Probleme, den Ozonkreislauf überhaupt zu erklären, und ganz abgesehen von den verwickelten Abläufen, welche durch die reale Dynamik der Atmosphäre hinzukommen, ist es schon erstaunlich, woher die Vertreter der Ozonthese die Stirn nehmen, sich vor internationale politische Konferenzen zu stellen und ihre „Beweise" für den Weltuntergang aus der Spraydose zu präsentieren.

Wie schaffen Rowland und Molina Chlor in die Stratosphäre?

Nach der Theorie von Rowland und Molina ist gerade die chemische Trägheit der Fluorchlorkohlenwasserstoffe, die diese Stoffe für den Menschen so nützlich und für die Umwelt so freundlich machen, die Ursache für ihre tödliche Wirkung. Die häufigsten FCKWs, FCKW-11 und FCKW-12, besitzen in der Atmosphäre eine Verweildauer von ca. 75 bzw. 120 Jahren. Da sie mit keinem anderen Stoff reagieren, sich also nicht abbauen, gelangen die auf dem Boden freigesetzten FCKWs theoretisch nach etwa fünf Jahren aus der Troposphäre in die darübergelegene Stratosphäre. Auch dort können sie nach der Theorie immer weiter aufsteigen, bis sie in eine Höhe gelangen, wo die aus dem Weltall kommenden UV-Strahlen die in ihnen enthaltenen Chloratome „befreien".

Rowland behauptet, daß FCKW-12 (es handelt sich um

Freon mit der chemischen Formel CCl_2F_2, also genau das Kühlmittel, welches unsere Lebensmittel im Kühlschrank vor dem Verderben bewahrt) folgende Reaktionen in der Stratosphäre eingeht:

(7) CCl_2F_2 + UV-Strahlung —> Cl + $CClF_2$.

Das freie Chloratom verbindet sich dann mit einem Ozonmolekül und bildet ein Chlormonoxid-Molekül (ClO) sowie molekularen Sauerstoff (O_2):

(8) $Cl + O_3$ —> $ClO + O_2$.

Auch das als Reaktionsprodukt dieses Reaktionsschrittes entstehende Chlormonoxid-Molekül ist nach Rowlands Theorie sehr reaktiv und verbindet sich sofort mit dem entstandenen atomaren Sauerstoff zu einem weiteren Sauerstoffmolekül, und das Chloratom wird wieder freigesetzt, damit die Kettenreaktion fortgesetzt werden kann.

(9) $ClO + O$ —> $Cl + O_2$.

Das Endergebnis der Gleichungen 7-9 entspricht (wie bei Gleichung 5 und 6) wieder der Gleichung (4) des Chapman-Zyklus:

$$O_3 + O —> O_2 + O_2.$$

Damit war ein theoretischer Mechanismus erfunden, der die verheerenden Folgen der FCKWs in der Stratosphäre erklären konnte, wenn man nur die aktive Lebensdauer der Chloratome lang genug annimmt. Bald gesellten sich ihm weitere derartige theoretische Mechanismen zur Seite, in denen unter anderem auch dem Element Brom ein ähnliches Killerpotential wie dem Chlor zugeschrieben werden konnte.

Die Zeitschrift *Physics Today* vom Juli 1988 faßte die Theorie folgendermaßen zusammen: „Das klare Ergebnis ist, daß Ozonmoleküle aus der Stratosphäre entfernt werden und Chloratome frei werden, um diesen Reaktionsablauf immer erneut zu wiederholen. Ein einziges Chloratom kann während seiner Verweildauer in der Stratosphäre Hunderttausende Ozonmoleküle zerstören. Dieser Reaktionskreislauf wird unterbrochen, wenn die freien Chloratome in sogenannten Reservoir-Verbindungen eingeschlossen werden."

Der Umweltzeitschrift *Mother Earth News* gelang es in ihrer November/Dezember-Ausgabe kurze Zeit später, alle Schrecken der „FCKW-Katastrophe" in einem einzigen Absatz konzentriert darzustellen: „Da Ozon das schädliche UV-Licht abblockt, ist die daraus resultierende dünner werdende Ozonschicht eine große Gefahr für das Leben auf der Erde. Wenn die schützende Barriere fehlt, erreichen die mit hoher Energie geladenen UV-B-Strahlen die Erde, wo sie wahre Verwüstungen auslösen könnten. Zu den von den UV-B-Strahlen verursachten Gesundheitsbeeinträchtigungen gehören: Sonnenbrand, Hautkrebs, grauer Star sowie andere Augenschäden und eine mögliche Schwächung des Immunsystems. UV-B-Strahlen können auch die Ernteerträge verringern, Kleinlebewesen in der sehr fruchtbaren obersten Wasserschicht der Weltmeere abtöten, Smog in einigen Städten verschärfen und den Verfall von Farbanstrichen, Plastikgegenständen sowie anderen industriell hergestellten Materialien beschleunigen."

Natürliches Chlorvorkommen und FCKWs

Versuchen wir die Sache ins rechte Verhältnis zu setzen. Wäre es wahr, daß Chlor die Ozonschicht vernichtete, dann hätte „Mutter Natur" sich längst selbst umgebracht. Die natürlich in der Atmosphäre vorkommenden Mengen an Chlor sind nämlich sehr viel größer als die Mengen, die der Mensch durch „seine Industrieproduktion" in FCKWs hineinsteckt. Ja, die natürlichen Chlorvorkommen in der Atmosphäre lassen die potentiell durch FCKWs freigesetzten Mengen an Chlor als winzig klein erscheinen.

Die Jahresproduktion von FCKWs wird derzeit auf etwa 1,1 Millionen Tonnen geschätzt. Darin sind etwa 750 000

Tonnen Chlor enthalten. Nun vergleichen Sie bitte diese Zahlen mit den natürlichen Chlorgasvorkommen:
- Mehr als 600 Millionen Tonnen Chlor werden jährlich durch Meerwasserverdunstung an die Atmosphäre abgegeben. Meerwasser enthält Salz, das ist bekanntlich die Chlorverbindung Natriumchlorid. Obwohl Natriumchlorid leicht aus der Luft ausgewaschen und auf diese Weise im allgemeinen schnell zur Erde zurückgeführt wird, können beträchtliche Mengen dieses Chlorsalzes durch die Sogwirkung von Gewittern, Orkanen, Taifunen und andere Arten von Wirbelstürmen in die Stratosphäre gelangen. Dort können die Chloratome wieder freigesetzt werden.
- Die ständig aus Vulkanen aufsteigenden Gase bringen jährlich auch ohne größere Eruptionen mehr als 36 Millionen Tonnen Chlorgas in die Atmosphäre. Vulkanausbrüche stoßen zusätzlich einige Hunderte von Millionen Tonnen Chlor in die Atmosphäre. Besonders starke Vulkanausbrüche schleudern diese Gase sogar direkt in die Stratosphäre hinauf.
- 8,4 Millionen Tonnen Chlorgas werden durch Waldbrände und die Verbrennung von Biomasse frei. Dies ist unter anderem die Folge primitiver Ackerbaumethoden wie die Brandrodung, zu denen Entwicklungsländer gezwungen werden, weil ihnen moderne Energietechnik vorenthalten wird.
- Die Biomasse der Meere, also Algen, Kelp und Plankton, geben neuen Messungen zufolge mehr als 5 Millionen Tonnen Methylchlorid an die Atmosphäre ab. Auch diese Chlorgase aus biologischen Quellen konnten in der Stratosphäre gemessen werden. Inzwischen weiß man, daß auch Landpflanzen erhebliche Mengen Methylchlorid an die Atmosphäre abgeben.
- Schließlich gelangt Chlor auch aus dem Weltall durch den Meteoritenregen und kosmischen Staub in die Stratosphäre. Man rechnet, daß es sich um mehrere Millionen Tonnen jährlich handelt.

Aber ist da nicht das Ozonloch über der Antarktis! Das plötzliche Auftreten des Ozonlochs hat doch den unwiderlegbaren Beweis dafür gebracht, daß das Chlor aus vom Menschen synthetisierten FCKWs die Ozonschicht ganz und gar vernichten kann. Man kann doch nicht ignorieren, daß man über der Antarktis Chlorkonzentrationen gemessen hat, die 50 bis 60mal höher waren als im Rest der Welt! Ganz eindeutig kann dieses dort gemessene Chlor nur von FCKWs stammen — woher denn sonst?! Da haben die Ozonlochtheoretiker ihren Beweis für die Theorie von Rowland und Molina. Was dem starr in die antarktische Stratosphäre gerichtete Blick der Ozontheoretiker entgeht, ist lediglich der riesige, aktive Vulkan Erebus, der nur 15 Kilometer entfernt von der Beobachtungsstation im McMurdo-Sund — das ist der Ort, von dem aus die berühmten Messungen der Chlorkonzentration in der Atmosphäre der Antarktis vorgenommen wurden — breit und fett auf dem Boden sitzt. Dort sitzt also dieser treue Sohn der Mutter Gaia und ist seit rund 140 Jahren, als wir Menschen ihn entdeckten, ununterbrochen aktiv. Während andere Vulkane nach jedem Ausbruch eine längere Ruhepause einlegen, speit der Mt. Erebus ununterbrochen. Deshalb liegt die Lava bei ihm auch nicht tief in einem Krater, sondern direkt unter der Erdoberfläche.

William Rose von der Technischen Universität Michigan hat sich diesen Vulkan 1983 näher angesehen und herausgefunden, daß er täglich — wohlgemerkt täglich! — etwas mehr als 1000 Tonnen Chlor in die Atmosphäre pafft. Das ergibt im Jahr runde 370 000 Tonnen, was 1983 guten zwei Dritteln der Weltproduktion an FCKWs entsprach.

Der Vulkan entwickelt ständig große Wolken, die Chlor und andere vulkanische Gase enthalten; diese werden vom Wind erfaßt und geradewegs Richtung McMurdo-Sund getragen, wo sie die Wissenschaftler mit sehr teuren Geräten messen, die vom Boden aus nach oben peilen oder in Ballons aufsteigen. Es gibt also unwiderlegbare und ganz naheliegende Beweise dafür, daß die in der Antarktis gemessene hohe Chlorkonzentration nur aus den vom Menschen freigesetzten FCKWs kommen können. Nicht wahr?

Kapitel II

Begeht Mutter Erde Selbstmord?

Der Mt. Erebus ist in der Tat ein besonders interessantes Exemplar seiner Gattung. Er liegt nicht nur in einem Teil der Erde, wo die Luft sehr kalt, also trocken ist, sondern dazu noch im Gebiet des polaren Jetstroms. Da der Mt. Erebus Hunderttausende Tonnen Chlor in sehr große Höhe ausstößt, wird ein erheblicher Teil dieses Chlors vom Jetstrom erfaßt und bis in die Stratosphäre getragen, wo das Chlor Tausende von Kilometern zurücklegt. Dieser starke Jetstrom, bei dem Windgeschwindigkeiten von bis zu 480 km/h gemessen wurden, erzeugt den Polarwirbel. Dieser Wirbel siegelt die Atmosphäre über dem gesamten antarktischen Kontinent während fast zweier Monate im Jahr ab, wodurch die dynamischen Voraussetzungen für jenen Kreislauf entstehen, der die Ozonschicht über der Antarktis für 60-90 Tage dünner werden läßt. Diese dynamische Wettererscheinung ist das Geheimnis des sogenannten Ozonlochs und der erhöhten Chlorkonzentration in dieser Region.

Die Lebensdauer des Chlors aus tätigen Vulkanen beträgt in der Atmosphäre weniger als zwei Jahre, weil das Chlor mit dem Regen zum Erdboden zurückkehrt. Da jedoch die antarktische Atmosphäre wegen der Kälte extrem trocken ist, bleiben die Chlorverbindungen aus dem Mt. Erebus sehr lange in der Atmosphäre.

Es gibt keinen Beweis dafür, daß das am McMurdo-Sund vorgefundene Chlor aus den FCKW-Molekülen stammt. Das Sonnenlicht erreicht die Antarktis während sechs Monaten im Jahr. Während des antarktischen Hochsommers steht die Sonne nur wenige Grade über dem Horizont. Tatsächlich ist die UV-Strahlung am Boden des

Südpols sehr schwach — etwa 50mal schwächer als am Äquator. Alle diese Tatsachen werden von den Ozonlochtheoretikern nicht erwähnt. Es ist auch klar warum: Der Mt. Erebus reißt ein riesengroßes Loch in die Ozonlochthese.

Doch betrachten wir die Sache allgemeiner. In welchem Zusammenhang stehen Vulkane mit den globalen Strömungsverhältnissen des Chlors? Wieviel Chlor wird aus den Vulkanen an die Atmosphäre abgegeben und wieviel gelangt davon in die Stratosphäre?

Vulkane und Chlor

In den siebziger Jahren schätzte man den Chlorausstoß aller Vulkane der Erde auf 7,6 Millionen Tonnen. Dieser Schätzwert bezog sich auf die 1972 von O.G. Bartels veröffentlichten Berechnungen. Einige Vulkanexperten wandten zwar ein, daß die von Vulkanen ausgestoßene Menge Chlor viel größer sei, als Bartels errechnet hatte, aber es gab dafür keinen eindeutigen Beweis. Es ist nämlich ein riskantes Unterfangen, sich einem Vulkan so weit zu nähern, daß die entsprechenden Messungen direkt durchgeführt werden können. Und wenn es besonders interessant wird, während eines Ausbruchs, ist das fast unmöglich.

Ein Verfahren zur Bestimmung des Chloranteils bzw. des Anteils anderer Gase aus Vulkanen ist die Untersuchung der chemischen Zusammensetzung der heißen Lava vor dem Vulkanausbruch und die Untersuchung der chemischen Zusammensetzung des Vulkangesteins, nachdem sich die Lava abgekühlt hat. Die Differenz des chemischen Gehalts, multipliziert mit der Lavamenge, ist dann schätzungsweise das, was bei einem Vulkanausbruch in die Atmosphäre gelangt.

Ein anderes Verfahren besteht darin, Proben aus dem Rauchkegel zu untersuchen. Hierbei sind Messungen von Chlor so schwierig, daß die Wissenschaftler normalerweise den Schwefel messen und dann das freigesetzte Chlor im Verhältnis zum freigesetzten Schwefel errechnen.

Die erste systematische Messung von Chlorgasen aus Vulkanausbrüchen wurde Ende der siebziger Jahre von dem Vulkanologen David A. Johnston in Zusammenarbeit mit dem amerikanischen Geological Survey durchgeführt.

Johnston veröffentlichte 1976 einen Artikel in der Zeitschrift *Science* unter der Überschrift „Die aus Vulkanen stammende Chlormenge in der Stratosphäre ist für Ozon bedeutender, als bisher angenommen." In diesem Artikel führte er aus, daß von Vulkanen 20-40mal mehr Chlor abgegeben wird, als früher angenommen wurde. Aber auch diese Schätzung könnte zu niedrig sein, warnt Johnston. Insbesondere hob Johnston einen einzigen Vulkanausbruch von 1976 hervor, bei dem mehr Chlor in die Atmosphäre gelangte, als in allen 1975 hergestellten FCKWs enthalten war.

Bis zu Johnstons Veröffentlichung bezog man die durch Vulkanausbrüche freigesetzte Chlormenge auf die Annahme, daß Magma 0,02-0,025% Gewichtsanteile Chlor enthält. Bei seinen sorgfältigen Messungen fand Johnston einen viel höheren Prozentsatz an Chlor: nämlich 0,5-1,0%. Bezüglich der Wirkung des Vulkanismus für die Ozonschicht und das Klima sagt Johnston, daß Vulkanausbrüche einen Langzeiteffekt auf Ozon in der Stratosphäre haben können. Als Beispiel führt er die Eruption des Bishop Tuff aus dem Long Valley Caldera in Kalifornien an, die 700 000 Jahre zurückliegt. Dieser Ausbruch hat wahrscheinlich 289 Millionen Tonnen HCl in die Stratosphäre geschleudert. „Es ist klar," sagt Johnston, „daß das Chlor vulkanischer Herkunft in der Stratosphäre bedeutsamer ist als aus den Quellen, die vom Menschen stammen."

Johnston beabsichtigte, Messungen der tatsächlichen Chloremissionen von Vulkanen auf der ganzen Welt durchzuführen. Er starb 1980 während des großen Ausbruchs des Mt. St. Helen auf seinem Beobachtungsposten.

Geht man von den detaillierten Beobachtungen David Johnstons aus, dann werden jährlich von Vulkanen zwischen 152 und 312 Millionen Tonnen Chlordämpfe ausgestoßen. Da die tatsächliche Menge durch direkte Messungen nicht bekannt ist, belaufen sich die vorsichtigen Schätzungen der bekanntesten Vulkanologen auf jährlich 36 Millionen Tonnen, und zwar gilt das für Jahre, in denen kein größerer Vulkanausbruch stattfindet. Selbst wenn man diese vorsichtige Schätzung zugrundelegt, bleibt der entscheidende Punkt bestehen: Verglichen mit den Chlormengen, die von Mutter Natur aus den Vulkanen der Erde aufsteigen, sind die Mengen aus den vom Menschen erzeugten FCKWs winzig klein.

Wenn jedoch große Vulkanausbrüche stattfinden, wird eine Unmenge an Chlor direkt in die Stratosphäre geschleudert. Ein berühmter Vulkan ist der Krakatoa, nahe der Insel Java im Indischen Ozean. Im Verlauf einer Reihe riesiger Ausbrüche im Jahre 1883 liefen Stoßwellen siebenmal um die Welt, und eine Fläche von Tausenden von Quadratkilometern wurde mit Asche bedeckt. Im Meer entstanden durch die Vulkanexplosion riesige Flutwellen, in denen allein auf Java 30 000 Menschen ertranken. Unter Verwendung der üblichen Methoden, schätzen die Vulkanologen J. Devine, H. Sigurdsson, A.N. Davis und S. Self, daß der Krakatoa über 3,6 Millionen Tonnen Chlor in die Atmosphäre blies. Nach den Schätzungen anderer Vulkanologen waren es noch mehr.

Aber der mächtige Ausbruch des Krakatoa ist klein im Vergleich zu einem anderen Vulkan im Sunda-Vulkanbogen Indonesiens, dem Tambora. Als der Tambora 1815 ausbrach, wurden 30 Kubikkilometer aus dem Krater weggerissen und enorme Mengen an Asche und Gestein direkt in die Stratosphäre geschleudert. In den nördlichen Breiten sind die Jahre 1815 und 1816 dadurch bekannt geworden, daß eine ganze Jahreszeit, der Sommer, einfach ausfiel, und in den USA schneite es sogar in der wärmsten Jahreszeit. Der Ausbruch des Tambora verringerte in einigen Gebieten der Erde die Sonneneinstrahlung, breitete noch 70 km entfernt einen fast 1 Meter dicken Ascheteppich aus und setzte mindestens 211 Millionen Tonnen Chlorgas in die Atmosphäre frei. Gemessen an den gegenwärtigen Produktionsmengen von FCKWs braucht die Menschheit mehr als 282 Jahre, um genauso viel Chlor in die Atmosphäre zu entlassen, wie es der Tambora in einem einzigen Ausbruch tat.

Wenn die Theorie der Ozonzerstörung durch Chlor wahr wäre, hätte solch ein katastrophaler Ausstoß von Chlor die Ozonschicht vollständig vernichtet, und die Erde wäre dann von den „krebserzeugenden" UV-B-Strahlen überflutet worden. Jeder Mann, jede Frau und jedes Kind hätte Hautkrebs bekommen. Aber es gibt die Menschheit noch, und es gab zu Beginn des 19. Jahrhunderts keinen markanten Anstieg der Todesrate, weder bei Menschen noch bei Tieren und Pflanzen.

Der Vulkanausbruch des El Chichon auf der mexikanischen Halbinsel Yucatan vor nicht allzu langer Zeit ist ein noch besserer Hinweis dafür, daß selbst große Mengen Chlorgas in der Stratosphäre der Ozonschicht im wesentlichen nichts anhaben können. Bei den schweren Ausbrüchen des El Chichon im März und April 1982 strömten große Mengen Chlorgas in die unteren Schichten der Stratosphäre. Es bildete sich bald ein zusammenhängendes Wolkenband vulkanischen Ursprungs, das sich um die ganze Erde zog. In den Monaten nach dem Vulkanausbruch flogen mehrere Flugzeuge durch diese vulkanische Wolkenzone und maßen die Konzentration der Gase in der Stratosphäre.

William G. Mankin und M.T. Coffin vom nationalen Zentrum für die Erforschung der Atmosphäre veröffentlichten die Meßergebnisse einiger Flüge am 12. Oktober 1984 in *Science*. Sie berichteten, daß 40 000 Tonnen Chlorwasserstoff vom El Chichon direkt in die Stratosphäre geströmt waren, was „ungefähr 9% der weltweiten HCl-Last ausmachte." In dem breiten Band der Vulkanwolke nahmen die HCl-Werte um 40% zu. Mankin und Coffin beendeten ihren Artikel mit der Feststellung, daß ihre Befunde „zu einer Neubewertung der Rolle der Vulkantätigkeiten und des Chlors in der Stratosphärenchemie führen sollten."

Angesichts all dieser spektakulären Ausbrüche sollten wir nicht die große Menge Chlor aus den Augen verlieren, die durch kleinere Vulkanausbrüche oder durch das Ausgasen passiver Vulkane in die Stratosphäre gelangt. Selbst in Jahren ohne größere vulkanische Eruptionen gelangen mehr als 36 Millionen Tonnen Chlor vulkanischen Ursprungs in die Atmosphäre. Die Vertreter der Ozonthese behaupten, daß kein Gramm dieses Chlors die Stratosphäre erreicht. Wieso eigentlich?

Betrachten wir den Transport von Chlor in der Atmosphäre in einem etwas allgemeineren Zusammenhang. Es ist nämlich sehr interessant, wie der Vulkanismus das Klima beeinflußt. Zum Beispiel verändert der Vulkanismus die „optischen" Eigenschaften der Atmosphäre und verändert auf diese Weise die Menge des einfallenden Sonnenlichts. Übrigens hatte schon Benjamin Franklin die wichtige Rolle des Vulkanismus für das Klima erkannt. In einem Vortrag vor der Philosophischen Gesellschaft zu Manchester in England berichtete Franklin am 22. Dezember 1783, er habe im Sommer 1783 eine Verminderung der Intensität des Sonnenlichts an der Erdoberfläche beobachtet, und stellte die Hypothese auf, daß der Ausbruch des Laki-Kraters in Island zu Beginn des Sommers eine Art „trockenen Nebel" geschaffen habe, der das Sonnenlicht blockiere. Franklin postulierte dann richtig, daß der folgende harte Winter an der Ostküste der USA und in Westeuropa eine Folge der Verminderung der Sonnenintensität gewesen sei.

Franklins Hypothese besagte, daß der hochgelegene „trockene Nebel" aus den festen Staubpartikeln des Vulkans bestand, die durch die Explosionskraft des isländischen Ausbruchs hochgeschleudert worden waren. Menge und Auswurfhöhe des vulkanischen Staubes, sagte er, seien unmittelbar von der Stärke der Explosion und den vertikalen Windverhältnissen am Ort des Ausbruchs abhängig.

Seit dem 18. Jahrhundert war also bekannt, daß gewaltige Vulkanausbrüche einen meßbaren klimatischen Effekt haben. In den letzten beiden Jahrzehnten wurde diese Frage jedoch genauer untersucht. Man konnte nun direkte Aerosolproben aus der Stratosphäre entnehmen. Einer der Forscher, der solche Untersuchungen anstellte, ist J.D. Devine von der Graduate School für Ozeanographie der Universität von Rhode Island. In einem richtungsweisenden Aufsatz im *Journal of Geophysical Research* vom 10. Juli 1984 schrieb er, daß Sulfat-Aerosole möglicherweise einen größeren Einfluß auf das Klima hätten als vulkanischer „Staub". Er und seine Mitautoren fanden eine enge Korrelation zwischen den Temperaturänderungen an der Erdoberfläche und der beim Ausbruch freigesetzten Schwefelmenge. Diese Studie enthielt auch detaillierte Untersuchungen über verschiedene Spurengase, von denen man annahm, daß sie bei Vulkanausbrüchen ausgestoßen werden. Eines dieser Gase ist Chlor.

Der für unsere Überlegungen wesentliche Punkt in Devines Arbeit ist der, daß nicht unbedingt explosive vulkanische Ausbrüche erforderlich sind, um all diese Materialien, wie z.B. Chlorgas, „klimawirksam" in die Stratosphäre zu bringen. Devine und seine Mitarbeiter argumentierten, daß die thermische Struktur der Atmosphäre über einem größeren Lavafeld durch die von der Oberfläche des ausbrechenden Vulkans abstrahlende Hitze so verändert wird, daß einige der freiwerdenden Gase in die Stratosphäre aufsteigen könnten. Er verglich dieses Phänomen mit der „Auslösung freier Konvektion in einer Flüssigkeit über einer von unten beheizten Platte".

Eine andere Theorie wurde 1984 von Brian Goodman vom Center for Climatic Research der Universität von Wisconsin verfolgte. In seiner Doktorarbeit stellt er die Hypothese auf, daß auch geringe vulkanische Aktivität das Klima durch „diffuse" vulkanische Gasquellen beeinflußt. Da man, wie Goodman berichtet, vor 1970 davon ausging, daß nur feste vulkanische Staubpartikel, Tephra genannt, bei großen Vulkanausbrüchen in die Stratosphäre gelangten, untersuchte man vor 1970 auch nur den klimatischen Einfluß der größten, gewaltigsten Eruptionen. „Ein schwächerer vulkanischer Ausbruch kann aber," sagt er, „dieselbe Gesamtmenge an Emissionen erzeugen, indem die geringere Rate an Emissionen durch die längere Dauer der Aktivität ausgeglichen wird. In dieser Situation gelangen die Gasemissionen nicht direkt in die Stratosphäre, kommen aber oft hoch genug in die Troposphäre, um einige Wochen dort zu schweben. Das reicht aus, daß ein Teil der ursprünglichen Eruptionsprodukte durch einen der verschiedenen Austauschprozesse zwischen Troposphäre und Stratosphäre indirekt in die Stratosphäre transportiert werden kann."

Chlor und Brom aus dem Weltmeer

Vulkane sind vielleicht die spektakulärste Quelle atmosphärischer Gase, aber die größte Quelle ist ohne Zweifel das Weltmeer. Ausführliche Studien der jährlichen Zirkulation des Chlors und des Schwefels in der Natur wurden in den fünfziger und sechziger Jahren von dem führenden Atmosphärenforscher Schwedens Erik Eriksson durchgeführt. Zu den vielen überraschenden Entdeckungen Erikssons bei der Untersuchung des Transports und Austauschs der Gase in der Atmosphäre gehörte die Tatsache, daß jährlich zehnmal soviel Schwefel in die Atmosphäre gelangt wie die gesamte von der Industrie freigesetzte Schwefelmenge. Bis zu Erikssons Arbeit gingen die meisten Wissenschaftler davon aus, daß die gesamte Luftverunreinigung durch Schwefel vom Menschen verursacht sei. Eriksson demonstrierte, daß natürliche Quellen die industriellen Emissionen bei weitem übertreffen.

Eriksson sah sich die Quellen des atmosphärischen Chlors genau an und berechnete, daß das Meerwasser jährlich etwa 600 Millionen Tonnen Chlor (enthalten in 1 Milliarde Tonnen Meersalzpartikel) in die Atmosphäre einbringt. Diese Salzpartikel gelangen durch Verdunstung des Meerwassers in die Luft, sowie durch Wellenbewegungen, die Wasser in die Luft sprühen. Aus dem Meerwasser kommt jährlich 800mal soviel Chlor in die Atmosphäre, als in allen weltweit produzierten FCKWs zusammen enthalten ist.

Genau wie bezüglich des Chlors aus Vulkanen behaupten die Verfechter der Ozonabbau-Theorien, daß nichts von diesem „natürlichen" Chlor in die Stratosphäre gelange, weil die Salzpartikel wasserlöslich seien und alle sofort vom Regen ins Meer zurückgespült würden. Eriksson und andere Forscher haben jedoch klare Belege dafür erbracht, daß das Chlor aus den Meeren bis in die Stratosphäre gelangen kann.

Eriksson wollte genau erforschen, wie lange das Chlor aus den Ozeanen in der Atmosphäre bleibt, was mit ihm dort geschieht und wo es sich am Ende ablagert. Es gibt auf der Erdoberfläche nämlich große Salzablagerungen, in Regionen, die Hunderte von Kilometern vom Meer entfernt liegen. Wo kommt dieses Salz her? Erikssons Studien deuten daraufhin, daß zwar große Mengen des aus den Ozeanen in die Atmosphäre aufsteigenden Salzes innerhalb kurzer Zeit wieder ins Meer zurückkehren, daß aber auch große Mengen dieses Meersalzes für lange Zeit in der Luft schweben können.

Eriksson zeigte, daß starke Turbulenzen und Konvektionsströmungen über dem Festland die Meeresluft, und damit die in ihr enthaltenen Salzmengen, in größere Höhen hinauftragen können. Das gilt besonders für warme Luftströmungen. Er schließt daraus: „Die Bedeutung dieser Erkenntnisse kann kaum überbetont werden, denn sie zeigen, daß chlorreiche Luft in großer Höhe ins Innere der Kontinente getragen werden und über Bergketten steigen kann, ohne daß das Chlor ausgewaschen wird. Über den Kontinenten verursacht dann die Vermischung mit kälterer Luft Niederschläge von Wasser und Meersalz. Der Transport und die nachfolgende Ansammlung von Meersalz im Bonneville Basin in Utah ist so leichter zu verstehen."

Darüberhinaus sind warme Ausläufer von Wetterstörungen, wie z.B. Gewitter oder Hurrikane, stark chlorhaltig. Das ist besonders wichtig, da Gewitter und insbesondere Hurrikane enorme Mengen von Luft, Chemikalien und Wasserdampf von der Erdoberfläche in die obersten Schichten der Troposphäre bewegen und sogar große Mengen dieser Luft in die Stratosphäre eindringen.

Es gibt eine Reihe weiterer überzeugender Studien, die belegen, daß große Mengen Chlor aus den Ozeanen und anderen Quellen bis in die Stratosphäre gelangen. Drei Wissenschaftler vom National Center for Atmospheric Research, A.C. Delany, J.P. Sheldovski und W.H. Pollock, veröffentlichen am 20. 12. 1974 einen Aufsatz im *Journal of Geophysical Research* in dem das Vorhandensein von Chlor und Brom ozeanischer Herkunft in der Stratosphäre dokumentiert wird. Die Autoren behaupten dort auch, daß es noch mehr Chlor und Brom in der Stratosphäre gebe, wofür der Transport über Meersalzpartikel verantwortlich gemacht werden könne. Es gebe dort doppelt soviel Chlor, als man erwarten würde, welches das Natrium „als Komponente des Meersalz-Aerosols in die Troposphäre begleitet, und Brom gibt es dort in 200facher Menge." Die Hypothese dieser Forscher ist, daß die Salzmoleküle, NaCl und NaBr, in der unteren Troposphäre zerfallen und dann als Gas in die Stratosphäre getragen werden, wo sie sich wieder zu Molekülen verbinden.

Delany und seine Mitautoren diskutieren die Tatsache, daß das Chlor aus den Ozeanen stammen müsse, aber sie haben keinen eindeutigen chemische Reaktionsweg gefunden, auf dem die Ionen auseinanderbrechen und wieder gebunden werden können. Gleiches gilt für das Brom. Ein interessanter Mechanismus, den sie für den Transport des Chlors und des Broms zur Diskussion stellen, sind „Faltungen der Tropopause und der Austausch zwischen Troposphäre und Stratosphäre in kleinen Turbulenzen."

Es stellte sich auch heraus, daß Algen, Plankton und andere Meereslebewesen große Mengen von Brom und Chlor in Form von Methylverbindungen in die Atmosphäre einbringen.

Chlor aus brennender Biomasse

Durch das Verbrennen von Biomasse gelangen große Gasmengen in die Atmosphäre. Der brasilianische Wissenschaftler Alberto Setzer berechnete, daß seit 1987 mehr als 640 Millionen Tonnen CO_2 durch das Verbrennen des Amazonas-Regenwaldes in die Atmosphäre entwichen seien. Ein anderer Wissenschaftler, Richard Houghton,

lowstone-Gebiet blickte, am anderen Ende der Erdkugel ganze Landstriche der sibirischen und nordchinesischen Wälder in Flammen standen. Millionen Hektar Wald verbrannten. Tatsächlich sind „natürliche" Waldbrände für den größten Teil der verbrannten Biomasse auf der Nordhalbkugel verantwortlich.

Schätzungen ergaben, daß derartige „natürliche" Waldbrände auf der Nordhalbkugel genauso viele Gase in die Atmosphäre freisetzten wie die Verbrennung von Biomasse in den Tropen. Man kann also schätzen, daß die Chlormenge aus der Verbrennung von Biomasse insgesamt etwa 8,4 Millionen Tonnen beträgt. Das ist elfmal soviel Chlor, wie in der Jahresproduktion von FCKWs enthalten ist.

Algen contra FCKWs

Um die Quellen von Chlor und Brom in der Atmosphäre zu untersuchen, fand 1981 eine von Hanwant Singh geleitete Expedition statt. Von einem Schiff aus, welches von Long Beach in Kalifornien nach Valparaiso in Chile fuhr, wurden Proben der Luft und des Meerwassers genommen. Es stellte sich heraus, daß große Mengen Halogenalkane aus dem Ozean freigesetzt werden. Eine aufgrund dieser Messungen am 20. 4. 1983 im *Journal of Geophysical Research* veröffentlichte Studie stellt fest: „Für den östlichen Pazifik wurde die mittlere Ausströmung aus dem Meer in die Luft... von Methylchlorid, Methylbromid und Methyljodid festgestellt." Diese organischen Stoffe, erklären die Autoren, „sind wichtige Träger von Chlor, Brom und Jod in die globale Atmosphäre." Die Studie schließt daraus: „Messungen in und über dem östlichen Pazifik zeigen eine dominierende ozeanische Quelle von Halogenalkanen. Diese Quelle ist groß genug, um praktisch die gesamte Belastung der Troposphäre durch diese Stoffe zu verursachen."

Singh und seine Kollegen berechneten, daß aus dieser ozeanischen Quelle mehr als 5 Millionen Tonnen Methylchlorid und 300 000 Tonnen Methylbromid in die Atmo-

kam auf eine noch größere Zahl, nämlich 4 Milliarden Tonnen. Neben CO_2 wird beim Verbrennen von Biomasse Methylchlorid (CH_3Cl) freigesetzt. Es enthält Chlor.

Nach Angaben einer der ersten Arbeiten zum Thema „Verbrennung von Biomasse als Quelle der atmosphärischen Gase CO, H_2, N_2O, NO, CH_3Cl und COS" gelangte 1979 soviel CH_3Cl in die Atmosphäre, daß die darin gebundene Menge Chlor 420 000 Tonnen betrug. Die Autoren der Studie, Paul Crutzen, Leroy Heidt, Joseph Krasnec, Walter Pollock und Wolfgang Seiler, behaupten, daß ihre Schätzung viel zu niedrig ausgefallen sein könnte.

Seit diese Studie am 15. 11. 1979 in der Zeitschrift *Nature* veröffentlicht wurde, ist die Brandrodung in den Entwicklungsländern infolge der vom Weltwährungsfonds und der Weltbank erzwungenen Austeritätspolitik stark gestiegen. Aufgrund von Satellitenaufnahmen geht man davon aus, daß die globale Abholzung und Verbrennung der tropischen Regenwälder heute zehnmal so groß ist, wie sie den Schätzungen von Crutzen und seinen Mitarbeitern zugrundeliegen. Das bedeutet, daß allein die Verbrennung von Biomasse etwa 4,2 Millionen Tonnen Chlor in die Atmosphäre einbringt.

Die aus Biomasse stammenden Chlorverbindungen können nach Crutzen eine ernste Gefahr für die Ozonschicht darstellen, denn sie zerfallen in der Stratosphäre angeblich auf die gleiche Weise wie die FCKWs, und es entsteht der Ozonkiller Chlor. Crutzen will damit erneut demonstrieren, wie der Mensch durch die Verbrennung der Tropenwälder sein eigenes Nest beschmutzt. Natürlich muß dem Raubbau in den Tropen durch rasche Industrialisierung Einhalt geboten werden, aber man darf auch nicht übersehen, daß Mutter Natur ganz ohne das Zutun des Menschen riesige Brände legt.

1990 haben Wissenschaftler auf einer Konferenz über die Verbrennung von Biomasse in Williamsburg, Virginia, das Ausmaß der weltweiten Verbrennung von Biomasse dokumentiert. Es stellte sich heraus, daß, während die Weltöffentlichkeit gebannt auf die großen Brände im Yel-

sphäre gelangen. Die gemessene Konzentration von Methylbromid war übrigens 23 ppm (Anteile pro Million). Für Halone, d.h. jene bromhaltigen Feuerlöschmittel, die jetzt vorsorglich zum Schutz der Ozonschicht verboten werden, wurden lediglich 0.7 ppb (Anteile pro Milliarde) — ein Dreitausendstel des Wertes für Methylbromid — gemessen.

Im Juli 1990 erschien in *Science* eine Studie, die Anne Marie Wuosmaa und Lowell P. Hager von der biochemischen Fakultät der Universität von Illinois erstellt hatten. Diese Wissenschaftler berichten: „Die wichtigste Art der Halogen-Kohlenwasserstoff-Verbindungen in der oberen Atmosphäre ist Methylchlorid, und man geht allgemein davon aus, daß hauptsächlich die biologische Synthese für die jährlich freigesetzte Menge verantwortlich ist, die man auf 5 Millionen Tonnen Methylchlorid schätzt. Die Synthese von Methylchlorid durch Pilzkulturen auf faulendem Holz ist gut dokumentiert, und es hat vereinzelt Studien gegeben, die von der Synthese von Halogenalkanen in Makroalgen im Meer und in pflanzlichem Plankton berichteten."

Wuosmaa und Hager weisen jedoch darauf hin, daß die Synthese von Methylchlorid im Labor noch nicht nachvollzogen werden konnte. Sie berichten: „In unserem Laboratorium haben wir die Synthese eines der häufigsten Halogen-Kohlenwasserstoffe, Methyltribromid, demonstriert..." Nach dieser Entdeckung haben die Wissenschaftler auch ein Enzym gefunden, welches Halogenalkane synthetisieren kann. Das Enzym ist in der Natur weit verbreitet, unter anderem in Pilzen, roten Meeresalgen, und Eispflanzen. Die Autoren kommen zu dem Schluß: „Auch wenn die Produktion von 5 Millionen Tonnen eine ungeheure Syntheserate des Methylchlorids bedeutet, so wird diese Zahl doch verständlich angesichts der gewaltigen terrestrischen und maritimen Biomasse, die zu ihrer Bildung beitragen kann."

Die Arbeit Wuosmaas legt nahe, daß die biogenetischen Quellen der Halogenalkane viel größer sind, als bisher angenommen. Singhs Team nahm seine Messungen im offenen Teil des pazifischen Ozeans vor. Die größte Dichte der Biomasse befindet sich jedoch näher an den Küsten. Außerdem lenkt Wuosmaa das Augenmerk auf die Rolle der auf dem Land wachsenden Pflanzen bei der Produktion von Halogenalkanen, die bis dahin vollkommen ignoriert wurde. Wuosmaa sagt: „Das Vorhandensein des Enzyms in der Eispflanze, die in großem Überfluß an den Böden der kalifornischen Küsten wächst, ist eine interessante Beobachtung, die vielleicht auf die Notwendigkeit einer genaueren Untersuchung der Aktivität der Methylchloridtransferase in anderen in salzreicher Umgebung wachsenden Sukkulenten hinweist. Es ist auch bemerkenswert, daß die Eispflanze weltweit verbreitet ist."

Zerstört Ihre Zahnpasta die Ozonschicht?

Ein Hauptbestandteil der FCKWs (die Abkürzung steht für *Fluor*-Chlor-Kohlenwasserstoffe) ist das Fluor, welches auch ein Ozonkiller und ein besonders schlimmes „Treibhausgas" sein soll. Sie kommen wahrscheinlich täglich mit diesem gefährlichen Fluor beim Zähneputzen in Kontakt. Es wird nämlich recht erfolgreich zur Verhütung von Karies in Zahnpasta getan. Mancherorts wird aus diesem Grund sogar das Trinkwasser fluoriert, und in Deutschland kommt demnächst fluoriertes Speisesalz in den Handel. Bezüglich des von den Ozontheoretikern heraufbeschworenen „Gefahrenpotentials" in Form des Fluoranteils von FCKWs läßt sich ähnliches sagen wie bereits für Chlor und Brom.

Genau wie Chlor ist auch Fluor ein in der Natur weit verbreitetes Spurenelement. Der Ausbruch von Tambore im Jahr 1815 hat mindestens 120 Millionen Tonnen Fluorgas in die Atmosphäre geschleudert. Das entspricht dem 483-fachen des Fluoranteils der augenblicklichen Weltjahresproduktion an FCKWs. Aus inaktiven Vulkanen strömen jährlich etwa 6 Millionen Tonnen Fluorgas aus. Das ist 24 mal so viel Fluor wie die 248600 Tonnen, die in der industriell erzeugten von FCKWs enthalten sind.

Drei Wissenschaftler, Robert B. Symonds, William

I.Rose und Mark Reed, veröffentlichten in der Ausgabe von *Nature* vom 4.8.1988 einen Artikel, worin sie den Beitrag der Vulkane am Chlor- und Fluorgehalt der Atmosphäre untersuchen. Nachdem die Autoren die vorhandenen Unterlagen untersuchten, kamen sie zu ganz anderen Ergebnissen als das „autoritative" Ozone Trends Panel. Wie Symonds ausführt, „unterstellt" das Ozone Trends Panel, „daß die Photolyse (d.h. die Auflösung durch Lichteinwirkung) der anthropogenen (d.h. der von Menschen erzeugten) halogenierten Kohlenwasserstoffen in der Atmosphäre die einzige große Quelle für HF (Fluor-Wasserstoff) ist." Demgegenüber betont Symonds, daß „dieser (von ihm in *Nature* vorgelegte) Bericht andere Arbeiten bestätigt, welche zu dem Ergebnis kommen, ausgasende Vulkane auch bedeutende Mengen HF emittieren, von dem ein Teil direkt in die Stratosphäre eingebracht wird. Deshalb sollten Vulkane als eine bedeutende Quelle des Fluor-Wasserstoffs in der Troposphäre und der Stratosphäre betrachtet werden."

Es bleibt hinzuzufügen, daß natürlich auch das Meer eine große Quelle für Fluor in der Atmosphäre ist. Diese Quellen wurden bisher laut Richard Cadle nicht weiter untersucht, der 1980 in der Novemberausgabe des *Review of Geophysics und Space Physics* feststellte, daß außer Vulkanen „wenig über die meisten anderen Quellen des Fluor-Wasserstoffs bekannt ist." Cadle schätzt, daß 44,000 Tonnen Fluor durch Verdunstung von Meerwasser in die Atmosphäre gelangen. Diese Zahl erhielt man jedoch durch Extrapolation der Daten des Natriumchlorids, und es wurden bisher keine systematischen Messungen durchgeführt.

Tauschprozesse zwischen Troposphäre und Stratosphäre

Immer wenn die These, der Mensch zerstöre die Ozonschicht durch FCKWs, vorgebracht wird, versuchen die Vertreter dieser Weltuntergangstheorie diese riesigen in der Atmosphäre natürlich vorkommenden Mengen an

Chlor, Brom und Fluor unter den Teppich zu kehren. Wenn das nicht völlig gelingt, behaupten sie mit großem Nachdruck, daß diese zwar in der Troposphäre vorkommen können, aber niemals von der Troposphäre in die Stratosphäre aufsteigen könnten, weil sie in chemischen Verbindungen vorkämen, die unter allen Umständen wieder zur Erde herabsinken müßten. Einzig und allein die FCKWs besäßen durch ihre chemische Inaktivität das geheimnisvolle „Sesam öffne dich", um in die obere Stratosphäre zu gelangen.

Das ist der wesentliche Kern der eingangs erwähnten Lüge Nummer 2. In Wirklichkeit gibt es vier grundlegende Mechanismen, wie Aerosole aus der Troposphäre in die Stratosphäre transportiert werden können. Elmar R. Reiter beschreibt sie in einer im August in *Review of Geophysics and Space Physics* veröffentlichten Studie unter dem Titel „Stratospheric-Tropospheric Exchange Processes" folgendermaßen: „1. Saisonale Veränderungen der Höhe des durchschnittlichen Niveaus der Tropopause. 2. Organisierte großräumige Bewegungen durch meridiale Strömungen. 3. Transport durch große Wirbel, hauptsächlich in der Region der sogenannten Jetströme. 4. Transport über die Tropopause durch mittlere und kleine Verwirbelungen durch Hurrikane und andere Stürme, die in die Stratosphäre eindringen und in diese große Mengen von Wasserdampf, warmer Luft und troposphärischer Gase transportieren."

Betrachten wir die Jetströme, den dritten dieser Mechanismen, etwas genauer. Obwohl sie für die globalen Wettersysteme eine bestimmende Rolle spielen, sind die Jetströme eines der am wenigsten verstandenen Phänomene der Atmosphäre. Auf jeder Hemisphäre gibt es drei Jetströme, einen in den Subtropen, einen in den mittleren Breiten und einen in der Nähe der Pole.

In den Jetströmen findet ein sehr intensiver Luftaustausch statt, wodurch Luft aus der Troposphäre in die Stratosphäre hinaufbefördert wird und umgekehrt, Luft aus der Stratosphäre in die Troposphäre hinab. *Abbildung 1* zeigt den Querschnitt eines Jetstroms, wobei die

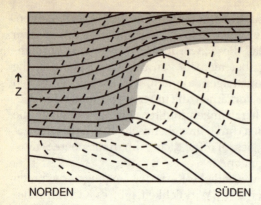

Abbildung 1: Querschnitt eines Jetstroms: Die Bahn der stratosphärischen Luft ist markiert.

Bahn der stratosphärischen Luft markiert ist. Die Windgeschwindigkeit erreicht im Zentrum bisweilen mehr als 300 km/h. Im äußeren Teil des Jetstromwirbels sind die Windgeschwindigkeiten geringer. Die *Abbildung 2* ist auf den ersten Blick etwas komplizierter. Sie zeigt die zyklonartige Natur des Jetstroms, einen Gegenwirbel darunter, und wie die Luft aus der Troposphäre in die Stratosphäre gebracht wird, und umgekehrt.

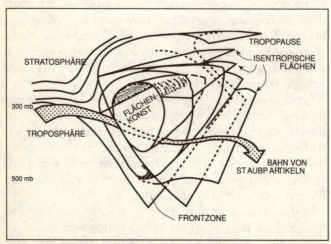

Abbildung 2: Die Struktur des Jetstroms läßt erkennen, wie die Luft aus der Troposphäre in die Stratosphäre gebracht wird, und umgekehrt.

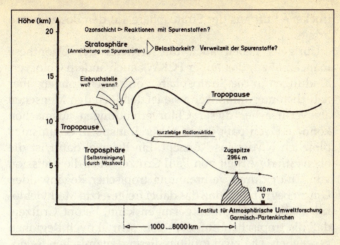

Abbildung 3: Messungen von Reinhold Reiter an der Wetterstation auf der Zugspitze. Man kann erkennen, daß Luftmassen aus der Troposphäre zu Beginn der Meßreihe mehrere Kilometer über die Tropopause hinaus in die Stratosphäre gehoben werden, dann bricht eine stratosphärische Störung nach unten durch die Tropopause, und aus der Mitte des Jetstroms fließt ozonreiche Luft bis zur Erdoberfläche hinab. Kurz danach springt die Troposphäre zurück, und das Gegenteil geschieht.

Abbildung 3 zeigt eine kontinuierliche Reihe von Messungen der Wechselwirkung zwischen Troposphäre und Stratosphäre, die von Reinhold Reiter an der Wetterstation auf der Zugspitze durchgeführt wurden. Man kann erkennen, daß Luftmassen aus der Troposphäre zu Beginn der Meßreihe mehrere Kilometer über die Tropopause hinaus in die Stratosphäre gehoben werden, dann bricht eine stratosphärische Störung nach unten durch die Tropopause, und aus der Mitte des Jetstroms fließt ozonreiche Luft bis zur Erdoberfläche hinab.

Kurz danach springt die Troposphäre zurück, und das Gegenteil geschieht: troposphärische Luftmassen brechen durch die Tropopause hindurch und bringen troposphärische Luft bis in eine Höhe von zwanzig Kilometern. Später gibt es einen weiteren, noch intensiveren stratosphärischen Einbruch, bei dem der Jetstrom ozonreiche, trockene Luft aus der Stratosphäre auf den Boden herab bringt.

Übrigens geben auch die Vertreter der Ozonthese manchmal zu, daß außer FCKWs auch andere Chlorverbindungen in die Stratosphäre vordringen können; aber natürlich nur dann, wenn sie letztendlich den Menschen als Verursacher dieser Chlorverbindungen ausmachen können. Dann paßt ihnen dieser Transportmechanismus plötzlich wieder ins Konzept. Ein Beispiel dafür ist die oben zitierte Arbeit von Paul Crutzen über die Emission von Chlor durch Verbrennung tropischer Regenwälder. Um zu begründen, daß das dabei freigesetzte Methylchlorid in die Stratosphäre gelangen kann, betont Crutzen, daß die tropischen Emissionen in sehr aktiven Regionen geschehen. Die zwei größten dieser dynamischen Regionen befinden sich über den Regenwäldern das Amazonas und über den Inseln Indonesiens. Sie sind wegen der enormen Mengen an Wasserdampf und Gasen, die durch die gewaltigen Wirbelstürme dieser Regionen in die Stratosphäre gebracht werden, als die „stratosphärischen Quellen" der Welt bekannt.

Das Verhalten einer dieser Regionen, der des Amazonas-Regenwaldes, wurde zuerst 1985 bis 1987 von einer gemeinsamen atmosphärischen Expedition der NASA und der brasilianischen Raumfahrtagentur INPE detailliert untersucht. Die Ergebnisse dieser wissenschaftlichen Expedition, die man Atmospheric Boundary Layer Experiment (ABLE, atmosphärisches Grenzschicht-Experiment) nannte, wurden von Robert J. McNeal, dem Chef der Abteilung für Erdwissenschaften und Anwendungen der NASA, in einer Anhörung des US-Kongresses zusammengefaßt. McNeal stellte fest: „Es steht am Amazonas jederzeit ein Mechanismus zum Transport von Gasen zwischen der planetaren Grenzschicht und der ‚freien Troposphäre' zur Verfügung, wo sie großräumige Zirkulationsmuster annehmen können. Weitreichende Konvektionsströmungen von beachtlichem Ausmaß entwickeln sich mit großer Häufigkeit... Solch ein Sturm bringt Material aus der oberen Atmosphäre, einschließlich der Stratosphäre, nach unten,... und bringt auch Material von der waldbedeckten Erdoberfläche in die obere Troposphäre hinauf."

Welche gewaltige Kraft diese Stürme haben, beschrieb McNeal folgendermaßen: „Das Ausmaß der Transporte durch Konvektionsstürme wurde pro Stunde auf 200 Megatonnen Luft berechnet, wovon 3 Megatonnen Wasserdampf sind und eine Energiemenge von 100 000 MWh in die Atmosphäre abgeben." Das gilt für ein einziges Sturmgewitter. Im Durchschnitt finden auf der ganzen Welt täglich 44 000 Gewitter statt, zum größten Teil in den Tropen, die zusammen mehr als 8 Millionen Blitze erzeugen. Wenn man sich diese Naturgewalten vor Augen führt, die die gesamte Energieproduktion der Menschheit zwergenhaft erscheinen lassen, ist es dann nicht sehr überheblich, wenn einzig und allein unserer menschlichen Aktivität die Zerstörung ganzer Naturabläufe zugeschrieben wird? Muß man sich nicht angesichts all der Fakten, die wir gerade betrachtet haben, fragen, ob die Vertreter der Ozonzerstörungsthese nicht an einer krankhaft übersteigerten Technikgläubigkeit leiden und die Aktionen des Menschen wahnwitzig überschätzen?

Quellenhinweise:

A.C. Delany, J.P. Sheldovsky und W.H. Pollock: Stratospheric Aerosol: The Contribution from the Troposphere, *Journal of Geophysical Research*, 79. Jg., Nr. 36, 20.12.1974.

Anne Marie Wuosmaa und Lowell P. Hager: Methyl Chloride Transferase: A Carbocation Route for Biosynthesis of Halometabolites, *Science*, 13.7.1990, S.160-162.

Hanwant B. Singh, Louis J. Salas und Robin E. Stiles: Methyl Halides in and over the Eastern Pacific, 40°N-32°S, *Journal of Geophysical Research*, 88. Jg., No. C6, 20.4.1983, S.3684-3690.

P.J. Crutzen, L.E. Heidt, J.P. Krasnec, W.H. Pollock und W. Seiler: Biomass Burning as a Source of Atmospheric Gases CO, H_2, N_2O, NO, CH_3Cl, and COS, *Nature*, 15. 11. 1979, S. 253-256.

J.D. Devine, H. Sigurdsson und A.N. Davis, Estimates of Sulfur and Chlorine Yield to the Atmosphere from volcanic Eruptions and potential climatic Effects, *Journal of Geophysical Research*, 89. Jg., No. B7, 10.7.1984, S. 6309 -6325.

B.M. Goodman: The climatic Impact of volcanic Activity, Doktorarbeit an der University of Wisconsin, Madison, 1984.

D.A. Johnston: Volcanic Contribution of Chlorine to the Stratospere: More significant to Ozone than previously estimated?, *Science*, 25.7.1980, S. 491-493.

J.P. Kotra, D.L. Finnegan und W.H. Zoller: El Chichon: Composition of Plume Gases and Particles, *Science*, 2.12.1983, S.1018- 1021.

B.G. Levi: Ozone Depletion at the Poles: The Hole Story emerges, *Physics Today*, Juli 1988, S. 17-21.

W.G. Mankin und M.T. Coffey: Increased stratopheric Hydrogen Chloride in the El Chichon Cloud, *Science*, 12.10.1984, S. 170-172.

Erik Eriksson: The Yearly Circulation of Chloride Sulfur in Nature: Meteorological, Geochemical and Pedological Implications, *Tellus*, 2. Jg., Nr. 4, November 1959, S. 375-403.

W.W. Kellog, R.D. Cadle, E.R. Allen, A.L. Lazarus und E.A. Martell: The Sulfur Circle, *Science*, 11.2.1972, S. 587-596.

Richard D. Cadle: A Comparison of Volcanic With Other Fluxes of Atmospheric Trace Gas Constituents, *Review of Geophysics and Space Physics*, 18.Jg., Nr.4, November 1980, S. 746-752.

K.A. Meeker, P.R. Kyle, D.Finnegan und R. Chuan: Chlorine and Trace Element Emissions from Mount Erebus, Antarctica. Continental Magnetism Abstracts, *NM BMMR Bulletin*, Nr. 131, 1989.

W.I. Rose, R.L. Chuan und P.R. Kyle: Rate of Sulphur Dioxide Emissions from Erebus Volcano, Antarctica, December 1983, *Nature*, 22.8.1985, S. 710-712.

R.B. Symonds, W.I. Rose und M.H. Reed: Contribution of Cl- and F-bearing Gases to the Atmosphere by Volcanoes, *Nature*, 4.8.1988, S. 415-418.

D.C. Woods, Raymond L. Chuan und W.I. Rose: Halite Particles Injected into the Stratosphere by the 1982 El Chichon Eruption, *Science*, 11.10.1985, S. 170-172.

Elmar R. Reiter: Stratospheric-Tropospheric Exchange Processes, *Review of Geophysics and Space Physics*, 13. Jg., Nr. 4, August 1975.

Kapitel III

FCKWs:
Die bleierne Ente der Ozonthese

Jedesmal, wenn in Zukunft ein Zeigefinger warnend hoch hinauf in die Stratosphäre gehoben wird, um auf den schrecklichen „Ozonkiller" — auf das Chlor aus den „vom Menschen gemachten FCKWs" — hinzuweisen, dann müssen wir uns an die riesigen Chlormengen erinnern, die „Mutter Natur" so mir nichts, dir nichts in die Atmosphäre schleudert. Wenn Chlor in der Stratosphäre tatsächlich eine derart verheerende Wirkung hätte, wie das von den Vertretern der FCKW-These behauptet wird, dann hätten „natürliche" Prozesse die Ozonschicht bereits lange vor der Erfindung der FCKWs ruiniert.

Aber es kommt noch schlimmer für die FCKW-These: Auch die mit großem Trara in allen Fachkonferenzen hinausposaunte Behauptung, „die Stratosphäre sei die einzige Senke für FCKWs", hält einer genaueren Prüfung nicht stand.

Beginnen wir mit der einfachen Frage: Warum sind die FCKWs in der Luft, die uns umgibt, so überaus stabil und setzen nicht schon hier am Erdboden das „ozonkillende" Chlor frei? Das liegt daran, erklärt uns die Theorie von Rowland und Molina, daß für die Abspaltung des Chlors aus diesen Molekülen Energie benötigt wird, und zwar hochenergetische ultraviolette Strahlung. Diese kurzwellige UV-Strahlung wird jedoch durch die Atmosphäre, und zwar größtenteils durch die Ozonbildung und Sauerstoffaufspaltung in der oberen Stratosphäre herausgefiltert. UV-Strahlung mit einer Wellenlänge zwischen

190 und 230 Nanometern (nm), wie sie zur Abspaltung des Chlors aus FCKWs nötig ist, dringt praktisch nicht zur Erdoberfläche vor.

Die Prozesse zur Ozonbildung und FCKW-Aufspaltung müssen um das kurzwellige UV-Licht konkurrieren. Die gleiche kurzwellige UV-Strahlung, welche FCKWs aufbricht, zerlegt auch Sauerstoffmoleküle, um Ozon zu bilden. Da beide Arten von Molekülen vom gleichen Spektrum der UV-Strahlung zerlegt werden, hängt die Wahrscheinlichkeit, mit der eines der seltenen FCKW-Moleküle statt eines der reichlich vorkommenden Sauerstoffmoleküle von einem UV-Strahl getroffen wird, sehr stark von der horizontalen Verteilung ab, in der sich die beiden Arten von Molekülen befinden. Alle FCKW-Moleküle, welche unterhalb der Höhe bleiben, in der die Sauerstoffmoleküle ihnen das kurzwellige UV-Licht „weggefressen" haben, werden nicht auf die Art und Weise zerfallen, wie es die Theorie von Rowland und Molina voraussagt.

Wenn das UV-Licht nicht zu den FCKWs kommt, dann müssen die FCKWs eben zum UV-Licht gehen, sagen die Ozonlochtheoretiker, und erklären die Stratosphäre zur Sammelstelle für FCKWs. Einen direkten Nachweis dafür, wie es schwere FCKW-Moleküle schaffen, dorthin zu gelangen, können sie jedoch nicht vorlegen.

Wie gelangen schwere FCKW-Moleküle in die Höhe?

FCKWs sind recht schwere Moleküle. Sie sind, je nach dem, um welches FCKW-Gas es sich handelt, vier- bis achtmal so schwer wie Luftmoleküle. Es ist nicht einfach zu erklären, warum diese bleischweren Moleküle letztendlich alle in der obersten Stratosphäre herumschwimmen sollten. In der Troposphäre, wo es recht turbulent zugeht, kann man sich leicht vorstellen, wie Gasschwaden und Partikel nach oben gelangen können. Aber in der Stratosphäre ist die Sache anders. Der Transport in der Stratosphäre leidet nämlich an einem Übel, welches wir von den berühmten „Inversionswetterlagen" kennen. In der Stratosphäre liegt, genau wie es ausnahmsweise bei „Inversionswetterlagen" in der Troposphäre geschieht, warme Luft über kalter. Das hat zur Folge, daß normalerweise alles, was unten und schwer ist, auch unten bleibt. Aber selbst wenn es die FCKWs in die unterste Schicht der Stratosphäre geschafft haben, sind sie immer noch nicht nahe genug an das UV-Licht herangekommen. Die FCKWs müssen hinauf, möglichst weit hinaus über die Schicht, in der kurzwellige UV-Strahlung Ozon erzeugt.

Abbildung 1 zeigt die FCKW-Konzentrationen, wie sie in der Troposphäre und der Stratosphäre gemessen wurden. Man erkennt, daß die FCKW-Konzentration bis an den unteren Rand der Stratosphäre relativ stetig abnimmt. Dann tritt jedoch eine plötzliche Veränderung ein. Die Konzentration der FCKWs nimmt exponentiell ab. Schon nach wenigen hundert Metern in der Stratosphäre ist die Konzentration nur ein Hundertstel bis ein Tausendstel des Wertes, der in der Troposphäre anzutreffen ist.

Zwei Schulen bemühen sich um eine Erklärung dieser abrupten Änderung der FCKW-Konzentration am unteren Rand der Stratosphäre. Die eine Schule verkündet, der Abfall in der FCKW-Konzentration beweise die These, daß FCKWs von der ultravioletten Strahlung aufgespalten werden. Die FCKW-Konzentration nimmt schlagartig ab, so behaupten sie, weil die FCKW-Moleküle zerstört werden. Ganz so einfach kann man sich die Sache jedoch nicht machen. Der Grund dafür, daß es in der Sahara so wenige Menschen gibt, ist doch auch kein „Beweis" dafür, daß dort alle Menschen von Löwen aufgefressen werden. In Wirklichkeit gibt es dort so wenige Menschen, weil es schwer ist, dorthin zu gelangen und dort zu leben. Übrigens gibt es in der Sahara überhaupt keine Löwen. Auch in der Stratosphäre sind, bisher zumindest, noch keine „Löwen" gesichtet worden. Obwohl Hunderte von Millionen Dollar an Forschungsgeldern dafür ausgegeben wurden, konnte in diesem unteren Bereich der Stratosphäre die Aufspaltung von FCKWs durch kurzwellige UV-Strahlung nicht nachgewiesen werden.

Deshalb erscheint die Erklärung, die die zweite Schule

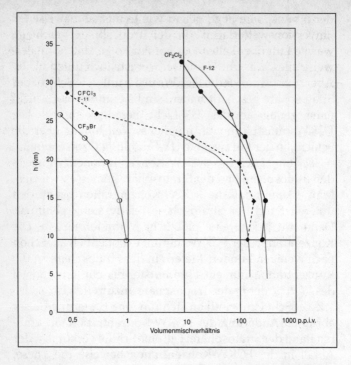

Abbildung 1: Die FCKW-Konzentrationen in der Troposphäre und der Stratosphäre. Die FCKW-Konzentration nimmt bis an den unteren Rand der Stratosphäre relativ stetig ab. Dann tritt jedoch eine plötzliche Veränderung ein. Die Konzentration der FCKWs nimmt exponentiell ab. Schon nach wenigen hundert Metern in der Stratosphäre ist die Konzentration nur ein Hundertstel bis ein Tausendstel des Wertes, der in der Troposphäre anzutreffen ist.

für den plötzlichen Abfall der FCKW-Konzentration anbietet, viel einleuchtender. Sie erklärt die Konzentrationsabnahme damit, daß die relativ schweren FCKW-Moleküle unter den Bedingungen, wie sie in der Stratosphäre herrschen, einfach nicht weiter aufsteigen. Die Temperaturinversion in der Stratosphäre, bewirkt, daß die Temperatur in Höhen über 60 km wieder Werte erreicht, wie wir sie an der Erdoberfläche messen. Die Inversion liegt wie ein Deckel auf der Troposphäre. Sie bremst die Bewegung von Gasen und kleinen Partikeln ab und verhindert ihren Übergang in die Stratosphäre. Es ist genau das gleiche Phänomen, welches uns an manchen Orten hier unten auf dem Erdboden bei Inversionswetterlagen Smog beschert. Auch hier liegt dann ein „Deckel" aus warmer Luft über den unteren Luftschichten und verhindert, daß Luftverschmutzung nach oben aufsteigen kann. Hier unten in der Troposphäre sind solche „Inversionswetterlagen" die Ausnahme, weswegen der Smog sich nach einigen Tagen wieder auflöst, oben in der Stratosphäre sind sie die Regel.

Das Verhalten der FCKW-Konzentration beim Übergang von der Troposphäre zur Stratosphäre entspricht genau dem Verhalten, das die Physik von schweren Molekülen unter Einwirkung der Inversion am unteren Rand der Stratosphäre erwartet. Die Inversionsschicht verhindert, daß größere Mengen an FCKW-Molekülen in die Stratosphäre eindringen. Wahrscheinlich sinken die schweren FCKW-Moleküle fast alle wieder zurück in die Troposphäre.

Robert W. Pease, Professor Emeritus für Klimatologie an der Riverside Universität in Kalifornien, schrieb kürzlich in einem Aufsatz: „Der Grund für die Temperaturumkehrung liegt darin, daß sich die Stratosphäre erwärmt, weil Ozon dort Sonnenlicht absorbiert. Da in der Tropopause die Temperatur stark abfällt, legt die Inversion eine dicke, superstabile Luftschicht darüber. Sie unterdrückt alle Turbulenzen, die nötig wären, um FCKW-Moleküle hochzutreiben... (Die Inversion) wirkt wie eine Barriere, die den Auftrieb der FCKW-Moleküle verlangsamt. Berücksichtigt man außer dieser Barriere noch das hohe Gewicht der FCKW-Moleküle, dann gibt es guten Grund zu der Annahme, daß die in die Stratosphäre gelangten FCKWs unter Einwirkung der Schwerkraft wieder absinken."

Dann erinnert Pease daran, daß die Moleküle von FCKW-11 und FCKW-12 „ein viermal so großes Molekulargewicht wie Sauerstoff haben". Die Gase seien so schwer, fährt er fort, daß man sie im Laboratorium mit nur geringem Verlust von einem Behälter in einen anderen gießen könne. „Selbst im gasförmigen Zustand liegen diese Kühlmittel träge in einer offenen Pfanne bei ganz geringer Diffusion in die darüberliegende Luft. Wie ihre chemischen Verwandten, die Kohlenstofftetrachloride, können die FCKWs als Feuerlöschmittel benutzt werden, weil sie eine schwere und träge Schicht um das Feuer legen und diesem so die Sauerstoffzufuhr abschneiden... Bei den geringen Turbulenzen, die man in der unteren Schicht der Stratosphäre antrifft, gibt es eine Schwerkraftbarriere. Sie zwingt die FCKW-Moleküle, wieder durch die Tropopause abzusinken".

Das ist eine einfache und einleuchtende Erklärung für das rasche Absinken der FCKW-Konzentration am unteren Rand der Stratosphäre.

Quo vadis FCKW?

Wenn die FCKWs nicht in die Stratosphäre „verduften", wohin gehen sie dann? Auch diese Frage ist heute nicht geklärt und Gegenstand konträrer Debatten unter Wissenschaftlern. Dieses Thema hängt mit der Frage zusammen, wie lange sich FCKWs durchschnittlich in der Atmosphäre aufhalten bzw. wie viele Jahre es dauert, bis die Menge der in einem Jahr produzierten FCKWs in der Atmosphäre zersetzt ist. Man versucht diese Zahl zu bestimmen, indem man die Menge an FCKWs abschätzt, die seit Beginn der Herstellung in den dreißiger Jahren bis heute erzeugt wurden, und dann ausrechnet, wieviel Prozent davon in die Atmosphäre abgegeben worden ist. In zahlreichen Meßstationen überall auf der Welt wird die Freisetzung von FCKWs gemessen und aus den Meßdaten abgeschätzt, welche Menge an FCKWs heute in die Atmosphäre abgegeben wird. Daraus errechnet man die Menge an FCKWs, die in der Atmosphäre sein sollten, und zieht davon die Menge ab, die man dort tatsächlich vorzufinden glaubt. Aus dieser Differenz wird dann wiederum die „Lebensdauer" der FCKWs errechnet.

Das ist nicht gerade einfach und enthält eine Reihe von Unwägbarkeiten. Wie groß diese sind, sieht man schon daran, daß die auf diese Weise gefundenen Angaben für die „Lebensdauer" der FCKWs zwischen 20 und 1000 Jahren schwanken. Für die gebräuchlichsten FCKWs (FCKW-11 und FCKW-12) geht man von einer Lebensdauer zwischen 75 und 120 Jahren aus. Man kann also grob mit einem Jahrhundert rechnen.

Da FCKWs nur sehr langsam abgebaut werden, geht die Theorie von Rowland und Molina davon aus, daß die FCKWs nach einigen Jahren Aufenthalt in der Troposphäre allesamt in die Stratosphäre aufsteigen müssen. Die Logik des Arguments setzt voraus, daß es auf der Erde keinen anderen Ort gibt, an dem sich die FCKWs aufhalten könnten. Dieser indirekte „Beweis" für das Aufsteigen der FCKWs in die Stratosphäre ist für die Theorie der Ozonzerstörung durch FCKWs von entscheidender Bedeutung. In Wirklichkeit gibt es jedoch in der Troposphäre eine Vielzahl anderer „Senken" bzw. Abflußmöglichkeiten für FCKWs.

Die Ozonkiller-Killerbakterien kommen

Einer der wichtigsten Grenzbereiche der modernen Wissenschaft ist die Erforschung der Mikrobiologie unserer Umwelt. Vor zwanzig Jahren war es ein allgemein anerkannter Glaubenssatz, daß synthetische Stoffe nicht „biologisch" verrotten und die Umwelt für immer belasten. Heute wissen wir, daß das nicht stimmt. Möglicherweise gibt es sogar für jede künstlich hergestellte Substanz in der Umwelt ein Bakterium oder ein bakterielles Enzym, welches diese Substanz „auffrißt". Das Studium dieser spezialisierten Bakterien fällt in den Bereich der Umweltmikrobiologie.

Mikroben, die Ölverschmutzungen beseitigen, kennt man seit langem. Weniger bekannt sind Mikroben, die radioaktive oder andere hochgiftige Abfälle aufnehmen und konzentrieren. Es gibt sogar Mikroben, die Pflanzenschutzmittel vertilgen. Landwirte wundern sich oft, daß Pflanzenschutzmittel, die sie seit Jahrzehnten einsetzen, plötzlich innerhalb von Tagen aus dem Boden verschwinden, obwohl sie in der Vergangenheit recht langsam abgebaut wurden und teilweise sogar mehrere Jahre im Boden verweilten. Wissenschaftler des *Batelle Pacific Northwest Institute* haben in einem derartigen Fall bei der Untersuchung von Ackerflächen in den USA (im Staat Washington) herausgefunden, daß sich dort mit der Zeit Kolonien von Bakterien entwickelt haben, denen die eingesetzten Pflanzenschutzmittel als Nahrung dienen.

Dadurch angeregt, begannen die Wissenschaftler dieses Instituts danach zu forschen, ob es Mikroben gibt, die sich darauf spezialisieren, hochgiftige Substanzen zu vernichten. Weltweit beschäftigen sich inzwischen Tausende von Mikrobiologen mit ähnlich faszinierenden Aufgaben.

Was hat das mit FCKWs zu tun? Ganz einfach: Mikrobiologen haben herausgefunden, daß Verbindungen, die Chlor, Brom, Fluor oder Jod enthalten, von Erdbakterien als Nahrung ganz besonders geschätzt werden. In umfangreichen Laboruntersuchungen wurden verschiedene Bakterienstämme entdeckt, die bakterielle Enzyme und Koenzyme benutzen, um Halogenverbindungen aufzubrechen und zu verzehren. Es gibt zahlreiche solcher künstlich erzeugter, halogenartiger organischer Verbindungen. Dazu gehören auch die meisten Pflanzenschutzmittel, Insektenvernichtungsmittel sowie zahlreiche industriell genutzte Lösungsmittel und andere Chemikalien. In Laborversuchen konnten solche Bakterienkolonien gezüchtet werden, von denen einige auch schon erfolgreich in Feldversuchen eingesetzt wurden. Sie sind in der Lage, hochgiftige Verschmutzungen vollständig zu beseitigen.

Mikrobiologen sehen keinen Grund dafür, warum diese Bakterien nicht auch FCKWs vernichten können. Eine Wissenschaftlergruppe hat sogar direkt Bodenproben daraufhin untersucht, ob diese Bakterien FCKWs vernichten können. In Laborversuchen konnten sie diese Hypothese eindeutig bestätigen.

Bereits 1986 haben zwei Atmosphärenforscher von Weltruf, Aslam Khalil und Reimond Rasmussen, in Australien die Methan- und Kohlendioxidausscheidungen von Termitenkolonien untersucht. Sie haben dabei auch FCKWs gemessen, und zwar um mit Hilfe der FCKW-Konzentration ihre Messungen zu justieren, wozu die FCKWs aufgrund ihrer angeblichen Unzerstörbarkeit ideal geeignet erschienen. Zu ihrem großen Erstaunen stellten die Wissenschaftler jedoch fest, daß irgendwelche Vorgänge im Boden die FCKWs zerstörten.

Khalil und Rasmussen arbeiten am *Institut für Atmosphärenstudien* am Oregon Graduate Center. Sie berichteten über ihre Entdeckungen 1989 in der Juli-Ausgabe der *Geophysikalischen Forschungsbriefe* unter dem Titel „Der Boden als mögliche Senke von FCKWs und anderer künstlicher Chlorkohlenstoffe". Ihre Messungen zeigten einen erstaunlich raschen Abbau der Fluorchlorkohlenwasserstoffe und auch anderer Termitenausdünstungen an. Das Erdreich vernichtet Methylchloroform zu 25% und Tetrachlorkohlenstoff zu über 50%. „Diese weitreichenden Veränderungen", meinten sie, „lassen sich nicht durch die relativ langsamen Vorgänge erklären, die diese Verbindungen ins Erdreich der Termitenhaufen oder ganz allgemein in den Boden transportieren... Sie können nur das Ergebnis einer Absorption in den Boden oder der Beteiligung dieser Stoffe an andersartigen biologischen Prozessen sein".

Obwohl die FCKWs etwas langsamer verschwanden als die anderen untersuchten Stoffe, beobachteten Khalil und Rasmussen einen relativ raschen Abbau der FCKWs. Immerhin konnte das Erdreich jährlich 15% der eindringenden FCKWs beseitigen (*Abbildung 2*). Sie kommen zu dem Schluß:

„Wir konnten zeigen, daß der Boden künstlich geschaffene Fluorchlorkohlenwasserstoffe beseitigt. Ob nun das Erdreich als passive Sammelstelle oder chemischer Umwandler der Fluorchlorkohlenwasserstoffe und anderer Verbindungen wirkt, konnten unsere Versuche nicht feststellen... Es sei aber darauf hingewiesen, daß das Erdreich mit den Fluorchlorkohlenwasserstoffen, die wir untersuchten, seit Jahrzehnten belastet ist und noch immer die Fluorchlorkohlenwasserstoffe in beträchtlichen Mengen

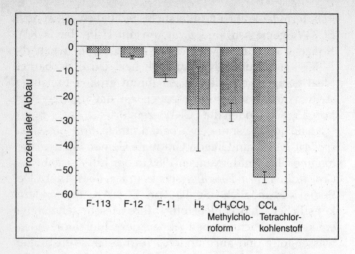

Abbildung 2: Spurengase in 25 cm Bodentiefe. Im Boden werden beträchtliche Mengen an FCKWs abgebaut. Wie das geschieht, ist noch unbekannt. Die Konzentration von Tetrachlorkohlenstoff ist zum Beispiel in 25 cm Bodentiefe auf 50 Prozent abgefallen.

beseitigt. Die Beseitigungsverhältnisse sind für Tetrachlorkohlenstoff am größten, gefolgt von Methylchloroform und FCKW-11".

Auch in Reisfeldern werden die „unzerstörbaren" FCKWs zersetzt. Eine weitere Felduntersuchung führte Khalil und Rasmussen nach China. Sie untersuchten dort in Zusammenarbeit mit der Chinesischen Akademie der Wissenschaften und zwei chinesischen Forschern die Ausscheidungen von Methan und anderer Gase über Reisfeldern. Dabei führten sie etwa 30 Experimente durch und sammelten 900 einzelne Meßdaten über Reisfeldern und Biogasanlagen bei Tschengtu in der Provinz Szetschuan.

Wie bereits bei ihrer Expedition nach Australien haben Khalil und Rasmussen sehr gewissenhaft die FCKW-Absorption in den Reisfeldern gemessen. Sie kamen zu dem Schluß: „Es gibt Hinweise,... daß die Reisfelder einige künstlich erzeugte Fluorchlorkohlenwasserstoffe absorbieren, insbesondere FCKW-11, FCKW-12, Tetrachlorkohlenstoff und Methylchloroform..."

Die Ergebnisse stammen von zwei anerkannten Atmosphärenchemikern, die von allen Aposteln der Ozonthese gern zitiert werden. Khalil hat nämlich in den frühen achtziger Jahren einige der gründlichsten Messungen der FCKW-Konzentration in der Atmosphäre durchgeführt. Rasmussen war die letzten zehn Jahre damit beschäftigt, überall auf der Welt FCKW-Warnstationen einzurichten. Nun stellen sie plötzlich fest, daß die Ozonlochtheorie etwas komplizierter ist, als sie ursprünglich angenommen haben. In einem Aufsatz über ihre Arbeit in China, die im März 1990 in der Zeitschrift *Chemosphere* erschienen ist, kommen Khalil und Rasmussen zu folgendem Ergebnis:

„Bei unseren letzten Untersuchungen stellte sich heraus, daß das Erdreich künstlich erzeugte Fluorchlorkohlenwasserstoffe aufnimmt, besonders leicht FCKW-11 und Tetrachlorkohlenstoff. Als wir in unseren Experimenten in den Reisfeldern den Verbleib von FCKW untersuchten, stellte sich heraus, daß auch die FCKWs vom Reisfeld aufgenommen werden. Die Absorptionsraten für FCKW-11, FCKW-12, CCl_4, CH_3CCl_3 bewegen sich in der gleichen Größenordnung, sie sind aber um ein Mehrfaches größer als diejenigen, die wir bei unseren Untersuchungen des Erdreichs in Australien entdeckt haben."

Joseph Suflita, Professor für Mikrobiologie an der Universität von Oklahoma, schreibt in einem Kommentar zu Khalils und Rasmussens Entdeckungen: „Das Verschwinden von Halogenen aus organischen Molekülverbindungen scheint unter anaeroben Lebensbedingungen begünstigt zu werden. Ebensolche Bedingungen trifft man in Termitenhügeln und Reisfeldern an. Zweifellos macht die Entdeckung der beiden Forscher sehr viel Sinn."

FCKWs sind für Bakterien besonders attraktiv

Warum zerlegen Bakterien FCKWs und andere synthetisch erzeugten Halogenverbindungen? Dafür gibt zwei Gründe. Erstens leben viele Bakterien in einer sauerstoffarmen oder anaeroben Umgebung. Sie müssen, wie alle anderen lebenden Organismen, atmen. Organismen, die Sauerstoff atmen, nehmen Elektronen aus ihrer Nahrung und leiten sie an Sauerstoffmoleküle weiter und erzeugen damit Wassermoleküle. Wenn wir atmen, dann ist das die entscheidende chemische Reaktion, die dabei abläuft. Fehlt der Sauerstoff jedoch, wie das bei vielen Bakterien der Fall ist, dann entsteht ein Problem. Es muß nämlich ein Abnehmer für die Elektronen gefunden werden. In Sümpfen und sauerstoffarmen Böden halten sich deswegen vorwiegend solche Bakterien auf, die ihre freien Elektronen mit Hilfe anderer Stoffe loswerden. Die Funktion, die bei unserer Atmung der Sauerstoff hat, übernehmen bei diesen Bakterien Nitrate, Sulfate und Halogengase.

Der zweite Grund, der Halogengas für Bakterien so anziehend macht, ist der in ihnen enthaltene Kohlenstoff. Die Kohlenstoffatome im Halogengas bieten dem Bakterium nämlich einen Nährstoff, den es dringend benötigt. Wie der Prozeß im einzelnen abläuft, beschreibt Suflita, einer der führenden Köpfe der Umweltmikrobiologie, in einem Interview:

„Ganz mechanistisch aufgefaßt, benutzen die Bakterien die organischen Halogenverbindungen als ihren letzten Elektronenabnehmer. Sie atmen damit genauso, wie Du und ich beim Atmen Sauerstoff als unseren letzten Elektronenabnehmer benutzen. Den Prozeß nennt man Dehalogenierung durch Reduktion. Und das heißt, daß ein Halogen entfernt wird und durch ein Proton oder ein Wasserstoffatom ersetzt wird. Eines der Produkte, dem ein Halogen fehlt, würde als halogenierter Vermittler für das Ausgangsmaterial wirken und schließlich selbst einer Dehalogenierungsreaktion unterliegen.

Wenn nun ein Chloratom oder, wie im Fall der FCKWs, ein Fluoratom durch ein Proton ersetzt wird, fällt das Chlor als anorganisches Chlor aus, z.B. als Chlorwasserstoffsäure. Auf diese Weise wurde aus dem organischen Molekül ein anorganisches".

Ausführliche Laboruntersuchungen an Tetrachlorkohlenstoff bestätigten diesen Prozeß. Wissenschaftler konnten beobachten, daß Erdbakterien, wenn kein Sauerstoff vorhanden ist, schrittweise Tetrachlorkohlenstoff abbauen. Zunächst wird ein Chloratom herausgebrochen, das es dem Bakterium erlaubt, ein Elektron im Chloratom unterzubringen. Dadurch entsteht Chlorwasserstoff. Ein anderes Elektron wird an das CCl_4-Molekül angelagert. Es entsteht $CHCl_3$. Im weiteren Verlauf wird jedes der verbleibenden Chloratome herausgebrochen. Letztendlich sind auf der einen Seite ein Methanmolekül (CH_4) und auf der anderen 4 HCl-Moleküle entstanden.

Darüber, was mit dem völlig dehalogenierten Molekül geschieht, streiten sich die Wissenschaftler noch. Mitarbeiter des *Batelle-Instituts* konnten beobachten, daß das nach der Dehalogenierung verbleibende Methanmolekül von Bakterien oxidiert und auf diese Weise in ein Kohlendioxidmolekül verwandelt wird. Dieser Prozeß ist besonders für solche Bakterien wichtig, denen es an kohlenstoffhaltiger Nahrung mangelt.

Die meisten Mikrobiologen beschäftigten sich mit der Untersuchung des bakteriologischen Abbaus der wichtigsten Halogenverbindungen im giftigen Abfall. Die Aufsätze von Khalil und Rasmussen regten jedoch die beiden Forscher Derek Lovely und Joan Woodward am *Institut für Geologische Beobachtung* in Reston (US-Bundesstaat Virginia) dazu an, die Frage zu erforschen, was mit FCKWs in anaeroben Böden geschieht. Ihre Ergebnisse legten sie im Dezember 1990 der Konferenz der amerikanischen Geophysikalischen Vereinigung in San Franzisko vor.

Der Titel ihres Berichtes lautet: „Der Verbrauch der Freone FCKW-11 und FCKW-12 in methanerzeugenden wasserhaltigen Sedimenten". Lovely und Woodward holten sich Flußschlamm aus dem Potomac ins Labor und preßten Freone in die verschlossenen Behälter. Schon nach relativ kurzer Zeit waren alle FCKW-11- und FCKW-12-Moleküle verschwunden. Nachdem sie den Schlamm erhitzt und dadurch alle biologischen Organismen abgetötet hatten, konnte die sterilisierte Erde kein FCKW-12 mehr absorbieren. Aber FCKW-11 wurde selbst jetzt noch absorbiert, wenn auch in einer deutlich geringeren Rate als vor der Erhitzung, d.h. bei Anwesenheit der Bakterien. Lovely und Woodward schlossen daraus, daß im Schlamm FCKW-11 durch biologische und nichtbiologische Prozesse im Erdreich absorbiert wird, während zum Abbau von FCKW-12 die Anwesenheit biologischer Lebewesen notwendig ist.

Diese Entdeckung stimmt gut mit dem Verhalten der Bakterien überein, die Halogenverbindungen abbauen, wie das von anderen Wissenschaftlern beobachtet und gemessen wurde. Es liegen noch keine Berechnungen darüber vor, welche Mengen von FCKWs auf diese Weise von Bakterien weltweit abgebaut werden. Aber alles deutet darauf hin, daß es sich um einen beträchtlichen Anteil handeln könnte.

Dr. Brochmann vom *Batelle-Institut* weist auf eine weitere interessante Fähigkeit der Mikroben hin: Ihre ungeheure Flexibilität, mit der sie sich neuen Umweltbedingungen und einem veränderten Nahrungsmittelangebot anpassen können. Mikroben untersuchen ihre Umgebung ständig nach neuen Nahrungsmittelquellen und bewegen sich tatsächlich dahin, wo sie neue Nahrung ausgemacht haben. Darüberhinaus verfügen die Mikroben über einen „Werkzeugkasten" voller Enzyme, die es ihnen erlauben, unterschiedliche Verbindungen zu zerlegen. Gleichzeitig spezialisieren sich jedoch bestimmte Mikroben und entwickeln besondere Fähigkeiten, bestimmte Nahrungsmittel zu nutzen.

Es ist bereits eine Entwicklung in der Mikrobiologie abzusehen, die dazu führen wird, daß wir uns Mikroben als „Haustiere" züchten, um ganz gezielt unseren Abfall als Nahrung vertilgen zu lassen. Mikrobiologen können Mikroben züchten, die giftige Abfallhalden für einen Bruchteil des Aufwands reinigen können, der heute für die Sanierung nötig ist. In ein paar Jahren wird es vielleicht schon Bodenbakterien geben, die mehr FCKWs vernichten, als im gleichen Zeitraum industriell hergestellt werden.

Wo Rauch ist, sind auch FCKWs

Doch nicht jedes FCKW-Molekül, welches aufgrund seines hohen Molekulargewichts zu Boden sinkt, trifft sofort auf Bakterien oder Enzyme, die es umwandeln. Die meisten FCKW-Moleküle lagern sich erst einmal im Boden ab. Die Forschergruppe um Dean Hegg von der Abteilung für Atmosphärenforschung der Universität Washington machte diesbezüglich eine erstaunliche Entdeckung. Als sie mit dem universitätseigenen Forschungsflugzeug C-131A in verschiedenen Gebieten der Vereinigten Staaten Messungen der Gasemissionen über brennenden Wäldern vornahmen, fanden sie neben den Gasen, die man normalerweise bei Waldbränden zu erwarten hat, auch hohe Konzentrationen von FCKWs. Da alle FCKWs angeblich nichts Besseres zu tun haben, als sofort in die Stratosphäre aufzusteigen, waren die Forscher anfänglich überrascht, als sie feststellten, daß Waldbrände große Mengen an FCKWs aufwirbelten.

Die in den Verbrennungsgasen von Waldbränden gemessenen Freone müssen ursprünglich einmal vom Menschen erzeugt und freigesetzt worden sein, da sie nicht natürlich entstehen. Die einzige Erklärung besteht darin, daß sie sich im Waldboden abgelagert haben und beim Waldbrand wieder freigesetzt und durch die Hitze emporgewirbelt wurden. Die geringe Wasserlöslichkeit der FCKWs spielt für die Art der Ablagerung im Boden eine wichtige Rolle. Die in Pflanzen anzutreffenden Lipoproteine haben nämlich ein dreihundert- bis vierhundertfaches Lösungsvermögen als Wasser. Es ist daher möglich, daß die Lipoproteine der Pflanzen FCKW-Moleküle lösen und die Biomasse deshalb möglicherweise ein riesiges Reservoir für FCKWs ist. Wahrscheinlich stammen deshalb die Freongase, die man in den Rauchwolken über Waldbränden mißt, aus dem verbrennenden Pflanzengewebe und nicht aus dem Boden.

In einem Aufsatz mit dem Titel „Emission verschiedener Spurengase bei der Verbrennung von Biomasse" schrieb Dean Hegg kürzlich: „Als einziger Abfluß von

FCKW-12 wird bei Berechnungen der Atmosphärenbelastung gemeinhin der Verlust durch Photodissoziation in der Stratosphäre angenommen. Aber der weltweite Ertrag an FCKW-12 aus dem Verbrennen von Biomasse (200 000 t pro Jahr)... ist nahezu die Hälfte der pro Jahr veranschlagten Gesamtemission von FCKW-12 (400 000 t). Da aber Freon nicht durch das Feuer entstehen kann, muß es zuvor im Brennstoff eingelagert und durch den Brand verflüchtigt worden sein. Daraus ergibt sich, daß nach unseren Messungen die Einlagerungen von FCKW-12 in der Biomasse, im Gegensatz zur herkömmlichen Meinung, beträchtlich sein müssen..."

Bisher wurden noch keine Untersuchungen darüber angestellt, ob FCKWs über die Biomasse in den Boden eindringen, wie lange sie dort verweilen und wie weit sie in den Erdboden absinken können. Stattdessen wurden für Hunderte von Millionen Dollar Ballons und Flugzeuge in die Stratosphäre geschickt, um „Hans guck in die Luft" die Chance zu geben, die winzigsten Spuren von FCKWs im Himmel ausfindig zu machen.

Jeder, der irgendwann einmal mit FCKWs umgegangen ist, weiß, daß diese Chemikalien ganz und gar nicht danach streben, sich in die Luft zu erheben. Bob Holzknecht, Präsident der „Automotive Air Group", einer Kette von etwa 400 amerikanischen Werkstätten, die Klimaanlagen in Autos reparieren, kann man die Erfahrung beim Umgang mit FCKWs nicht absprechen. Er hat sich als Ingenieur über zwanzig Jahre lang mit den Problemen der Reparatur von Autoklimaanlagen herumgeschlagen. In der letzten Ausgabe der technischen Mitteilungen dieser Gruppe griff Holzknecht die Ozonlochtheorie scharf als Betrug an:

„Das aus undichten Stellen entweichende Freon-12 steigt nicht einfach in die Atmosphäre auf. Es bildet direkt an der Austrittsstelle eine Schicht. Die Moleküle fallen senkrecht auf den Boden. In unserer geschlossenen Werkstatt sammelt sich Freon nirgendwo anders an als auf dem Grund einer Vertiefung im Boden. Luftbewegungen schieben die Freone am Boden hin und her, und sie sinken zu immer tiefer gelegenen Stellen... Ich kann physikalisch in meiner eigenen Werkstatt nachweisen: Freon-12 erhebt sich nicht, es wird nicht mit der Luft fortgeweht, es vermischt sich auch nicht mit der Luft, Freon-12 breitet sich in einer dünnen Schicht am Boden aus und verdrängt die Luft."

Für Skeptiker hat Holzknecht ein einfaches, aber eindrucksvolles Experiment anzubieten. „Man fülle ein einfaches Wasserglas mit Freon-12 und stelle es unbedeckt in die relativ geschützte Ecke eines offenen Regals. Am nächsten Tag, in der nächsten Woche, im nächsten Monat, im nächsten Jahr, wann immer man will, wird man das Freon noch in dem offenen Wasserglas wiederfinden."

Und die Ozeane?

Wenn sich FCKWs vor allem auf dem Grund ausbreiten, müßten sie doch auch in den Ozeanen zu finden sein, welche zwei Drittel der Erdoberfläche bedecken. In der Tat werden FCKWs trotz ihrer schweren Löslichkeit in den Ozeanen absorbiert. Das Amt für Meereskunde und Atmosphärenforschung der Vereinigten Staaten versucht in einer großangelegten Studie die FCKW-Konzentration in den Weltmeeren festzustellen. Die FCKWs fungieren in diesen Untersuchungen als Markierungsstoff, mit dem Gestalt und Geschwindigkeit der Tiefseeströmungen erforscht werden kann. Das Wasser der Weltmeere braucht nämlich Jahrzehnte, um von der Oberfläche in die tiefen Meeresschichten abzusinken oder von dort wieder an die Oberfläche zu gelangen. Weil die FCKWs erst seit etwa 50 Jahren existieren, eignen sie sich besonders gut zur Erforschung dieser Strömungsverhältnisse.

Darüber hinaus kann man anhand der verschiedenen Arten von FCKWs, die zu verschiedenen Zeiten in Gebrauch waren, bestimmen, wie lange es dauert, bis die an der Wasseroberfläche angetroffenen FCKWs in größere Tiefen gelangen, und so Rückschlüsse auf die Geschwindigkeit der Strömung ziehen. Es hat sich herausgestellt, daß FCKWs nicht nur vom Meerwasser absorbiert wer-

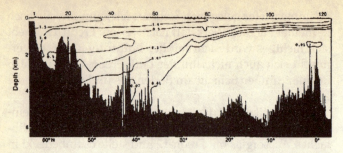

Abbildung 3: Die Tabelle zeigt die Konzentrationen von Freon-12 in verschiedenen Bereichen des Nordatlantiks.

den, sondern daß sie schon bis in Tiefen von 6000 Meter feststellbar sind.

Abbildung 3 zeigt, welche Konzentrationen an Freon-12 in verschiedenen Bereichen des Nordatlantiks festgestellt wurden. Die Tabelle ist in einem Aufsatz enthalten, den John Bullister im November 1989 in der Zeitschrift *Oceanography* veröffentlichte. Selbst bei den geringen Konzentrationen, wie sie für Freon-12 im Meerwasser gemessen wurden, ist das Weltmeer aufgrund seiner riesigen Masse ein immenses Reservoir für FCKWs.

Nach allem, was wir gerade über die Vorgänge im Boden berichtet haben, muß man auch die folgende Frage stellen: Ist es nicht möglich, daß FCKWs auch in den Oberflächengewässern der Meere zersetzt werden? Die Forscherin Judith Sims hat hierzu eine sehr interessante Hypothese veröffentlicht:

„Halogenisierte organische Verbindungen, die sowohl dem biologischen wie auch dem abiotischen Abbau widerstehen, wurden in großem Maßstab erst in den letzten Jahrzehnten hergestellt. Allerdings gab es auf natürliche Weise entstandene halogenisierte organische Substanzen seit Jahrmillionen im System der Meere. Solche Substanzen, dazu zählen aliphatische und aromatische Verbindungen, wie sie von Großalgen und wirbellosen Tieren erzeugt werden, enthalten Chlor, Brom, Jod. Die Gegenwart solcher natürlicher Verbindungen in relativ hoher Konzentration haben wahrscheinlich Bakterienpopulationen mit der Fähigkeit zur Dehalogenisierung hervorgebracht."

Mit anderen Worten, an der Oberfläche der Weltmeere könnte es viel Organismen geben, die in der Lage sind oder sich schnell in die Lage versetzen können, FCKWs abzubauen. Tatsächlich haben bereits mehrere Wissenschaftler darauf hingewiesen, daß es im Meer Organismen gibt, die Fluorverbindungen erzeugen.

Quellenhinweise:

R. Fabian, S.A. Borchers, Penkett und N.J.D. Prosser: Halocarbons in the Stratosphere, *Nature*, 24. Dec., 1981.

P. Fabian, R. Borchers, D. Gomer, B.C. Kruger and S. Lal: The vertical distribution of halocarbons in the Stratosphere, *Atmospheric Ozone*, Dordrecht, Niederlande, Reidel, 1984.

Dean A. Hegg, Lawrence F. Radke, Peter V. Hobbs, R.A. Rasmussen, Philip J. Riggan: Emissions of Some Trace Gases From Biomass Fires, *Journal of Geophysical Research*, Vol. 95, No. D5, 20. April 1990), S. 5669.

M.A.K. Khalil und R.A. Rassmussen: The Potential of Soils as a Sink of Chlorofluorocarbons and other Man-Made Chlorocarbons, *Geophysical Research Letters*, Vol. 16, No. 7, Juli 1989, S. 679.

M.A.K. Khalil, R.A. Rasmussen, J.R.J. French und J.A. Holt: The Influence of Termites on Atmospheric Trace Gases: CH_4, CO_2, $CHCl_3$, N_2O, CO, H_2 and Light Hydrocarbons, *Journal of Geophysical Research*, Vol. 95, No. D4, 20. März 1990, S. 3619.

M.A.K. Khalil, R.A. Rassmussen, M.X. Wang und L. Ren: Emissions of Trace Gases From Chinese Rice Fields and Biogas Generators: CH_4, N_2O, CO, CO_2, Chlorocarbons, and Hydrocarbons, *Chemosphere*, Vol. 20, 1990, S. 207.

Robert W. Pease: The Probability of Ozone Depletion, unveröffentlicht, Januar 1991.

F. Sherwood Rowland und Mario Molina: Chlorofluoromethanes in the Environment, *Reviews of Geophysics and Space Physics*, Vol. 13, No. 1, 1975, S. 1.

F. Sherwood Rowland: Chlorofluorocarbons and the Depletion of Stratospheric Ozone, *American Scientist*, Vol. 77, No. 1, 1989, S. 36.

Judith L. Sims, Joseph M. Suflita und Hugh H. Russell: Reductive Dehalogenation: A Subsurface Bioremediation Process, *Remediation*, Vol. 1, No. 1, Winter 1990/1991, S. XX.

Peter Warneck, *Chemistry of the Natural Atmosphere*, Vol. 41, International Geophysics Series, New York, Academic Press, 1988.

S.C. Wofsy und M.B. McElroy: On Vertical Mixing in the Upper Stratosphere and Mesosphere, *Journal of Geophysical Research*, Vol. 78, 1973), S. 2619.

Kapitel IV

Krebs durch Sonnenenergie?

Die Zerstörung der Ozonschicht führt zur Erhöhung der UV-Strahlung auf der Erde, was wiederum zu Hautkrebs führt. Das ist der entscheidende Punkt, der die Ozonthese zu einer „politisch relevanten" These machte, zu einer These, die die Vorstellungskraft der Bürger bewegt und deshalb für Politiker und Medien „brauchbar" ist.

Betrachten wir die Sache etwas genauer. UV-Licht ist elektromagnetische Strahlung, deren Wellenlänge „jenseits des violetten sichtbaren Lichtes" liegt, d.h „ultraviolett" ist. UV-Strahlung hat somit eine Wellenlänge von weniger als 400 nm (400 Milliardstel Meter). Nach unten wird der Bereich der UV-Strahlung von den Röntgenstrahlen begrenzt, also von Strahlung mit einer Wellenlänge unter 40 nm. Die UV-Strahlung selbst wird wiederum in die Bereiche A, B und C unterteilt. Der weitaus größte Teil der UV-Strahlung, welche uns hier auf der Erde erreicht, ist UVA-Strahlung und liegt zwischen 400 und 320 nm. Der Bereich der UVB-Strahlung beginnt bei 320 nm und reicht bis 286 nm. Der Bereich der kurzwelligen UV-Strahlung liegt unterhalb von 286 nm und heißt UVC-Strahlung.

Von der UVC-Strahlung kommt praktisch nichts auf dem Erdboden an, da sie vom Luftsauerstoff herausgefiltert wird. Wenn UVC-Strahlung auf ein Sauerstoffmolekül trifft, wird die Energie der UVC-Strahlung dazu benutzt, das O_2-Molekül in zwei einzelne Sauerstoffatome aufzuspalten. Einzelne Sauerstoffatome verbinden sich innerhalb kürzester Zeit wieder zu O_2 oder zu Ozon (d.h. O_3-Molekülen), wobei längerwellige elektromagnetische Strahlung abgegeben wird.

Auch der weitaus größte Teil der längerwelligen UVB-Strahlung wird auf ähnliche Weise schon in der Stratosphäre herausgefiltert und erreicht den Erdboden nicht. Der entscheidende Unterschied besteht darin, daß die UVB-Strahlung viel besser Ozonmoleküle als die „härteren" Sauerstoffmoleküle „knacken" kann. Deshalb wird gesagt: „Die Ozonschicht schirmt die UVB-Strahlung ab".

Bei dieser Sprechweise darf man jedoch nicht den Gesamtprozeß aus den Augen verlieren, und der besteht eben darin, daß UVC-Strahlung aus dem schier unendlichen Sauerstoffvorrat der Luft in jedem Augenblick Milliarden Tonnen Ozon erzeugt, welches dann die weichere UVB-Strahlung absorbiert, wobei das Ozon selbst zerlegt wird. Es handelt sich um einen dynamischen Prozeß. Wenn man die „Ozonschicht zerstören" will, muß man die UVC-Strahlung der Sonne ausschalten oder einen chemischen Mechanismus einrichten, der Ozon schneller zerstört, als es von der energiereichen Sonnenstrahlung permanent aus Sauerstoff gebildet wird. Der Ozonkiller FCKW hat einen solchen Mechanismus angeblich bereits seit Jahren in Gang gesetzt.

Mehr oder weniger UV-Strahlung?

Am 15. März 1988 kündigte Robert Watson vom *Ozone Trends Panel* auf einer Pressekonferenz in Washington an, es lägen nun eindeutige wissenschaftliche Beweise dafür vor, daß die Ozonschicht über den Vereinigten Staaten und Europa zerstört worden sei. Watson behauptete, die Ozonschicht hätte im Zeitraum zwischen 1969 und 1985 im Bereich der nördlichen Breiten um 3% abgenommen. In den Medien erschien diese Meldung unter Schlagzeilen über Hautkrebs durch erhöhte UV-Strahlung.

Was bei der Berichterstattung ganz unter den Tisch fiel, war die Tatsache, daß Watson im Verlauf der Pressekonferenz keinen einzigen wissenschaftlichen Beweis für seine Behauptung vorgelegt hatte. Immerhin versicherte er, daß die wissenschaftlichen Daten bald veröffentlicht würden. Drei Jahre mußten ins Land ziehen, bevor diese

Daten des *Ozone Trends Panel* verfügbar waren.

Viele angesehene Wissenschaftler stehen den Angaben des *Ozone Trends Panel* kritisch gegenüber und bezweifeln, daß die Daten einer wissenschaftlichen Überprüfung standhalten. Nehmen wir jedoch zugunsten von Robert Watson an, die Behauptungen des *Ozone Trends Panel* vom März 1988 seien korrekt. Was bedeutet die behauptete Abnahme der Ozonschicht von 3%?

Rechnet man entsprechend der Theorie von Sherwood Rowland, so führt 1% Ozonabbau zu einer Erhöhung der UV-Strahlung am Erdboden um 2%. Wir müßten also über den Vereinigten Staaten und Europa in der Zeitspanne von 1969 bis 1985 einen Anstieg der UV-Strahlung von 6% gemessen haben.

Nun hat aber der Forscher Joseph Scotto von der Abteilung für Biostatistik am *Nationalen Krebsinstitut* in den USA in einem Artikel, der am 12. Februar 1988 im Magazin *Science* erschienen ist, nachgewiesen, daß in den USA die UVB-Strahlung am Erdboden im fraglichen Zeitraum zwischen 1974 und 1985 nicht zugenommen, sondern abgenommen hat. Die Studie stellt fest: „Die Jahresdurchschnitte der R-B-Messungen zeigen in den beiden aufeinanderfolgenden 6-Jahres-Perioden (1974-1979 und 1980-1985) bei jeder Meßstation eine Abwärtsbewegung, welche von 2 – 7% reicht. *Abbildung 1* zeigt, daß es von 1974 bis 1985 keinen positiven Trend der jährlichen R-B-Messungen gibt... Die durchschnittliche Veränderung schwankte jährlich von -1,1% in Minneapolis (Minnesota) und -0,4% in Philadelphia (Pennsylvania). Über alle Stationen gemittelt sanken die R-B-Messungen jährlich um 0,7%."

In *Science* vom 25. November 1988 widerlegte Scotto das Argument, die Ursache für die Abnahme der UV-Strahlung sei darin zu finden, daß zunehmende Luftverschmutzung die einfallende UV-Strahlung streue und abschwäche und so den Effekt der Ozonausdünnung überkompensiere. Scotto verweist in diesem Zusammenhang auf Daten der berühmten Meßstation auf dem Mauna Loa in Hawaii, „die völlig frei von städtischer Luftverschmutzung ist"; dennoch zeige „die Analyse der Daten dieser

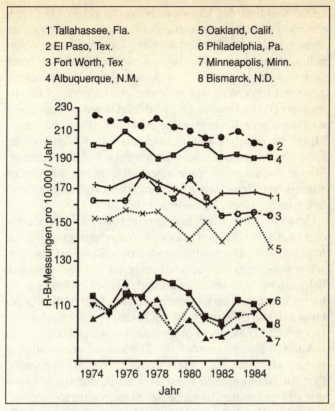

1 Tallahassee, Fla.
2 El Paso, Tex.
3 Fort Worth, Tex
4 Albuquerque, N.M.
5 Oakland, Calif.
6 Philadelphia, Pa.
7 Minneapolis, Minn.
8 Bismarck, N.D.

Abbildung 1: Die UVB-Strahlung im Zeitraum von 1974 bis 1985 stieg nicht an. Die durchschnittliche Veränderung schwankte jährlich von -1,1% in Minneapolis (Minnesota) und -0,4% in Philadelphia (Pennsylvania). Über alle Stationen gemittelt sanken die Messungen jährlich um 0,7%.

Station keinen Anstieg der UVB-Strahlung im Zeitraum zwischen 1974 und 1985".

Eine Erklärung für den Rückgang der UV-Strahlung hat Scotto nicht. Es ist eine interessante Frage, der man nachgehen sollte. Auf alle Fälle zeigen diese Ergebnisse, daß die Prozesse in der Atmosphäre offensichtlich etwas anders ablaufen, als die Vertreter der Ozonthese das wahr haben wollen.

Die Reaktion der Umweltschützer und der US-Regierung auf die Ergebnisse von Scotto war, gelinde gesagt, nicht gerade vom Streben nach wissenschaftlicher Wahrheit geprägt. Scotto wurde nach seinen eigenen Worten Opfer einer „Inquisition". Er konnte seine Untersuchungen nach 1985 nicht weiterführen, weil die Mittel für die meisten UV-Meßstationen gestrichen wurden. Scotto, ein weltbekannter Krebsexperte, erhielt nicht einmal mehr Mittel bewilligt, um auf internationalen Konferenzen seine Ergebnisse vortragen zu können. Auf den Scheiterhaufen hat man ihn zwar noch nicht gelegt, aber seine wissenschaftliche Arbeit soll auf diese Weise offensichtlich zum Scheitern gebracht werden.

Umweltschutzgruppen bekommen weltweit Zigmillionen Dollar, für Studien über die „Auswirkungen" der Erhöhung der UV-Strahlung werden Unsummen verschwendet, und das, obwohl nicht einmal wissenschaftlich gesicherte Daten existieren, daß eine Erhöhung überhaupt vorliegt. Aber die geringen Mittel zur Messung der tatsächlichen UV-Strahlung am Boden werden gestrichen. Das ist die Logik der heutigen „Umweltforschung".

Auch in Europa wurden die Messungen von Scotto bestätigt. Der Forscher Stuart Penkett von der *Universität East Anglia* in England weist darauf hin, daß die Messungen der bekannten bayerischen Station am Hohenpreißberg eine Abnahme der UV-Strahlung an der Erdoberfläche zeigen. Im Zeitraum von 1968 bis 1982 nahmen die Durchschnittswerte um 0,5% ab, während nach den Berechnungen von Rowland und Molina im gleichen Zeitraum die UV-Strahlung um 3% hätte zunehmen müssen.

Bezeichnend ist auch der Fall des *Fraunhofer-Instituts für Atmosphärenforschung* in Deutschland. Hier existieren langjährige Meßreihen von Professor Reinhold Reiter, dem ehemaligen Direktor des Instituts, der 1985 in den Ruhestand versetzt wurde. Sein Nachfolger Professor Seiler ist einer der exponierten Vertreter der Ozonthese. Professor Reiter ist es inzwischen nicht mehr möglich, an seine eigenen Daten im Archiv des Instituts — des Instituts, das er persönlich aufgebaut hat! — heranzukommen, um diese für seine weitere wissenschaftliche Arbeit zu nutzen. Die Mittel für die Meßstationen, die noch unter Reiters Leitung errichtet wurden, sind im letzten Jahr von der bayerischen Landesregierung gestrichen worden.

Auf Meßdaten legen die Vertreter der Ozonthese also keinen großen Wert, sie stützen sich viel lieber auf ihre Computermodelle. Ohne verläßliche Daten ist jedoch jeder Computer wissenschaftlich wertlos. Der politische Wert solcher Modelle hingegen scheint kaum von zuverlässigen Meßdaten abzuhängen.

Die amerikanische Akademie der Wissenschaften sagte 1980 auf der Grundlage der Theorie von Rowland und Molina eine Abnahme des Ozons um 18% voraus. Das hätte zu einer Erhöhung der UV-Strahlung von 36% führen müssen! Zwei Jahre später hatte man einige zusätzliche Chemikalien in den großen Topf der Computermodelle hineingeworfen und kochte Ergebnisse zurecht, die nur noch 7% Ozonabbau voraussagten. Nur zwei Jahre später, 1984, war die Ozonzerstörung in den Modellen bereits auf 2-4% gesunken. Die neuesten Voraussagen sprechen wieder von 5% Ozonzerstörung innerhalb des nächsten Jahrhunderts. Wer garantiert, daß sich mit den Modellen nicht plötzlich eine Zunahme des Ozons vorhersagen läßt?

Die wilden Schwankungen der offiziellen Modellrechnungen kommen zustande, weil diese Modelle sehr spekulative Annahmen über die in der Stratosphäre ablaufenden Prozesse machen müssen und Reaktionen enthalten, die größtenteils nicht einmal im Labor ausreichend bekannt sind. Geringe Verschiebungen in den Reaktionsraten dieser Prozesse, die in der Stratosphäre nie exakt beobachtet wurden und deshalb rein hypothetisch sind, ergeben drastische Veränderungen der Ergebnisse. Die Schwankungen der Modellrechnungen dokumentieren deshalb, wie unbrauchbar die daraus abgeleiteten „Vorhersagen" sind. Welchen Wert haben Modellrechnungen überhaupt, wenn sie für die kommenden 100 Jahre innerhalb von nur vier Jahren um 30 Prozentpunkte schwanken?

Wie gefährlich ist UV-Strahlung?

Aber nehmen wir wieder an, die „modernste" Voraussage eines fünfprozentigen Ozonabbaus und einer Erhöhung der UV-Strahlung von 10% innerhalb des nächsten Jahrhunderts sei korrekt. Was würde das bedeuten?

Auf der Erde ist die UV-Strahlung am Äquator ohnehin 50mal höher als an den Polen; das ist in Prozenten ausgedrückt ein 5000prozentiger Unterschied. Auch mit zunehmender Höhe steigt die UV-Strahlung. Erhebt man sich nur 500 Meter vom Erdboden senkrecht in die Höhe, so ist man einer 10% höheren UV-Strahlung ausgesetzt; geht man 1000 Meter hoch, dann steigt die UV-Strahlung nochmals um 10% usw. Unternimmt man zum Wohl von Leib und Seele eine Bergtour, dann kann man ohne weiteres einer 50prozentigen Erhöhung der UV-Strahlung ausgesetzt sein. Wer seinen Wohnsitz von der Küste ins Mittelgebirge verlegt, oder nur 200 km näher zum Äquator hin, der wird im Durchschnitt eine zusätzliche Dosis an UV-Strahlung erhalten, welche genau dem Wert entspricht, den die modernsten Computermodelle für das nächste Jahrhundert als Folge der Ozonzerstörung durch FCKWs voraussagen. Welch eine Katastrophe!

Der gesunde Menschenverstand wird die errechnete Erhöhung der UV-Strahlung von 10% nicht als katastrophal einschätzen, selbst wenn sie einträte. Eine Reihe namhafter norwegischer Forscher hat diese Frage genauer untersucht und ist genau zu diesem Ergebnis gekommen. Im *Journal of Photochemistry and Photobiology* veröffentlichen sie eine Arbeit mit dem Titel „Biologische UV-Dosen und der Effekt der Ausdünnung der Ozonschicht". Die Autoren sind Arne Dahlbeck, Thormod Hendriksen, Soren H.H. Larsen und Knut Stamnes. Sie kommen zu dem Ergebnis, daß „die Ausdünnung der Ozonschicht um 15-20%", d.h. um das Drei- bis Vierfache der von den modernsten Computermodellen errechneten Erhöhung, „einen recht kleinen Effekt auf das Leben auf der Erde hätte."

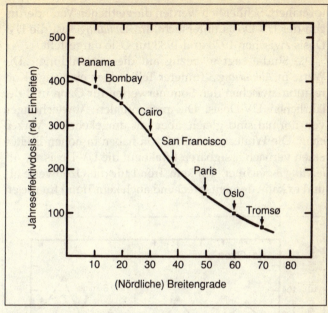

Abbildung 2: Die UV-Dosis schwankt stark mit der geographischen Breite. Die jährliche effektive UV-Dosis ist für verschiedene Städte dargestellt. Für Oslo wurde der Indexwert gleich 100% gesetzt. Man erkennt sofort den dramatischen Anstieg der UV-Dosis, wenn man sich dem Äquator nähert.

Das Interesse für die Auswirkungen der Ozonzerstörung ist in Norwegen besonders groß, da die Bevölkerung von dem oft zitierten, bisher jedoch noch nicht gefundenen „Ozonloch am Nordpol" unmittelbar betroffen wäre. Die Studie untersucht zuerst die täglichen Schwankungen der effektiven UV-Dosis für den 22. Juni (maximale Tagesdosis) und den 22. August an verschiedenen Orten. Einmal in 60° nördlicher Breite, was der Lage von Oslo entspricht, und zum anderen am 40. Breitengrad, was in etwa dem Urlaubsort Mallorca entspricht. Dann werden die effektiven Jahresdosen miteinander verglichen, wobei in *Abbildung 2* ein Indexwert gesetzt ist, der für Oslo gleich 100% ist. Man erkennt sofort den dramatischen Anstieg der UV-Dosis, wenn man sich dem Äquator nähert. Schließlich werden die zeitlichen Veränderungen der UV-Dosis untersucht. In *Abbildung 3* ist die UV-Dosis zwischen 1978 und 1988 für Oslo dargestellt.

Die Studie sagt in bezug auf diese Abbildung: „Die Werte in *Abbildung 3* (unterer Teil) zeigen eine enge Korrelation zwischen den Sommerwerten für Ozon und der jährlichen UV-Dosis. Die prozentualen Abweichungen von normal sind gleich, aber mit umgekehrtem Vorzeichen. Die Winterwerte für Ozon haben in hohen Breiten einen vernachlässigbaren Effekt auf die UV-Dosis. In *Abbildung 3* zeichnet sich kein Trend für die Ozonwerte ab, und es kann dementsprechend auch kein Trend für die er-

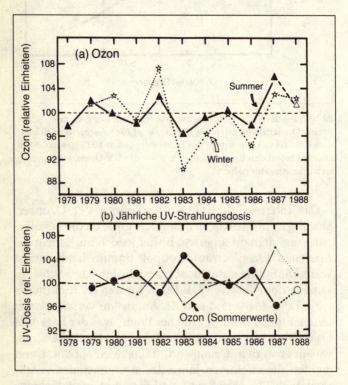

Abbildung 3: Die UV-Dosis in Oslo für den Zeitraum von 1978 bis 1988. Es ist kein Trend für die Ozonwerte erkennbar. Das widerspricht den Behauptungen des *Ozone Trends Panel*.

rechnete UV-Dosis erwartet werden."

Die Studie widerspricht somit den Behauptungen des *Ozone Trends Panel* in doppelter Hinsicht. Erstens spricht das *Ozone Trends Panel* von der Gefahr, daß in hohen nördlichen Breiten der größte Ozonabbau im Winter geschieht. Für die UV-Dosis hätte das nur marginale Bedeutung, zeigt die norwegische Studie. Zweitens widersprechen die Daten der norwegischen Studie dem angeblich festgestellten abnehmenden Trend der Ozonwerte auf der nördlichen Erdhalbkugel.

Weiterhin ermittelt die Studie die effektive UV-Dosis als Funktion der Ozonabnahme in 60° nördlicher Breite und vergleicht diese mit der jährlichen UV-Dosis in 40° nördlicher Breite (Mallorca) bzw. am Äquator (Kenia). Aus diesem Vergleich wird gefolgert: „Es scheint, daß bei Abnahme der Ozonschicht über Skandinavien um 50% [was weit mehr ist, als alle Modellen voraussagen] sich für diese Länder eine effektive UV-Dosis ergeben würde, die der üblichen Jahresdosis in den Mittelmeerländern oder in Kalifornien entspricht," was in der Tat ein recht kleiner Effekt auf das Leben auf der Erde wäre.

Was aber soll man von all den Fällen von Hautkrebs in Australien und Neuseeland halten, welche angeblich schon heute das Ozonloch verursacht hat? Für die Vertreter der Ozonzerstörungsthese ist das ein greifbarer Beleg dafür, wie wir alle durch die Verwendung der FCKWs bedroht sind. Dieser „greifbare Beleg" ist in Wirklichkeit genauso stichhaltig wie die Behauptung, die Zunahme von Hautkrebs in Australien und Neuseeland werde durch den bösen Blick von Känguruhs hervorgerufen. Wer sich die Weltkarte etwas genauer ansieht, der wird feststellen, daß Australien und Neuseeland gar nicht „weit unten" liegen, sondern viel näher am Äquator als zum Beispiel England und die Länder, aus denen die meisten Einwanderer kamen. Für viele der hellhäutigen Einwanderer bedeutete die Umsiedlung nach Australien eine Anhebung der UV-Dosis um 250-500%. Das ist ein Wert, der zehn- bis zwanzigmal über dem liegt, was an zusätzlicher UV-Belastung durch das Ozonloch überhaupt zustande kommen könnte.

Vor allem kann die beobachtete Zunahme des Hautkrebses in Australien gar nicht durch den Anstieg der FCKWs verursacht worden sein, weil die Konzentration der FCKWs in der Atmosphäre und damit die angeblich dadurch verursachte Vergrößerung des Ozonlochs viel zu spät erfolgte. Eine Ausdünnung der Ozonschicht durch FCKWs könnte theoretisch erst seit Ende der siebziger Jahre erfolgt sein, was bei den bekannten Latenzzeiten für Hautkrebs erst in der Zukunft zu einer statistisch nachweisbaren Erhöhung der Hautkrebserkrankungen „durch FCKWs" führen dürfte.

Krebs und UV-Strahlung

Überhaupt ist der Zusammenhang zwischen erhöhter UV-Dosis und Hautkrebs keineswegs so offensichtlich und wissenschaftlich gesichert, wie das von den Vertretern der Ozonthese behauptet wird. Erstaunlicherweise ist das Risiko für Hautkrebs gerade in vielen Ländern gering, in denen die Menschen besonders starker UV-Strahlung ausgesetzt sind. In Südeuropa, im Orient oder in Indien und Afrika ist Hautkrebs gering. Bei dunkelhäutigen Menschen kommt Hautkrebs so selten vor, daß es schwer ist, statistische Daten zu erhalten. Bei hellhäutigen Menschen kommt Hautkrebs häufiger vor. Hinzu kommt, daß die Entstehung von Krebs im allgemeinen heute wissenschaftlich noch kaum verstanden ist und die Ärzte sich mit „statistischen Korrelationen" behelfen müssen, weil ihnen die kausalen Zusammenhänge noch unbekannt sind.

Es gibt verschiedene Arten von Hautkrebs, die sich völlig unterschiedlich auswirken. Hautkrebs und Hautkrebs ist nicht das gleiche. Es kann eine tödliche Krankheit sein, aber in den meisten Fällen ist Hautkrebs eine relativ harmlose Erkrankung und kann durch einen wenige Minuten dauernden Eingriff vom Arzt beseitigt werden. Die drei wichtigsten Hautkrebsarten sind das Basaliom (Basalzellenkrebs), das Spinaliom (Stachelzellenkrebs) und das bösartige Melanom. Glücklicherweise handelt es sich in über 80% der Fälle um Basalzellenkrebs, während nur 4% bösartige Melanome sind. Diese 4% Melanome machen jedoch 75% der Todesfälle durch Hautkrebs aus.

Einen seriösen Überblick über die Zusammenhänge zwischen UV-Licht und Hautkrebs findet man in der Ausgabe des *Journal of the American Medical Association* vom 21.7.1989. Es handelt sich dabei um einen Bericht, den der Wissenschaftsrat der *Amerikanischen Medizinischen Gesellschaft* erarbeitet hat. Dort wird festgestellt: „Trotz der positiven Korrelation zwischen dem Vorkommen von bösartigen Melanomen der Haut und der Exposition mit UV-Strahlung, ist es offensichtlich, daß andere Faktoren als UV-Strahlung involviert sind. Im Unterschied zu anderen Hautkrebsarten, die mit dem Lebensalter zunehmen, ist das bösartige Melanom der Haut im mittleren Lebensabschnitt am verbreitetsten. Andere Hautkrebsarten treten am häufigsten bei Menschen auf, die im Freien arbeiten, während das bösartige Melanom der Haut einen relativ großen Anteil der Stadtbevölkerung betrifft, die in geschlossenen Räumen arbeitet. Auch korreliert das bösartige Melanom der Haut in Westaustralien und Zentraleuropa nicht mit den Breitengraden (d.h. der UV-Dosis). Die anatomische Verteilung der Körperstellen, an denen der bösartige Hautkrebs am häufigsten auftritt, korreliert nicht mit den Stellen, die der Sonne am stärksten ausgesetzt sind. Histologisch kommt relativ selten eine Elastose in der Nachbarschaft von bösartigen Melanomen vor, während es mit den Karzinomen des Basalioms in enger Verbindung steht. Es wurden bisher keine Tiermodelle entwickelt, in denen die Erzeugung von bösartigen Melanomen der Haut allein durch UV-Strahlung bewiesen werden konnte."

Der Bericht des Wissenschaftsrats der *Amerikanischen Medizinischen Gesellschaft* läßt der Vermutung über einen möglichen Zusammenhang zwischen UV-Strahlung und bösartigen Melanomen eine Liste von sechs Punkten folgen, von denen jeder einzelne belegt, daß die simplistische Behauptung „Mehr UV-Strahlung = mehr Hautkrebs" falsch ist. Gerade in einer Situation, in der wir über die genaue Entstehung von Krebs nur unzureichend Bescheid wissen, ist eine differenzierte Betrachtung notwendig. Es kann nämlich sonst leicht geschehen, daß man genau die falschen Handlungsanweisungen gibt.

Um das zu verdeutlichen, betrachten wir stellvertretend für viele andere eine Hypothese über die Entstehung von Hautkrebs, die mit den gerade erwähnten Punkten recht gut übereinstimmt.

Die Brüder Cedric und Frank Garland von der *University of California* behaupten, daß nicht die UVB-Strahlung, sondern vor allem die UVA-Strahlung für die Entstehung von bösartigen Melanomen verantwortlich ist. Sie weisen darauf hin, daß zu den melaninhaltigen Zellen in der Haut — das sind die Zellen, in denen bösartige Melanome entstehen — nur 10% der UVB-Strahlung, aber 50% der UVA-Strahlung vordringt. Die Garlands meinen, daß die UVB-Strahlung überbewertet wird, weil sie für das Entstehen des Sonnenbrandes verantwortlich ist. In Wirklichkeit ist der Sonnenbrand Teil eines Alarmsystems des Körpers, das durch Sonnenschirme und vor allem Sonnenschutzcremes ausgeschaltet wird. Diese schirmen zwar die UVB-Strahlung ab, lassen die UVA-Strahlung jedoch fast ungehindert in den Körper eindringen. Da der Sonnenbrand, das körpereigene Alarmsystem gegen zu viel Sonnenbestrahlung, ausgeschaltet ist, halten sich die Menschen zehn- bis fünfzigmal länger in der Sonne auf, als sie es normalerweise tun würden. Trotz der längeren Bestrahlungszeit wird dann zwar die Dosis an UVB-Strahlung durch den Sonnenschutz konstant gehalten, aber es wird eine entsprechend hohe Dosis an UVA-Strahlung aufgenommen. Cedric und Frank Garland weisen übrigens auch darauf hin, daß es bisher keine Studie gibt, in der untersucht wird, ob Sonnenschutzmittel tatsächlich Krebs verhindern.

Was ist, wenn diese Hypothese stimmt? Sie paßt den Vertretern der Ozonthese natürlich ganz und gar nicht ins Konzept, denn die Ozonschicht filtert die UVB-Strahlung und nicht die UVA-Strahlung. Außerdem zeigen die Überlegungen der Garlands, daß die aufgenommene

Dosis oft stärker vom eigenen Verhalten als vom Vorhandensein der Strahlung abhängt. Das ist ganz entscheidend, wenn man wirklich den Zusammenhang zwischen UV-Strahlung und dem Ansteigen verschiedener Hautkrebsarten erkennen will. Denn, wie wir gesehen haben, muß man dabei berücksichtigen, daß die Meßdaten in den letzten Jahrzehnten gar keinen signifikanten Anstieg der UV-Strahlung am Erdboden zeigen. Höhere UV-Dosen für den hellhäutigen Teil der Bevölkerung der nördlichen Hemisphäre könnten also höchstens dadurch entstanden sein, daß sich mehr Menschen länger ungeschützt der Sonne ausgesetzt haben.

Augen auf!

Abschließend muß noch kurz auf eine Schreckensgeschichte eingegangen werden, die die Vertreter der Ozonthese in die Welt gesetzt haben. Die durch den Gebrauch von FCKWs angeblich hervorgerufene Zerstörung der Ozonschicht und der angeblich dadurch verursachte Anstieg der UVB-Strahlung rufen angeblich grauen Star hervor. Wer diesem Argument nicht blindlings vertraut, kann anhand dieses Beispiels die Methode erkennen, mit der Umweltschützer und Medien die gesellschaftliche Umwelt belasten und das soziale Klima vergiften.

Zum Beispiel gibt es keine epidemiologischen Studien, die belegen würden, daß grauer Star in Ländern mit höherer UVB-Strahlung häufiger vorkommt. Die Schreckensgeschichte über den grauen Star stammt aus einer Studie, die in Amerika in der Abteilung für Biophysik und Ophthalmologie am *Medical College of Virginia* in Richmond durchgeführt wurde. Diese Studie erschien unter dem Titel „Aktionsspektrum für retinale Verletzungen durch UV-Strahlung bei aphakischen Affen". Daraus entnehmen wir folgende Versuchsbedingungen: „Alle Tiere wurde zuerst mit einer intramuskulären Injektion von Phencylidin-HCl betäubt. Eine intravenöse Injektion von Natriumpentobarbitat, 15 mg/kg Körpergewicht, wurde für die tiefe Anästhesie verwendet. Hypothermie wurde dadurch verhindert, daß die Tiere in eine Wärmedecke eingewickelt wurden, deren Temperatur über ein rektales Thermometer elektronisch gesteuert wurde. Mit einem Spekulum wurden die Augenlider offen gehalten und das Austrocknen der Hornhaut durch wiederholte Gaben von physiologischer Kochsalzlösung verhindert."

Der Artikel fährt dann mit der Versuchsbeschreibung fort und erklärt, daß die gesamte Strahlung einer 2500 Watt starken und mit Quarzoptik versehenen Xenon-Lampe durch die künstlich geweiteten Pupillen der betäubten Tiere ins Augeninnere gestrahlt wurde. Die Expositionszeiten lagen zwischen 100 und 1000 Sekunden, also teilweise über einer Viertelstunde. Die Versuchsergebnisse zeigten Schäden an den Augen der Versuchstiere. Welche Überraschung! Wenn man 2500 Watt mit Quarzoptik fokussiert und diese durch die künstlich geweitete Pupille eines Versuchstiers, dem es unmöglich gemacht wurde, die Lider zu schließen, minutenlang ins Auge strahlt, dann ergeben sich Augenschäden durch UVB-Strahlung. Genauso einfach könnte man zeigen, daß ganz normales Sonnenlicht schädlich für die Augen ist. Man braucht unter den gleichen Versuchsbedingungen nur 15 Minuten lang Sonnenlicht mit einem starken Brennglas auf das Auge des Versuchstiers zu fokussieren, und wird mit der gleichen wissenschaftlichen Strenge eine „Korrelation" zwischen normalem Sonnenlicht und Augenschäden beweisen können.

Die Mehrzahl der „Erkenntnisse" über „krebserregende Stoffe" basieren auf derartigen unsinnigen Experimenten, bei denen Versuchstiere immer höhere Dosen an Strahlung oder Chemikalien solange verabreicht bekommen, bis sie Krankheitssymptome zeigen. Abschließend wird dann behauptet, ein Millionstel oder Milliardstel dieser Dosis erzeuge beim Menschen Krebs.

Quellenhinweise:

Council on Scientific Affairs, American Medical Association: Harmful Effects of Ultraviolet Radiation, *Journal of the American Medical Association*, 21. Juli 1989, Vol 262, No. 3, S. 380-384.

Valerie Beral, Helen Shaw, Susan Evans und Gerald Milton: Malignant Melanoma and Exposure to Fluorescent Lighting at Work, *The Lancet*, 7.8.1982, S. 290-93.

Cedric F. Garland und Frank C. Garland: Do Sunlight and Vitamin D Reduce the Likelihood of Colon Cancer?, *International Journal of Epidemiology*, Vol. 9, Nr. , 1980.

Cedric Garland, Richard B. Shekelle, Elizabeth Barrett-Connor, Michael H. Criqui, Arthur H. Rossof und Oglesby Paul: Dietary Vitamin D and Calcium and Risk of Colorectal Cancer: A 19-year Prospective Study in Men, *The Lancet*, 9.2.1985.

Cedric Garland, George Comstock, Frank Garland, Knud Helsing, Eddie Ko Shaw und Edward Gorman: Serum 25-Hydroxyvitamin D and Colon Cancer: Eight-Year Prospective Study, *The Lancet*, 18.11.1989.

Cedric F. Garland und Frank C. Garland: Calcium and Colon Cancer, *Clinical Nutrition*, Vol. 5, Nr. 4, Juli/August 1986.

Frank Garland, Cedric Garland, Edward Gorham und Jeffery Young: Geographical Variation in Breast Cancer Mortality Rates and Solar Radiation in the United States, *Preventive Medicine*, Dezember, 1990.

Edward Gorham, Frank Garland und Cedric Garland: Sunlight, Vitamin D, and Breast Cancer Incidence in the USSR, *International Journal of Epidemiology*, Dezember 1990.

Fritz Hollwich: The Influence of Ocular Light Perception on Metabolism in Man and in Animal, Springer-Verlag, New York, 1979.

Zane R. Kime: Sunlight Could Save Your Life, World Health Publications, 1980, S. 315ff.

Michael J. Lillyquist: Sunlight and Health, Dodd, Mead & Company, New York, 1985.

John Ott: Health and Light, Devin-Adair, Connecticut, 1976.

John Ott: Light, Radiation and You, Devin-Adair, Connecticut, 1990.

Stuart A. Penkett: Ultraviolet levels down not up, *Nature*, Vol. 341, 28. September 1989, S. 283-284.

Fritz-Albert Popp, ed., Electromagnetic Bio-Information, Urban & Schwarzenberg, München, Wien, Baltimore, 1989.

Kapitel V

Ozon in der Atmosphäre

Bevor wir in den beiden folgenden Kapiteln die Argumente für und wider die Theorie der Ozonzerstörung durch den Menschen noch genauer betrachten, sollten wir uns von kompetenter Seite erklären lassen, was die Bedeutung des Ozons in der Erdatmosphäre ist. Wer kann da als Ratgeber besser geeignet sein, als der große Wissenschaftler Gordon Dobson? Er war es, der für die Ozonmessung der Atmosphäre den Grundstein gelegt hat. Deshalb ist auch die Einheit, mit der der Ozongehalt in der Atmosphäre gemessen wird, nach Gordon Dobson benannt. Dobson lehrte an der *Universität Oxford,* und neben seinen wissenschaftlichen Entdeckungen zeichnete ihn die Fähigkeit aus, seine Studenten zu inspirieren. Viele von ihnen wurden später führende Atmosphärenforscher.

Dobson besaß die Fähigkeit, seine Hörer für die Schönheit der Wissenschaft zu begeistern und komplizierte Fragen verständlich zu machen. Das reflektiert sich auch in seinem 1968 erschienen Buch *Exploring the Atmosphere* (Die Atmosphäre erforschen), einem Klassiker der Atmosphärenforschung. Mit freundlicher Genehmigung des Verlags, drucken wir aus diesem Buch das Kapitel „Ozon in der Atmosphäre" mit den Originalgraphiken ab. Die Lektüre dieses Kapitels wird nicht nur dem Laien die Zusammenhänge verständlicher machen, auch der Fachmann wird sich an der verständlichen und klaren Art, mit der Dobson komplexe Vorgänge beschreibt, erfreuen. Auf jeden Fall unterscheidet sich Dobsons Buch angenehm von dem Kauderwelsch, welches man heute in den Medien und der pseudowissenschaftlichen Literatur vorfindet. Aber lesen wir Dobson selbst!

Ozon in der Atmosphäre

1. Einleitung

Obwohl Ozon in der Atmosphäre nur in sehr geringen Mengen vorkommt, ist es aus drei völlig verschiedenen Gründen von Bedeutung.

Erstens, da Ozon ultraviolettes Licht sehr stark absorbiert, wird ein Großteil der ultravioletten Strahlung von der Sonne (etwa 5% der Energiemenge, die die Erde von der Sonne empfängt) vom Ozon in der äußeren Atmosphäre absorbiert. Die Luft wird dadurch aufgeheizt, und es entsteht eine warme Zone in einer Höhe von etwa 50 km über der Erdoberfläche.

Zweitens, man hat festgestellt, daß die Menge des in der Atmosphäre enthaltenen Ozons an jeder Stelle von Tag zu Tag beträchtlichen Schwankungen unterliegt und, obwohl der Hauptteil des Ozons in den Schichten oberhalb der Tropopause enthalten ist, diese Schwankungen offenbar in engem Zusammenhang mit Änderungen des Wetters stehen.

Schließlich tritt beim Ozon außer den täglichen Schwankungen überraschenderweise auch noch eine Schwankung im Jahresverlauf auf, und nicht weniger überraschend ist die Verteilung der Ozonmenge über die Erde. Aus diesen jahreszeitlichen und geographischen Schwankungen konnten einige Gesetze über die allgemeine weltweite Luftzirkulation zwischen Troposphäre und Stratosphäre abgeleitet werden, und diese Ergebnisse erlangten jüngst besondere Bedeutung im Zusammenhang mit dem radioaktiven Niederschlag von nuklearen Explosionen.

2. Allgemeine Eigenschaften des Ozons

In der Atmosphäre kommt der Sauerstoff in drei verschiedenen Formen vor. Zur besseren Information des fachunkundigen Lesers wollen wir im folgenden darauf kurz eingehen:

Sauerstoffatome. Dies ist die einfachste Form, in der Sauerstoff vorkommt. Ein Großteil des Sauerstoffs in der obersten Atmosphäre liegt in Form von einzelnen Atomen vor.

Sauerstoffmoleküle. In dieser Form enthält jedes Molekül zwei miteinander verbundene Sauerstoffatome. Dies ist die normale Form des Sauerstoffs, wie er in der unteren Atmosphäre vorkommt. Wenn in der unteren Atmosphäre einzelne Sauerstoffatome einmal vorkämen, würden sie sich sehr schnell paarweise zu Sauerstoffmolekülen verbinden.

Ozon. Jedes Ozonmolekül enthält drei Sauerstoffatome.

A. Chemische Eigenschaften des Ozons

Ozon ist zwar eine Form von Sauerstoff, seine Eigenschaften sind jedoch von denen des normalen Sauerstoffmoleküls sehr verschieden. Eines seiner drei Sauerstoffatome wird leicht abgegeben und reagiert mit beliebigen Substanzen, mit denen es in Kontakt kommt und die leicht oxidierbar sind; das Ozon wird durch eine solche Reaktion zerstört. Die Bildung von Ozon erfordert eine große Menge an Energie, und diese Energie wird bei der Umwandlung von Ozon zu normalem Sauerstoff wieder abgegeben; reines Ozon ist explosiv. Dagegen ist zur Aufspaltung eines Sauerstoffmoleküls in zwei einzelne Sauerstoffatome eine hohe Energiezufuhr erforderlich, und diese Energie wird bei der Bildung eines Sauerstoffmoleküls aus zwei Sauerstoffatomen wieder frei.

B. Physikalische Eigenschaften

Für den Zweck dieser Abhandlung sind die chemischen Eigenschaften des Ozons von geringerer Bedeutung als seine physikalischen Eigenschaften; am wichtigsten ist hier seine Fähigkeit, Strahlung in bestimmten Bereichen des Spektrums zu absorbieren. Sauerstoff ist nahezu transparent für den gesamten sichtbaren, infraroten und ultravioletten Bereich des Spektrums; es absorbiert nur sehr kurze Wellenlängen von weniger als 2400 Å (Ångström). Ozon dagegen absorbiert Strahlung in drei verschiedenen Bereichen des Spektrums:

(a) Es absorbiert sehr stark im ultravioletten Bereich zwischen ca. 3300 und 2200 Å, wobei die Absorption bei einer Wellenlänge von etwa 2500 Å besonders stark ist. Der geringe Ozongehalt in der oberen Atmosphäre hält die gesamte von der Sonne kommende Strahlung mit einer Wellenlänge von unter 3000 Å wirksam ab. Genau diese Absorption von Sonnenstrahlung ist die Ursache für die Entstehung einer warmen Zone in der Atmosphäre in einer Höhe von etwa 50 km... Man bedenke auch, daß bei einem Fehlen dieser Absorption die Erdbewohner einer übermäßigen Sonnenbestrahlung ausgesetzt wären.

(b) Ozon absorbiert Strahlung im gelb-grünen Bereich des Spektrums. Obwohl die Absorptionsrate hier eher schwach ist, da in diesem Bereich der Betrag der von der Sonne kommenden Strahlung am stärksten ist, führt diese Absorption zu einer merklichen Erwärmung in der oberen Atmosphäre.

(c) Der dritte bedeutende Absorptionsbereich von Ozon liegt im Infrarotbereich des Spektrums, vor allem im Bereich mit Wellenlängen von etwa 9,5µ (95 000 Å). Dieses Absorptionsband des Ozons liegt nun gerade in einem Bereich des Spektrums, wo die von der Erde und der unteren Atmosphäre ausgehende Strahlung am stärksten ist. Man hat angenommen, daß die Absorption dieser von der Erde kommenden Strahlung zu einer gewissen Erwärmung der Stratosphäre führt, doch ist die theoretische Behandlung dieses Themas sehr schwierig und es ist immer noch ungewiß, ob diese Erwärmung von Bedeutung ist oder nicht.

C. Bildung und Zerfall von Ozon

Wenn Sauerstoff in der oberen Atmosphäre solare Strahlung mit Wellenlängen kürzer als etwa 2400 Å absorbiert, werden Sauerstoffmoleküle aufgespalten; es entstehen Sauerstoffatome. Wenn nun ein solches Sauerstoffatom auf ein Sauerstoffmolekül trifft, kann es sich mit ihm zu einem Ozonmolekül verbinden. Man nimmt an, daß nahezu alles Ozon in der Atmosphäre auf diese Weise gebildet wird. Die Menge des in der oberen Atmosphäre gebildeten Ozons wird natürlicherweise dann am größten sein, wenn sowohl Sauerstoffatome als auch Sauerstoffmoleküle in großer Menge vorhanden sind, und die Hauptzone der Ozonbildung liegt in Höhen oberhalb 30 km. Doch zur gleichen Zeit läuft noch ein anderer Prozeß ab: wenn Ozon solare Strahlung mit Wellenlängen von etwa 2500 Å absorbiert, wird es dadurch zerstört, und es entsteht ein Sauerstoffmolekül und ein Sauerstoffatom. Das freie Sauerstoffatom kann sich jedoch erneut mit einem Sauerstoffmolekül zu Ozon verbinden. Andererseits kann ein Sauerstoffatom auch auf ein Ozonmolekül treffen; in diesem Fall entstehen daraus zwei Sauerstoffmoleküle, das Ozon wird zerstört. In dieser „photochemischen" Zone der oberen Atmosphäre finden diese beiden Prozesse der Bildung und der Aufspaltung gleichzeitig statt und es entsteht schließlich ein Gleichgewichtszustand zwischen der Menge des neu gebildeten und des zerstörten Ozons. Ozon, das zur Erdoberfläche absinkt, wird durch den Kontakt mit Rauch oder der Vegetation sofort zerstört.

In der photochemischen Zone kommt etwa ein Teil Ozon auf 100 000 Teile Luft. Das Ozon der photochemischen Zone vermischt sich nun langsam mit der übrigen Atmosphäre, und gäbe es keine Zerstörung von Ozon in Bodennähe, hätte die gesamte Atmosphäre in etwa diese Ozonkonzentration — einen Ozongehalt, der für die Atmung äußerst unangenehm wäre. Denn während das Ozon bei der Abhaltung der schädlichen ultravioletten Sonnenstrahlung von Nutzen ist, wird es am Boden glücklicherweise sehr schnell zerstört! Wegen dieser Zerstörung von Ozon in Bodennähe gibt es eine langsame Abwärtsströmung von Ozon aus der photochemischen Zone durch die gesamte untere Atmosphäre. Gerät Ozon in einen Bereich unterhalb 20 km Höhe, wird es von dem darüberliegenden Ozon von der ultravioletten Sonnenstrahlung abgeschirmt und kann sich dort mehrere Monate halten, vorausgesetzt es kommt nicht in Bodennähe. Messungen auf einem Grasfeld während des Tages haben ergeben, daß die Ozonkonzentration sehr schnell abnimmt, je näher man der Oberfläche kommt, und zwischen den Grashalmen ist der Ozongehalt minimal. In einer ruhigen Nacht, wenn es wenig Turbulenzen in den unteren Luftschichten gibt, ist der Abwärtstransport von Ozon sehr gering, und die Luft kann dann bis zu mehreren Metern oberhalb des Erdbodens fast völlig frei von Ozon sein. In rauchiger Luft ist es im allgemeinen unmöglich, überhaupt Ozon festzustellen. (Das Ozon, von dem man annimmt, daß es durch die Einwirkung von Sonnenstrahlung auf den Smog von Los Angeles gebildet wird, ist ein Ausnahmefall, dessen Entstehen noch immer nicht ganz geklärt ist.)

Ozon kann nicht nur unter der Einwirkung von ultraviolettem Licht gebildet werden, sondern auch durch Entladung von Starkstrom — dies ist dann auch die gängige Methode, Ozon künstlich in Ozonisatoren herzustellen. Man kann jetzt annehmen, daß auch bei Gewittern Ozon gebildet wird, und Beobachtungen zeigen, daß dies wahrscheinlich der Fall ist, obwohl die Untersuchungen schwierig und etwas ungewiß sind. Jedoch macht die bei Gewittern entstandene Ozonmenge einen sehr kleinen Teil des gesamten Ozons in der Atmosphäre aus und ist bestenfalls von lokaler Bedeutung.

3. Messung des Ozongehalts in der Atmosphäre

Bei der Untersuchung des Ozongehalts in der Atmosphäre wollen wir in der Regel eine von zwei Größen messen: (a) den gesamten Ozongehalt oberhalb einer bestimmten Stelle, d.h. in der gesamten Luftsäule vom Boden bis zum oberen Rand der Atmosphäre; (b) die Ozonkonzentration in der Luft an einer bestimmten Stelle, z.B. die Konzentration in der Luft in Bodenhöhe oder die Konzentration in der Luft um einen durch die Atmosphäre aufsteigenden Ballon (wodurch wir die vertikale Verteilung des Ozons in der Luft erhalten).

A. Gesamtgehalt des Ozons – Optische Methode
Die zweckmäßigste und genaueste Meßmethode für den

Gesamtgehalt des Ozons an einer beliebigen Stelle ist eine Messung, wie stark bestimmte Wellenlängen des Sonnenlichts bei ihrem Durchgang durch die Atmosphäre absorbiert werden. Zu diesem Zweck mißt man gewöhnlich die Stärke einer Wellenlänge im Bereich des langwelligen Randes des vom Ozon stark absorbierten Bandes im Ultraviolettbereich. Die verwendete Wellenlänge muß sorgfältig ausgewählt werden, da bei zu langwelliger Strahlung die Absorption durch Ozon zu gering für exakte Ozonwerte ist, während bei zu kurzer Strahlung die Absorption so stark sein kann, daß das am Boden ankommende Licht für genaue Messungen zu schwach ist. In der Praxis sind Wellenlängen im Bereich von 3050 bis 3100 Å gebräuchlich. Die in diesen Wellenlängen enthaltene Sonnenenergie wird beim Durchgang durch die Atmosphäre auf etwa ein Zehntel reduziert, der tatsächliche Betrag variiert je nach Sonnenhöhe und der vorhandenen Ozonmenge. Es wurden zusätzliche Beobachtungen gemacht, um herauszufinden, wie stark die Strahlung bei Abwesenheit von Ozon wäre. Es wäre möglich, für diese Messungen nur eine Wellenlänge aus dem Spektrum der Sonne zu verwenden, jedoch bringt es große Vorteile, das Verhältnis der Stärke von zwei benachbarten Wellenlängen wie 3050 und 3250 Å zu messen — die erste wird vom Ozon stark, die zweite dagegen nur geringfügig absorbiert. In einem solchen Fall erreichen wir nahezu die volle Wirkung der Absorption bei 3050 Å, wobei die instrumentalen Messungen viel einfacher sind und einige störende Begleiterscheinungen, wie die Streuung von Licht durch die Luft und Dunst, nahezu ausgeschaltet werden (siehe *Abbildung 1*).

Da die Absorption mit der Abnahme der Wellenlänge sehr schnell zunimmt, müssen die genau benötigten Wellenlängen isoliert werden, und für exakte Arbeit muß eine Art Spektrograph, ein Monochromator, verwendet werden. Außerdem ist die Intensität des Sonnenlichtes bei derart kurzen Wellenlängen im Vergleich zum sichtbaren Bereich des Spektrums extrem schwach, und bei der Konstruktion des Instruments muß sehr sorgsam vorgegan-

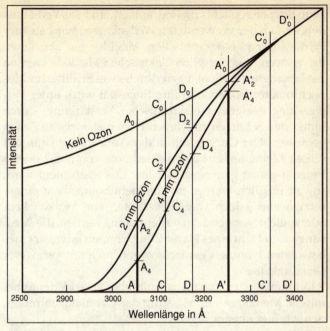

Abbildung 1: Intensität verschiedener Wellenlängen des Sonnenlichtes beim Erreichen der Erdoberfläche.
Die Kurve $A_0 A'_0 D'_0$ zeigt die Intensität jeder Wellenlänge beim Erreichen der Erdoberfläche (Sonne im Zenit), wenn kein Ozon in der Atmosphäre enthalten wäre. Die Kurve $A_2 A'_2$ zeigt die Intensität am Boden, wenn 2 mm Ozon (bei Normaldruck) in der Atmosphäre wären, die Kurve $A_4 A'_4$ für 4 mm Ozon. Es wird nur das *Verhältnis* zweier Wellenlängen, z.B. $A_2 A/A'_2 A'$, gemessen, nicht die Intensität einer einzelnen Wellenlänge. Angemerkt sei, daß jede Steigerung um etwa 2 mm Ozon die Intensität von Wellenlänge A bei Erreichen des Bodens halbiert, während die Intensität von A' kaum betroffen ist. Es können auch andere Paare von Wellenlängen, wie C und C' oder D und D', verwendet werden.

gen werden, um zu verhindern, daß das so viel stärkere Licht größerer Wellenlängen durch Streuung, hervorgerufen durch die optischen Oberflächen im Inneren des Instruments, schwerwiegende Meßfehler verursacht. Die Stärken der benötigten Wellenlängen können entweder mit der photographischen oder der photoelektrischen Methode gemessen werden. Im ersten Fall wird das Spektrum des Sonnenlichts photographiert, und das Verhältnis der Stärken der verwendeten Wellenlängen wird aus der Stärke ihrer photographischen Abbildungen abgeleitet. Bei Verwendung der photoelektrischen Methode werden die benötigten Wellenlängen durch zwei Schlitze im Monochromator isoliert und ihre Intensität wird, unter Verwendung geeigneter elektronischer Verstärkung, durch hinter den Schlitzen angebrachte photoelektrische Zellen gemessen. Der Ozongehalt in der Atmosphäre kann mit diesen Methoden auf eine Fehlerquote von nur 2 oder 3 Prozent genau gemessen werden. Das Instrument wird, soweit möglich, immer bei direktem Sonnenlicht eingesetzt; wenn jedoch wegen Auftreten von Wolken kein Sonnenlicht verwendet werden kann, werden die Messungen am Licht eines klaren Zenithimmels oder gar eines bewölkten Himmels gemacht, wenn auch mit geringerer Genauigkeit...

[Nun folgt ein ganzer Abschnitt über verschiedene chemische Methoden zur Messung der Ozonkonzentration, den wir hier überspringen.]

4. Globale Ozonverteilung zu verschiedenen Jahreszeiten

A. Das globale Ozonvorkommen
Wir kommen nun zur Betrachtung der Ergebnisse der vielen tausend Messungen atmosphärischen Ozons, die über die ganze Welt verteilt gemacht wurden. Es bietet sich an, zuerst einen allgemeinen, weltweiten Überblick zu geben und dann auf die Veränderungen im Ozongehalt einzugehen, wie sie von Tag zu Tag und von Ort zu Ort auftreten, und die offenbar in enger Wechselbeziehung zu den Wetterverhältnissen stehen. *Abbildung 2* zeigt die jährliche Abweichung des gesamten Ozongehalts für jeden zehnten Breitengrad der nördlichen Halbkugel. Diesem Diagramm liegen Beobachtungen an 24 Orten zugrunde, die hauptsächlich während des Internationalen Geophysikalischen Jahres (Juli 1957) gemacht wurden, und nimmt für alle Längengrade Durchschnittsbedingungen an (alle Abweichungen wurden herausgerechnet)...

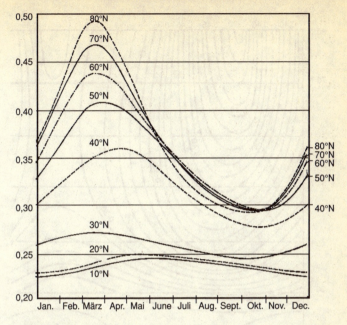

Abbildung 2: Jährliche Schwankungen des Gesamtgehalts an Ozon pro 10° nördlicher Breite.

Unglücklicherweise gibt es noch nicht genügend Untersuchungen, um für die Südhalbkugel ein ähnliches Diagramm mit ausreichender Genauigkeit aufstellen zu können, doch zeigen Beobachtungen in der Nähe des Südpols eine äußerst interessante Abweichung in dieser Region. Die *Abbildung 3* zeigt, daß bei allen Orten oberhalb des 40. Breitengrads eine starke jahreszeitliche Veränderung des Ozongehalts auftritt. Da das Ozon durch Sonnenlicht gebildet wird, könnte man annehmen, daß in diesen Breitengraden die maximale Konzentration im Spätsommer und die minimale zu Ende des Winters auftritt, entsprechend dem Maximum und Minimum des Temperaturdurchschnitts der Jahreszeiten. Doch dies ist absolut nicht der Fall: tatsächlich liegt das Maximum im März oder April, das Minimum um den Oktober. Der Grund hierfür soll später diskutiert werden. Die höchsten Ozonwerte

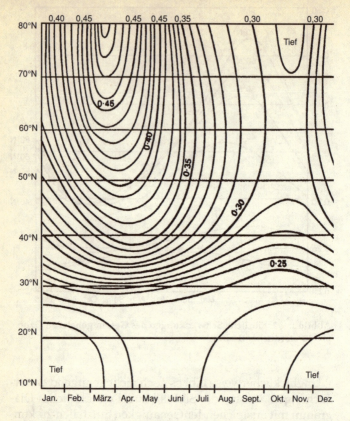

Abbildung 3: Ozonverteilung in der nördlichen Hemisphäre im Jahresverlauf.

findet man in den arktischen Regionen während des Frühlings, und es ist bemerkenswert, daß sogar in hohen Breiten der Ozongehalt bereits im Dezember und Januar ansteigt, wenn die Sonne selbst mittags sehr niedrig steht oder gar jenseits des Horizonts bleibt. Eine weitere interessante Entdeckung ist, daß über die Monate August bis November alle Orte mit einer Breite von ca. über 45° Nord nahezu die gleiche Ozonkonzentration aufweisen, so daß es in dieser Jahreszeit kaum eine Variation des Ozongehalts zwischen den Breitengraden gibt. Dies ist ein wichtiger Punkt, den wir berücksichtigen müssen, wenn wir über die Ursache für die Entstehung der täglichen Ozonschwankungen nachdenken. Zwischen dem 40. und 30. Breitengrad nimmt die Ozonkonzentration sehr schnell ab, besonders im Frühling. Südlich des 25. Breitengrads gibt es anscheinend kaum jahreszeitliche Veränderungen des Ozongehalts oder örtliche Veränderungen in Richtung Breitengrade. Es ist ziemlich überraschend, daß dieser tropische Gürtel mit geringem Ozongehalt kaum Anzeichen macht, sich entsprechend der Sonne nach Norden und Süden zu verschieben — er bleibt im Dezember wie im Juni fast an derselben Stelle.

B. Vertikale Verteilung des Ozons in verschiedenen Teilen der Erde

Bei der Messung der vertikalen Verteilung des Ozons in verschiedenen Teilen der Welt hat es in jüngster Zeit große Fortschritte gegeben. Während die frühesten Messungen in Europa stattfanden, wie dies so oft auch bei anderen Messungen der Fall war, stammt ein Großteil unserer Kenntnisse aus einer umfangreichen Reihe von Messungen in Amerika, mit Stationen zwischen Bolivien (16° Süd) und Thule (76° Nord). An allen Orten, wo Beobachtungen gemacht wurden, egal in welcher Breite, hat man wenig Ozon in der Troposphäre gefunden. Dies war zu erwarten, da Ozon in Bodenhöhe rasch zerstört wird, und wegen der starken Durchmischung durch Turbulenzen in der Troposphäre gelangt Ozon schnell von den oberen in tiefere Zonen.

In sehr niedrigen Breiten ist die vertikale Verteilung des Ozons ziemlich einfach und zeigt kaum Veränderungen von Tag zu Tag und über das Jahr hinweg. Die Tropopause ist hier überall recht hoch (etwa 17 km) und durch einen plötzlichen Temperaturanstieg im allgemeinen klar abgegrenzt. Beim Eintritt in die Stratosphäre steigt der Ozongehalt sofort an und nimmt kontinuierlich zu, bis in einer Höhe von etwa 25 bis 27 km ein Maximum erreicht ist. Zwischen der Tropopause und dem Maximum nimmt die Ozonkonzentration um mehr als das Zehnfache zu, während das Verhältnis Ozon/Luft wegen der mit größerer Höhe abnehmenden Dichte der Luft um mehr als das Hundertfache zunimmt. Oberhalb einer Höhe von etwa 25 bis 27 km nimmt die Ozonkonzentration etwa im selben Verhältnis wie die Dichte der Luft ab, so daß das Verhältnis Ozon/Luft nahezu konstant bleibt bis in die größten Höhen, die von Ballons erreicht werden (etwa 35 km).

Messungen in der Stratosphäre höherer Breiten zeigen eine kompliziertere Struktur. Die Höhe, bei der die maximale Ozonkonzentration auftritt, liegt in Polnähe viel niedriger als in der Nähe des Äquators, und sinkt mit dem Breitengrad zunehmend ab, wie auch die Höhe der Tropopause ständig sinkt, die z.B. bei Thule (76° nördlicher Breite) und Halley Bay (75° südlicher Breite) nur noch etwa 18 km beträgt. Obwohl die Ozonkonzentration in der unteren Stratosphäre mit zunehmender Höhe im allgemeinen immer ansteigt, treten manchmal große Unregelmäßigkeiten auf, und man kann Schichten geringen Ozongehalts über Schichten größerer Konzentration finden. In einigen Fällen findet man mehrere Kilometer dicke Schichten, in welchen sogar das Ozon/Luft-Verhältnis geringer als in tieferen Schichten ist.

Die jahreszeitlichen Veränderungen in der vertikalen Verteilung sind an allen Orten außerhalb der Tropen ähnlich. Das Maximum beim gesamten Ozongehalt, das immer im Frühling auftritt, wird durch einen allgemeinen Anstieg in der Ozonkonzentration zwischen der Tropopause und einer Höhe von etwa 20 bis 25 km verursacht; im Herbst geht dann der Ozongehalt entsprechend wieder zurück. In größeren Höhen, oberhalb 30 km, wo sich der photochemische Entstehungsprozeß abspielt, liegt das Maximum eher im Sommer als im Frühling, wie man dies auch erwarten könnte. Doch die Ozonmenge ist in diesen Höhen gering, und die jährliche Veränderung der Gesamtmenge wird hauptsächlich vom Ozonbetrag zwischen der Tropopause und 25 km bestimmt.

Die starken höhenabhängigen Schwankungen in der Ozonkonzentration, wie man sie manchmal in der unteren Stratosphäre mittlerer und hoher Breiten findet, kamen unerwartet, und ihre Ursache ist noch wenig geklärt. Sie sind jedoch von besonderem Interesse, und wir werden sie daher etwas genauer betrachten. Wie wir gesehen haben, ist das Ozon unterhalb etwa 25 km sehr stabil, da es durch das darüberliegende Ozon von solarer Strahlung abgeschirmt wird. Höhenabhängige Schwankungen in der Ozonkonzentration können durch einen von drei Prozessen oder einer Kombination daraus entstehen:

(1) Diffusion durch Turbulenzen überträgt grundsätzlich Ozon aus Zonen mit hohem Ozon/Luft-Verhältnis in Zonen mit geringem Ozon/Luft-Verhältnis. Gibt es in einer Schicht viel Turbulenzen, ist das Ozon/Luft-Verhältnis in der ganzen Schicht nahezu gleich; umgekehrt kann bei geringen Turbulenzen das Ozon/Luft-Verhältnis im unteren und im oberen Bereich einer Schicht sehr verschieden sein. Die Stärke der Turbulenz in einer Schicht hängt stark vom Temperaturabfall innerhalb der Schicht ab, und es wäre zu erwarten, daß Schichten, in denen die Temperatur mit der Höhe schnell abfällt, Zonen hoher Turbulenz sind, und deshalb das Ozon/Luft-Verhältnis mit der Höhe nur langsam zunimmt (wie zum Beispiel in der Troposphäre). Auf der anderen Seite wären dann Schichten, in denen sich die Temperatur mit der Höhe kaum ändert oder gar zunimmt, Schichten geringer Turbulenz, in denen das Ozon/Luft-Verhältnis zwischen dem oberen und unteren Rand der Schicht sehr unterschiedlich ist.

(2) Wenn die Luft in einem Gebiet allgemein absinkt, gelangt Luft mit einem hohen Ozon/Luft-Verhältnis nach unten, wohingegen eine allgemeine Aufwärtsströmung ozonarme Luft nach oben trägt. Wenn noch zusätzlich eine horizontale Verteilung auftritt, kann dies zur Bildung einer ozonarmen Schicht über einer Schicht mit größerer Ozonkonzentration führen.

(3) Es kann auch vorkommen, daß kleine Bereiche ozonreicher oder ozonarmer Luft horizontal zwischen andere Schichten geschoben werden. So geschieht es, daß beim Transport von Luft aus der oberen tropischen Troposphä-

re polwärts in die Stratosphäre höherer Breiten eine Schicht geringen Ozongehalts zwischen Schichten höheren Ozongehalts eingeschoben wird.

Gelegentlich werden solche Bereiche stratosphärischer Luft in die Troposphäre hinabgezogen. Diese Fälle stehen gewöhnlich in Verbindung mit polaren Fronten oder Diskontinuitäten in der Tropopause. Diese stratosphärische Luft ist trockener und ozonreicher als die normale troposphärische Luft.

C. Ursache der Ozonschwankungen nach Jahreszeit und Breite

Wir müssen uns nun mit den Ursachen dieser gerade beschriebenen seltsamen Verteilung des Ozons in der Atmosphäre und seiner merkwürdigen Veränderung von einer Jahreszeit zur anderen beschäftigen. Da das Ozon in einer Höhe von etwa 30 km und mehr durch die photochemische Einwirkung von Sonnenlicht aus Sauerstoff gebildet wird, könnte man erwarten, daß der Ozonbetrag in dieser photochemischen Zone zu Zeiten und an Orten am größten ist, wo das Sonnenlicht am stärksten ist, d.h. über dem Äquator und auch in hohen Breiten im Sommer. Aus dieser photochemischen Zone wird das Ozon durch kleinere Turbulenzen allmählich in tiefere Schichten verbracht, aber da die Turbulenz in der Stratosphäre aufgrund ihrer sehr stabilen Struktur schwach ist, geht der Transport durch die Stratosphäre nur sehr langsam vonstatten. Wenn das Ozon die Tropopause erreicht, wird es von der viel stärkeren Turbulenz der Troposphäre aufgegriffen und rasch über den ganzen Bereich verteilt.

Das Ozon in der photochemischen Region macht nur etwa ein Viertel des gesamten Ozons in der Atmosphäre aus, der größere Teil des Ozons wird durch das darüberliegende Ozon vor den aktiven Wellenlängen des Sonnenlichts abgeschirmt und kann sich so mindestens einige Monate halten, auch wenn auf Bodennähe herabsinkendes Ozon durch Kontakt mit Vegetation oder Rauch sofort zerstört wird. Wenn es keine größeren Luftbewegungen gäbe, wäre zu erwarten, daß die Ozonverteilung über die

Erde der Verteilung in der photochemischen Region ähnlich ist. Dies ist jedoch eindeutig nicht der Fall; so findet man in hohen Breiten den maximalen Ozonbetrag im Frühling, wo wir aus photochemischen Gründen eher das Minimum erwarten würden. Jede größere Auf- oder Abbewegung von Luft behindert oder fördert den Transport von Ozon nach unten, während größere Windströmungen Ozon horizontal in verschiedene Teile der Erde transportieren.

Auf der Suche nach der Ursache für die sehr trockene Luft in der Stratosphäre mußten wir für sehr niedere Breiten die Existenz einer allgemeinen, langsam aus der oberen Troposphäre in die Stratosphäre aufsteigenden Luftströmung annehmen.

Ein solcher Gürtel ansteigender Luft würde auch sehr gut den geringen Ozongehalt im Bereich des Äquators erklären. Die in niederen Breiten aus der Troposphäre in die Stratosphäre aufsteigende Luft muß irgendwo wieder in die Troposphäre zurückkehren, und man nimmt an, daß dies hauptsächlich in hohen Breiten im Winter stattfindet, und daß eine bestimmte Luftmenge für eine Zeit in der Größenordnung von 6 Monaten sich in der Stratosphäre hält, bevor sie in die Troposphäre zurückkehrt. Das Absinken der Luft in hohen Breiten während des Winters wird wahrscheinlich durch die Tatsache begünstigt, daß die Luft in einer Höhe von 15 bis 40 km zu dieser Jahreszeit sehr kalt und damit schwer ist. Wahrscheinlich findet der Rückfluß von Luft aus der Stratosphäre in die Troposphäre auch teilweise in zyklonischen Gebieten mittlerer Breiten statt; man erinnere sich, daß die Luft in diesen Gebieten sehr trocken ist, was darauf hinweist, daß die Luft aus der Stratosphäre abgesunken ist.

Beim Eintritt in die äquatoriale Stratosphäre breitet sich troposphärische Luft in höhere Breiten aus. Im Winter aus großen Höhen über dem Pol absinkende Luft führt dazu, daß Luft aus niedrigeren Breiten einströmt und ihren Platz einnimmt. Dehnt sich diese Luftbewegung bis in die photochemische Zone aus, wird ozonreiche Luft polwärts gezogen, die beim Absinken die polare Stratosphäre mit

Ozon anreichert. Da die Tropopause hier niedrig liegt, enthält die Stratosphäre relativ viel Luft, und da diese Luft ozonreich ist, ist der Gesamtgehalt an Ozon, in Übereinstimmung mit den Beobachtungen, hoch. Die Ozonkonzentration (d.h. Ozon pro Volumeneinheit) ist im Durchschnitt in allen Höhen der Troposphäre konstant. Da das Ozon durch Turbulenz nach unten transportiert wird, könnte man vermuten, daß diese Konzentration in größerer Höhe höher als weiter unten ist. Das *Verhältnis* Ozon/Luft ist in der oberen Troposphäre größer als in den darunterliegenden Schichten, aber da die Luft in geringeren Höhen durch den größeren atmosphärischen Druck komprimiert wird, enthält ein bestimmtes Volumen in geringen Höhen mehr Luft und Ozon, wodurch das geringere Ozon/Luft-Verhältnis ausgeglichen sein dürfte. Daher ist die Ozonmenge in einem bestimmten Volumen in allen Höhen der Troposphäre in etwa gleich.

D. Unregelmäßigkeiten in der allgemeinen globalen Verteilung

Wie bereits beschrieben, zeigt das Ozon in fast allen Teilen der Erde deutliche jahreszeitliche Schwankungen, mit einem Maximum im Frühling und einem Minimum im Herbst, wobei der Wert (Maximum minus Minimum) von Null am Äquator in der Nähe des Nordpols im Frühling auf fast das Doppelte als im Herbst ansteigt. Abgesehen von täglichen Schwankungen, die mit sich ändernden Wetterbedingungen in Verbindung stehen, hat die jährliche Kurve eine ziemlich glatte Wellenform mit deutlicher Neigung zum Anstieg im Frühling. Von diesem regelmäßigen weltweiten Muster gibt es zwei größere Abweichungen.

(1) Beobachtungen bei Halley Bay im Weddellmeer (75° südlicher Breite) während und nach dem Internationalen Geophysikalischen Jahr zeigen, daß der Gesamtbetrag an Ozon dort im Herbst den üblichen niederen Wert aufweist, jedoch im Winter und sogar im Frühling nur geringfügig ansteigt; im November — deutlich nach der Zeit des erwarteten Frühlingsmaximums für die südliche Hemisphäre — nimmt dann das Ozon plötzlich zu und er-

reicht innerhalb von ein bis zwei Wochen normale Werte (d.h. vergleichbare Werte zu denen, die zu einer entsprechenden Jahreszeit und Breite auf der Nordhalbkugel gefunden werden).

Danach folgt die erwartete Kurve bis zum nächsten Herbstminimum, doch erreicht es natürlich nie die hohen Werte, die man im März in der Nähe des Nordpols antrifft. Temperaturmessungen in größeren Höhen zeigen, daß die obere Stratosphäre am Südpol im Winter sehr kalt ist und auch über den Frühling kalt bleibt, dann jedoch, in zeitlicher Nähe zu dem „Ozonsprung" im November, steigt die Temperatur in den größten Höhen steil an — in wenigen Wochen um etwa 50°. Die Temperaturveränderung in der unteren Stratosphäre hat einen fundamentalen Wandel durchgemacht. Es scheint, als ob die Stratosphäre des Südpols im Winter von der allgemeinen weltweiten Luftzirkulation abgeschnitten wird, da ein gewaltiger Wirbel starker Westwinde den antarktischen Kontinent umgibt; er enthält sehr kalte Luft mit ziemlich geringem Ozongehalt. Weder der Ozongehalt noch die Temperatur steigen merklich an, bis im November dieser Wirbel plötzlich zusammenfällt. Um diese Bedingungen jedoch gänzlich zu verstehen, ist noch vieles an weiterer Forschungsarbeit nötig.

(2) Die zweite Anomalie findet man in hohen Breiten in Kanada. Auch hier treten plötzlicher Anstieg der Temperatur in der Stratosphäre und Anstieg der Ozongesamtmenge auf, aber während in Südpolnähe diese Veränderungen bisher immer im November aufgetreten sind, kann man den Anstieg in Nordkanada zu jeder beliebigen Zeit zwischen Januar und April feststellen. Auf Spitzbergen scheint die jahreszeitliche Schwankung normaler zu sein, auch wenn der Anstieg der Ozonmenge zwischen Januar und Februar im allgemeinen rasch vonstatten geht. Jedenfalls kann weder die plötzliche Erwärmung noch der Anstieg der Ozonmenge direkt auf die Sonnenstrahlung zurückgeführt werden, da dieser Anstieg in Kanada auch dann auftreten kann, wenn die Sonne noch unter dem Horizont ist, und die Sonnenstrahlung könnte auch

keinesfalls eine so schnelle Erwärmung bewirken. Sowohl die Erwärmung als auch das Ansteigen der Ozonmenge sind mit ziemlicher Sicherheit auf in die obere Stratosphäre absinkende Luft zurückzuführen, was eine Erwärmung der Luft durch erhöhten Druck und ein Einfließen ozonreicher Luft in die untere Stratosphäre verursacht.

E. Niederschlag von thermonuklearen Explosionen
Eine ziemlich überraschende Bestätigung der Luftzirkulation in der Stratosphäre, auf die es schon durch die Untersuchung von Ozon und Feuchtigkeit in der Atmosphäre Hinweise gab, kam jüngst aus Messungen des radioaktiven Niederschlags von thermonuklearen Explosionen. Während die frühen atomaren Explosionen radioaktives Material in die obere Troposphäre schleuderten, das dann innerhalb von Wochen Niederschläge bildete oder ausgewaschen wurde, schleuderten die größeren thermonuklearen Explosionen radioaktives Material bis in die obere Stratosphäre, von wo es nur langsam zur Erde zurückkehrte. Man hat den Niederschlag der langlebigen radioaktiven Elemente in vielen verschiedenen Teilen der Erde gemessen, und die dabei auftretenden Unterschiede zeigen auffallende Ähnlichkeiten zur Verteilung des atmosphärischen Ozons. Obwohl viele Explosionen in niederen nördlichen Breiten stattfanden, fand man den meisten Niederschlag in mittleren Breiten und nur sehr wenig in Äquatornähe. Es ist bemerkenswert, daß sogar die geringe Menge an radioaktivem Material, die über den Äquator hinweg in die südliche Hemisphäre gelangte, in mittleren südlichen Breiten größere Mengen an Niederschlag bildete als in Äquatornähe, und im Frühling eher als im Herbst. Die allgemeine aufsteigende Luftströmung in der oberen Troposphäre und der unteren Stratosphäre, die wir für niedere Breiten angenommen haben, bietet eine gute Erklärung für den geringen Niederschlag in diesem Teil der Erde. Wenn man berücksichtigt, daß das Ozon ununterbrochen in großen Höhen überall im von der Sonne beschienenen Teil der Erde gebildet wird, während radioaktives Material an einzelnen Stellen und

zu bestimmten Zeiten in die Atmosphäre geschleudert wird, ist es nicht verwunderlich, daß die Breiten der maximalen Ozonkonzentration und des maximalen Niederschlags nicht zusammenfallen: beim Ozon liegt das Maximum in hohen Breiten, beim Niederschlag liegt es in mittleren Breiten.

Der zweite Punkt von Interesse ist, daß die Niederschlagsrate in gemäßigten Breiten ein deutliches Maximum im Frühling aufweist (möglicherweise etwas später als das Ozonmaximum), und ein Minimum im Herbst — beinahe gleichlaufend mit den saisonalen Schwankungen beim Ozon. Leider gibt es nur wenige Messungen des radioaktiven Niederschlags, die zeigen können, ob unter wechselnden Wetterbedingungen dieselben Schwankungen auftreten wie beim Ozon — wir werden das im nächsten Abschnitt behandeln —, doch einige Messungen deuten an, daß dies der Fall ist.

5. Ozon und Wetter — tägliche Schwankungen

A. Mittlere Breiten

Bis jetzt haben wir die Ozonwerte als Durchschnittswerte für den Zeitraum von einem Monat und mehr betrachtet; wir beschäftigen uns jetzt mit den viel schnelleren Veränderungen, die innerhalb weniger Tage stattfinden. In derselben Weise haben wir zuvor nur Durchschnittswerte über weite Gebiete der Erde betrachtet und dabei die Abweichungen außer Betracht gelassen, die an vielen Tagen zwischen einigen hundert Meilen auseinanderliegenden Orten auftreten. Tatsächlich sind die schnellen und räumlich relativ begrenzten Abweichungen genauso bedeutend wie die saisonalen und globalen Abweichungen, so daß an einem Tag mit relativ niedrigem Ozonwert im Frühling der Ozonwert derselbe sein kann wie an einem Tag mit einem relativ hohen Wert im Herbst. Diese schnellen, lokalen Abweichungen sind von großer Bedeutung, da man einen engen Zusammenhang mit anderen meteorologischen Bedingungen feststellen kann. Da man weiß, daß sich das meiste Ozon oberhalb der Tropopause befindet, ist es nur zu erwarten, daß diese kurzfristigen Veränderungen stärker mit den meteorologischen Bedingungen in der oberen Atmosphäre als mit denen der Erdoberfläche zusammenhängen, und dies ist offensichtlich der Fall. Es wurde bereits gezeigt, daß es enge Verbindungen zwischen den Veränderungen der Temperatur, des Drucks, der Höhe der Tropopause und anderen Variablen der oberen Atmosphäre gibt, so daß wir natürlich sehen, daß die Ozonschwankungen mit diesen allen in größerem oder geringerem Maße verbunden sind. Es gibt eine Tendenz für folgende Zusammenhänge:

Hoher Ozongehalt
- zyklonische Windzirkulation in Höhe der Tropopause
- hohe Temperatur in der Stratosphäre
- niedrige Temperatur in der Troposphäre
- geringe Höhe der Tropopause
- geringer absoluter Druck

Geringer Ozongehalt
- antizyklonische Windzirkulation in Höhe der Tropopause
- niedrige Temperatur in der Stratosphäre
- hohe Temperatur in der Troposphäre
- Troposphäre in großer Höhe hoher absoluter Druck

Diese Beziehungen kann man aus *Abbildung 4* ersehen, wo der Ozongehalt im Drei-Tages-Mittel, die Höhe des 200-mb-Niveaus und die Höhe der Tropopause übereinander dargestellt wurden. Es hat sich erwiesen, daß bei Verwendung von Drei-Tages-Mittelwerten die Verbindung zwischen den Kurven deutlicher wird, wahrscheinlich weil kleine Meßfehler reduziert, die wirklichen Veränderungen jedoch nicht zu sehr ausgeglichen werden.

Während die Schwankungen im Ozongehalt mit Veränderungen in der Höhe der Tropopause etc. in Verbindung gebracht werden, wird die engste Verbindung in der Art der Druckverteilung etwa in der Höhe der Tropopause deutlich. An den Tagen, wenn die Druckkarten für eine Höhe von etwa 9 km (300 mb) zyklonische Bedingungen anzeigen, ist der Ozongehalt relativ groß, bei antizykloni-

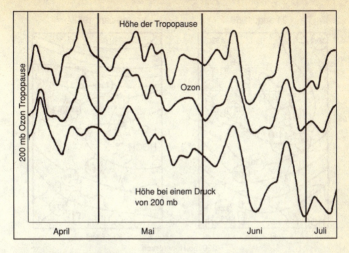

Abbildung 4: Schwankungen des Ozongehalts, Höhe der Tropopause und Höhe des 200-mb-Niveaus.
Die Kurven zeigen Drei-Tages-Mittel des Ozongehalts bei Oxford, ebenso die Höhe der Tropopause und die Höhe des 200-mb-Niveaus bei Crawley (100 km südöstlich von Oxford). Die obere und untere Kurve wurden mit den Spitzen nach unten gezeichnet, um sie mit den Veränderungen des Ozongehalts in Übereinstimmung zu bringen. Die Höhe der Tropopause und das 200-mb-Niveau sind dem Aerologischen Bericht des Wetteramtes, Luftfahrtministerium, mit freundlicher Genehmigung des Generaldirektors entnommen.

schen Bedingungen ist dagegen relativ wenig Ozon vorhanden.

Die *Abbildungen 5a, b* und *c* zeigen die 300-mb-Wetterkarten für drei typische Tagespaare; jede Abbildung zeigt zwei gegensätzliche Tage — einer mit zyklonischen, der andere mit antizyklonischen Bedingungen. Die Karten zeigen die Umrisse der 300-mb-Oberfläche (die Umrißlinien sind den Isobaren sehr ähnlich).

Die absolute Veränderung im Ozongehalt zwischen zyklonischen und antizyklonischen Tagen ist im Frühling eher größer als der entsprechende Wert im Herbst, aber da der durchschnittliche Ozonwert im Herbst niedriger ist, sind die prozentuellen Veränderungen im Frühling und im Herbst nicht sehr verschieden. Für diejenigen Leser,

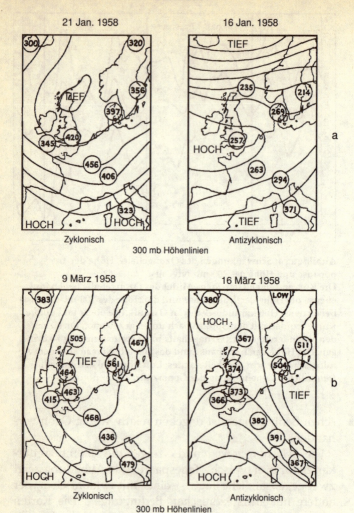

Abbildung 5a, b, c: Druckverteilung beim 300-mb-Niveau für zyklonische und antizyklonische Tage. Diese drei Kartenpaare zeigen die Druckverteilung in einer Höhe von etwa 9 km mittels Umrißlinien des 300-mb-Niveaus. Die Zahlen innerhalb der Kreise geben die Werte für den Gesamtgehalt an Ozon an jeder Stelle in Tausendsteln eines Zentimeters.

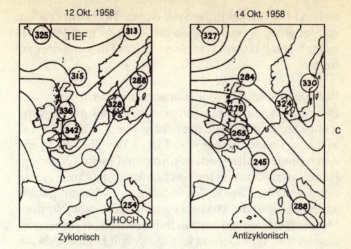

Zyklonisch — Antizyklonisch

Bei jedem Kartenpaar werden jeweils zyklonische und antizyklonische Bedingungen gegenübergestellt. Die hohen Ozonwerte bei zyklonischen Bedingungen sind klar erkennbar. Die Umrißlinien der 300-mb-Niveaus sind dem Aerologischen Bericht des Wetteramtes, Luftfahrtministerium, mit freundlicher Genehmigung des Generaldirektors entnommen, desgleichen die Ozonwerte für Lerwick, Eskdalemuir und Cambourne.

denen die Wetterkarten für Bodennähe vertrauter sind als für größere Höhen, soll hier darauf hingewiesen werden, daß geschlossene Isobaren, die in geringen Höhen klar definierte Tiefdruckzonen (Zyklonen) oder Hochdruckzonen (Antizyklonen) zeigen, in der oberen Atmosphäre oft zu Tiefdruckrinnen oder Hochdruckrücken werden. Aus diesen Karten erkennt man, daß zwischen dem Ozongehalt und der Druckverteilung über das ganze Jahr hinweg eine enge Beziehung besteht (ein wichtiger Punkt, auf den wir später noch einmal zurückkommen werden). Man sieht auch, daß in der Übergangszone zwischen einer Tiefdruckrinne und einem Hochdruckrücken der Ozongehalt sich sehr schnell verändern kann. So betrug z.B. am 16. März 1958 der Wert 0,504 cm über Dänemark (Tief) und nur 0,373 cm über England (Hoch). Da eine über das Land ziehende Tiefdruckrinne von einem Hochdruckrücken gefolgt wird — oder umgekehrt —, kann man Veränderungen von 0,100 cm von einem Tag auf den anderen antreffen.

B. Tägliche Schwankungen in tropischen Gebieten
Es wurde schon darauf hingewiesen, daß die Gesamtmenge an Ozon in niederen Breiten überall gering ist und es kaum Veränderungen von Tag zu Tag gibt. Die in niederen Breiten auftretenden Stürme sind meist auf geringe Höhen der Atmosphäre beschränkt und führen erwartungsgemäß zu keiner Veränderung des Gesamtgehalts an Ozon. Selbst der Wechsel vom Südwest- zum Nordost-Monsun (und umgekehrt) in Indien wird von keiner nennenswerten Veränderung im Ozongehalt begleitet, da der Monsun die obere Atmosphäre nicht berührt. In Nordindien können während der Wintermonate Tiefdruckgebiete aus mittleren Breiten eindringen, welche dann zu einem Anstieg des Ozongehalts führen — ebenso wie dies auch bei Tiefdruckgebieten in höheren Breiten geschieht.

C. Tägliche Schwankungen in polaren Gebieten
Bis zum Beginn des Internationalen Geophysikalischen Jahres 1957 gab es als einzige Messungen des Ozongehalts in sehr hohen Breiten nur die von Spitzbergen (78° Nord), und aufgrund der sehr schwierigen Bedingungen dort war die Zahl der Beobachtungen sehr gering. Während des IGJ gab es Messungen bei Halley Bay (75° Süd), bei Alert (82,5° Nord) und bei Resolute (75° Nord). Tägliche Messungen können an diesen Stationen natürlich nur während der Sommerhälfte des Jahres gemacht werden, doch diese weisen darauf hin, daß die täglichen Schwankungen den in mittleren Breiten gemessenen ähnlich sind, und sie zeigen eine in etwa gleiche Beziehung zu den anderen Wetterbedingungen wie die Messungen in mittleren Breiten. Wenn alle während des IGJ aufgenommenen Messungen ausgewertet sind, werden wir wohl etwas mehr über die Ozonschwankungen in hohen Breiten wissen.

D. Die Ursache der Beziehung zwischen Ozongehalt und den anderen Bedingungen der oberen Atmosphäre

Wir müssen nun darüber nachdenken, welche Ursache die tägliche Veränderung des Ozongehalts in der oberen Atmosphäre hat, und warum diese Schwankungen in so enger Verbindung zu anderen meteorologischen Bedingungen stehen. Ebenso wie bei den Veränderungen des Gesamtgehalts an Ozon zwischen Frühling und Herbst stellt man auch beim Wechsel zwischen zyklonischen und antizyklonischen Bedingungen fest, daß er hauptsächlich in den ersten 5 bis 10 km oberhalb der Tropopause stattfindet. Ein zyklonisches Tief, das die Wetterkarte für die untere Atmosphäre als geschlossenes Tiefdruckgebiet zeigt, stellt in einer Höhe von 15 km eine Tiefdruckrinne dar, die sich bis in niedrigere Breiten ausdehnt; ein Hoch, auf der Wetterkarte als Hochdruckgebiet, stellt dagegen in 15 km Höhe einen Hochdruckrücken dar, der sich in Polrichtung ausdehnt.

Diese Rinnen und Rücken würden nun von West nach Ost um den Pol kreisen, aber der in diesen Höhen anzutreffende Westwind hat normalerweise eine viel größere Geschwindigkeit, und so strömt die Luft tatsächlich durch diese Rinnen und Rücken. Wenn der Wind in eine Tiefdruckrinne bläst, sinkt diese nach unten, während ein Hochdruckrücken im gleichen Fall nach oben steigt. Diese absinkenden und aufsteigenden Luftbewegungen führen zu einer Steigerung oder Verminderung des Ozongehalts, wie wir etwas weiter vorne beschrieben haben, und sie sind, zumindest bis zu einem gewissen Grade, die Ursache dafür, daß der Ozongehalt in Tiefdruckgebieten größer ist als in Hochdruckgebieten.

Im Frühling — jedoch nicht im Herbst — ist der allgemeine Ozongehalt in hohen Breiten größer als in niedrigen Breiten, so daß nordpolare Luftströmungen eher ozonreiche Luft nach Süden tragen, während vom Äquator kommende Luftströmungen eher ozonarme Luft in Polrichtung transportieren. Dies ist auch eine Ursache, die für die Veränderung des Gesamtgehalts an Ozon verantwortlich ist. Jedoch findet man im Herbst, wie die *Abbil-*

dungen 2 und 3 zeigen, in den Breiten nördlich von 45° Nord nur geringe Veränderungen im Gesamtgehalt an Ozon, so daß diese Wirkung für diese Jahreszeit nicht zutrifft. Wir müssen über diese Ozonveränderungen immer noch viel dazulernen.

Kapitel VI

Abnahme der Ozonschicht: Dichtung oder Wahrheit?

Im März 1988, genau 20 Jahre nach der Veröffentlichung von Dobsons Buch, aus dem gerade ausgiebig zitiert wurde, sahen sich Experten des *Ozone Trends Panel* (OTP) gezwungen, ihre neuen Erkenntnisse über die Ozonschicht der Weltöffentlichkeit zu präsentieren. Mit großer Aufgeregtheit wurde verkündet, daß sich die globale Ozonmenge zwischen den Jahren 1969 und 1986 um 2 oder 3% verringert habe. Vor dem Hintergrund der nüchternen Argumente des Vaters der Ozonforschung, die in Dobsons Buch dargelegt sind, ist die Aufgeregtheit des OTP nicht verständlich, vor allem wenn man etwas genauer untersucht, wie die spektakulären Daten des OTP zustandegekommen sind.

Doch genau diese Untersuchung der Daten war gar nicht so einfach. Der Presse wurde zwar mit großem Trara eine „Exekutiv-Zusammenfassung" des Berichts des Gremiums ausgehändigt und erklärt, der vollständige Bericht werde in Kürze veröffentlicht. Doch darauf mußte man erst einmal warten. Die beabsichtigte politische Wirkung der „Exekutiv-Zusammenfassung" blieb nicht aus. Die Medien zeterten, Parlamente richteten Enquete-Kommissionen ein, und am 29. Juni 1990 beschlossen Regierungsvertreter aus 83 Staaten in London die drastische Reduzierung der FCKW-Produktion und ein zukünftiges absolutes FCKW-Verbot.

Die zwei wesentlichen Dokumente, auf deren Grundlage die Regierungsvertreter diese Entscheidungen trafen, waren „neue Daten" vom Ozonloch am Südpol und der besagte Bericht des *OTP*. Aber selbst zu diesem Zeitpunkt lagen die wissenschaftlichen Daten, auf denen die Behauptungen des *OTP* angeblich aufbauten, noch nicht vor. Erst im Dezember 1990, fast drei Jahre verspätet, erschien der Bericht, der die wissenschaftliche Überprüfung der Behauptungen möglich machte, die in der „Exekutiv-Zusammenfassung" in die Welt gesetzt worden waren. Aber selbst dann wurde der Bericht nur einem auserwählten Kreis von Leuten zugänglich gemacht.

Dieses Vorgehen des *OTP* erzeugte zwar politische Wirkung, in Wissenschaftskreisen war man jedoch schockiert und verärgert. Bei der Diskussion wissenschaftlicher Themen war es bisher üblich, einen Bericht — oder einen Artikel — mit den erzielten Forschungsergebnissen zu publizieren, um sie von anderen Wissenschaftlern überprüfen zu lassen. Die Reporter von *New York Times* und *CNN Cable TV* wurden bisher nicht unbedingt als die wissenschaftlichen Kapazitäten anerkannt, die Richtigkeit wissenschaftlicher Erkenntnisse zu beurteilen. Das *OTP* ging da neue Wege. Es ist fraglich, ob dadurch die Qualität der wissenschaftlichen Debatte gehoben wurde.

Noch seltsamer wird das Bild, wenn man sich die Zusammensetzung des *OTP* anschaut, welches angeblich berufen war, ein unparteiisches Urteil abzugeben. Die 21 Mitglieder des *OTP* waren zu ganz überwiegender Mehrzahl Personen, die sich in der Vergangenheit schon mit einseitigen Behauptungen als Fürsprecher der Ozonthese zum Fenster hinausgehängt hatten. Unter ihnen waren Harold Johnston, der die These aufstellte, die Stickoxide des Stratosphärenflugzeugs löse die Ozonschicht auf; Richard Stolarski, der behauptete, Chlorgas vom Space Shuttle würde die Ozonschicht zerstören; Richard Turco, einer der Väter der Theorie vom „nuklearen Winter"; und natürlich F. Sherwood Rowland, der die These vom Abbau durch FCKWs ins Leben rief. Um den Anschein zu wahren, wurden auch einige „Dissidenten" in die Arbeitsgruppen des *OTP* aufgenommen, deren Meinung im Bericht des *OTP* und insbesondere in der „Exekutiv-Zusammenfassung" jedoch völlig übergangen wurde.

Völlig absurd wird das Ganze, wenn man sich neben der Zusammensetzung des *OTP* noch die „unübliche" Methode vor Augen führt, mit der die Daten der *OTP*-Studie zustandegekommen sind. Die Hauptarbeit des Panels bestand im „Reanalysieren" historischer Unterlagen über Ozonmessungen, die in verschiedenen Meßstationen auf der ganzen Welt mit Dobsons Spektrophotometern durchgeführt worden waren. Mitglieder des Panels — von denen die meisten nie ein Dobson-Spektrophotometer bedient haben, wenig von den Schwierigkeiten beim Umgang mit diesen Geräten wußten und sicherlich nicht die Qualifikation besaßen, den Praktikern, die diese Daten in jahrelanger Arbeit und Erfahrung gesammelt hatten, gute Ratschläge zu geben — haben rückwirkend die Messungen „berichtigt". Das *OTP* hat dadurch erstens mit der wissenschaftlichen Tradition gebrochen, die eigenen Ergebnisse anderen Fachleuten zur Kontrolle und Widerlegung vorzulegen, und zweitens dem grundlegenden Prinzip der Wissenschaft, welches darin besteht, daß nur *der* Daten *korrigiert*, der sie auch *selbst erhoben* hat, weil nur er die Erfahrung, die Protokolle und das Wissen über die Hypothesen hat, welche in die Meßergebnisse eingeflossen sind.

Experimentalisten gegen Modellrechner

In den Massenmedien hat man dennoch kaum einen Wissenschaftler gesehen, der sich gegen die Vorgehensweise des *OTP* aufgelehnt hätte. Gibt es etwa keine wissenschaftliche Opposition gegen diese Methode? Gewiß gibt es die, aber nicht in den Medien.

Es gibt eine tiefe Spaltung unter Wissenschaftlern in bezug auf die Ozonfrage. Eine Gruppe von Wissenschaftlern, man kann sie als die Gruppe der „Experimentalisten" bezeichnen, verbringt ihre Zeit in Labors und Meßstationen, studiert sorgfältig die Naturphänomene und stellt Hypothesen auf, die sorgfältig durch Daten bestätigt oder widerlegt werden. Eine zweite Gruppe, es ist die mit der technischen Steigerung der Rechnerleistung immer mehr ins Kraut schießende Gruppe der „Modellrechner", verbringt ihre Zeit im Büro, operiert abstrakt mit Daten anderer Wissenschaftler, entwirft „Szenarios" und jettet zu internationalen Konferenzen, wo eindrucksvolle Farbgraphiken dieser Modellrechnungen zur Grundlage politischer Entscheidungsfindung präsentiert werden. Man kann sich das Verhältnis der beiden Gruppen zueinander ganz gut vorstellen, wenn man den Vergleich zwischen einem Arbeiter oder Ingenieur der Gewerkschaftsbasis und einem Bürokraten des Gewerkschaftsapparats heranzieht. Beide werden einen Begriff von „Arbeit" haben, der sich genauso deutlich voneinander unterscheidet wie der Begriff von Wissenschaft der „Experimentalisten" und der „Modellrechner".

Die führenden Exponenten der heutigen Untergangspropheten sind fast ausnahmslos Modellrechner, und die Wissenschaftler, die ihnen widersprechen, sind Experimentalisten. Das hängt unter anderem damit zusammen, daß moderne Supercomputer sehr teuer sind und die internationale Anerkennung der Modelle sehr eng mit der eingesetzten Rechnerleistung korreliert.

Folgende Begebenheit, die Sharon Roan in ihrem Buch *Ozone Crisis* (Die Ozonkrise) berichtet, unterstreicht diesen Punkt. Im Herbst 1986 stellte Robert Watson, der Direktor des stratosphärischen Forschungsprogramms der NASA, ein Team zusammen. Dieses Team sollte in die Antarktis reisen und das Ozonloch beobachten. Er bat Susan Solomon, eine Schülerin des bekannten Untergangspropheten Paul J. Crutzen, der selbst wiederum Schüler des Atmosphärengurus Bolin ist, sein Team zu begleiten. Solomon, die heute zu den führenden Experten des antarktischen Ozonlochs gezählt wird, nahm zögernd an. Roan erzählt die Geschichte so: „Solomon erstellte auf dem Computer Modelle. Sie hatte nie experimentelle Arbeiten durchgeführt, geschweige denn irgendwelche Feldarbeiten an einem so unwirtlichen Ort wie der Antarktis. Und, so stöhnte sie, sie würde lernen müssen, wie man einen Schmeltekopf-Apparat bedient [um Stickstoffdioxid zu messen]. Aber Schmeltekopf hatte einen soliden

Apparat gebaut, der keinen Facharbeiter benötigte."

Das ist etwa so, als wenn der Verfasser eines Kochbuchs der Haute Cuisine ausnahmsweise in der Küche aushelfen muß, und sich erklären läßt, wie man richtig Zwiebeln schneidet.

Solomon ging mit zwölf anderen Wissenschaftlern in die Antarktis und führte Messungen an der McMurdo-Station durch. Dies sind die berühmten Messungen, die die spektakulären Chlorkonzentrationen in der Stratosphäre hervorbrachten. Das galt natürlich sofort als Beweis dafür, daß die vom Menschen geschaffenen FCKWs dieses Chlorgas durch UV-Photolyse freisetzen. Der Ozonkiller und der Schuldige für das Ozonloch waren gefunden. Daß die 33 Forschungsballons, die vom McMurdo-Sund in den antarktischen Himmel emporgeschickt wurden, geradewegs durch die Chlorwolke des benachbarten Mt. Erebus hindurchflogen, wurde dabei übersehen. Der Bericht über die Chlormessungen unterschlägt die Existenz dieses aktiven Vulkans völlig. Was sind auch die lumpigen 1000 t Chlorgas, die der Mt. Erebus täglich ausstößt, im Rahmen globaler Modellbetrachtungen?

Das Beispiel des „übersehenen" Vulkans Mt. Erebus ist typisch. Wenn ganz spezifische Faktoren mit größter Genauigkeit gemessen werden, müßten eigentlich auch alle anderen Faktoren genauestens untersucht werden, die sich möglicherweise in den Messungen niederschlagen. In der besessenen Jagd nach dem Übeltäter FCKW werden diese Faktoren jedoch geflissentlich übersehen, selbst wenn sie geeignet sind, die Phänomene zu erklären, die mit den sensiblen Meßgeräten beobachtet werden.

Die Fehler des *Ozone Trends Panel*

Punkt 1: *Der natürliche Ozonzyklus wird ignoriert.* Zunächst gibt es das Problem der „natürlichen" Ozonzyklen. Wie bereits Dobsons Buch von 1968 zu entnehmen war, gibt es natürliche Zyklen, die die Menge des Ozons in der Stratosphäre bestimmen. *Abbildung 1* zeigt, daß in den nördli-

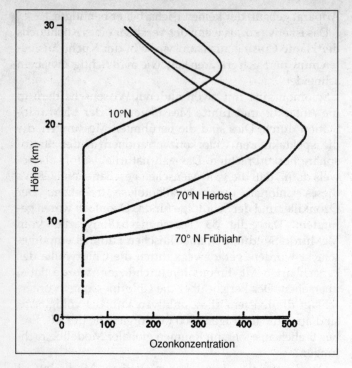

Abbildung 1: Jahreszeitliche Schwankung der Ozonwerte in den nördlichen Breiten im Vergleich zur relativ konstanten Dichte der Ozonschicht in den Tropen.

chen Breiten die Dichte der Ozonschicht im März (im Frühling) beinahe 500 Dobson beträgt, um dann bis zum Oktober (im Herbst) auf weniger als 300 Dobson zu sinken, eine Abnahme von durchschnittlich 40% in jedem Jahr. Im Gegensatz dazu zeigt die Dichte der Ozonschicht in den Tropen (in der Nähe des Äquators) fast gar keine Änderungen.

Neben den saisonalen Veränderungen der Ozonschicht, die in der nördlichen Hemisphäre jährlich auftreten, gibt es andere, langfristige Schwankungen, die noch nicht vollständig erklärt sind. Die Aktivitätsschwankungen der Sonne, die bekanntlich einen Zyklus von 2x11 Jahren durchläuft und mit dem Vorkommen von Sonnenflecken in Zusammenhang steht, hat offensichtlich einen Einfluß auf die Ozonbildung. Ebenso wird die Ozonschicht beeinflußt von langfristigen Klimaschwankungen, Temperaturänderungen, Verlagerungen der Jetströme und sogar von planetarischen Wellen in der Stratosphäre. Weil diese und viele weitere Phänomene sich auf die Dichte der Ozonschicht zu verschiedenen Zeiten verschieden stark auswirken und sich gegenseitig verstärken oder auch abschwächen können, sind die langfristigen Schwankungen der Ozonschicht sehr komplex.

Punkt 2: *Subjektive Messungen*. Die Instrumente zur Messung der Dichte der Ozonschicht sind schwer zu eichen. Deshalb erfordert die Einschätzung der tatsächlichen Dichte der Ozonschicht in großem Maße subjektives Urteilsvermögen des Beobachters. Zum Beispiel muß der Beobachter eine persönliche Einschätzung treffen, wie wolkig es ist, indem er sich den Himmel anschaut. Diese Einschätzung findet ihren Eingang in die mathematische Formel, nach der man die Dichte der Ozonschicht berechnet. Diese Einschätzung hat einen großen Einfluß auf die Werte; aber wie viele Wissenschaftler, die denselben Himmel betrachten, würden präzise darin übereinstimmen, wie wolkig es ist?

Punkt 3: *Statistische Bedeutungslosigkeit*. Angesichts der Dichteschwankungen der Ozonschicht und der subjektiven Unsicherheiten bei den Messung ist die Feststellung einer dreiprozentigen Abnahme der Dichte der Ozonschicht im Lauf von 17 Jahren statistisch bedeutungslos.

Fred Singer, ein „alter Hase" der Atmosphärenforschung betont diesen Punkt in einem Artikel in der monatlich erscheinenden *National Review*: „Nach Abzug aller natürlichen Schwankungen, die sie (d.h. die Mitglieder des *OTP*) sich nur denken konnten — manche von ihnen betrugen am Ort einer Meßstation bis zu 50% innerhalb weniger Monate, extrahierten sie aus den Daten eine statistische Verringerung von 0,2% pro Jahr über einen Zeitraum von 17 Jahren. Diese Korrekturen zu machen, ist sehr schwierig, sehr technisch und sehr unsicher — besonders wenn die natürlichen Variationen hundertmal größer sind als die behauptete stetige Veränderung.

Darüberhinaus muß man die Wahl des untersuchten Zeitraums in Frage stellen... 17 Jahre beinhalten nur anderthalb Sonnenzyklen, und die Sonnenzyklen haben einen starken Einfluß auf den Ozongehalt..."

Punkt 4: *Falsche Logik.* In dem gleichen Artikel verweist Singer darauf, daß die Folgerungen des *OTP* in sich unlogisch sind. „Der gefundene Trend ist größer als nach der Theorie berechnet." Das ist die Aussage des *OTP*. Fred Singer stellt fest: „Das kann bedeuten, daß die Theorie falsch ist oder der Trend unecht oder beides. Aber die Feststellung des Panels ist anders: Der Trend ist ‚schlimmer als erwartet', und *deshalb* müßten FCKWs vollständig und schleunigst ausgemustert werden. Ich kann die Logik dieser Schlußfolgerung nicht nachvollziehen."

Punkt 5: *Tendenziöse Wahl des Zeitraums.* Wieso beginnt die Studie des *OTP* 1969? Wenn weltweit Daten über das Ozon noch aus den dreißiger Jahren existieren, warum soll man dann nur die Daten ab 1969 berücksichtigen? Man hätte damit zumindest versuchen können, das von S. Fred Singer angesprochene Problem der Übereinstimmung des Beobachtungszeitraums mit dem Sonnenzyklus zu lösen. Es scheint dem *OTP* wichtiger gewesen zu sein, durch die Wahl des Zeitraums das weltweite Ozonminimum von 1958 bis 1962 zu ignorieren. Die Analyse des *OTP* beginnt mit einem Jahr, in dem die Ozondichte, nach einem extremen Minimum im Jahr 1962, im Jahr 1969 ein Maximum hatte. Modellrechner sind clevere Leute und haben anscheinend erkannt, daß man das Absinken einer Wertereihe leichter dokumentieren kann, wenn man bei einem Maximum beginnt.

Nochmals: Mehr oder weniger Ozon?

Im Jahr 1962 war die Ozonschicht anscheinend dünner als heute. FCKWs waren damals noch nicht so weit verbreitet, daß sie für die Abnahme verantwortlich gemacht werden könnten. Der Atmosphärenforscher Hugh Ellsaesser vom Lawrence Livermore National Laboratory stellte kürzlich auf einer Konferenz fest:

„Wenn es stimmt, daß die durchschnittliche Stärke der Ozonschicht innerhalb der vergangen 15-20 Jahre scheinbar um 3-5% zurückgegangen ist, dann ist das heutige Niveau anscheinend trotzdem höher, als es 1962 war. Es gibt in der wissenschaftlichen Literatur mindestens fünf Veröffentlichungen, die von einem Anstieg der Stärke der Ozonschicht zwischen 4,3 und 11% von 1962 bis zum Anfang der siebziger Jahre berichten. Diese Zahlen sind doppelt so groß wie die in den letzten Jahren berichtete Abnahme."

Wenn es die FCKWs nicht waren, wie erklärt sich, daß 1962 die Ozonschicht „dünner" war als heute? Richard Rood vom *Goddard Space Flight Center* der NASA weist in der November-Ausgabe 1986 der *Geophysical Research Letters* darauf hin, daß dynamische Effekte der ursächliche Faktor sein könnten:

„Das Vorhandensein des Minimums der sechziger Jahre legt es nahe, daß keine erhöhten Chlorwerte erforderlich sind, um Veränderungen der globalen Gesamtozonmenge in einer Größenordnung hervorzurufen, die der gegenwärtigen vergleichbar ist. Die totalen Ozonveränderungen im jährlichen Rahmen sind im wesentlichen vom Transport beeinflußt. Eine quasi zweijährige Oszillation ist bekannt... Die deutlichen Minima an den Stationen im westlichen Pazifik deuten auf eine Auswirkung des El-Niño-Effektes hin".

Außerdem berichtet Rood, daß es in den vier Jahren von 1958 bis 1962 einen deutlichen Rückgang der Ozonmenge am Nordpol gab — heute spräche man von einem arktischen Ozonloch. Dieses Phänomen ist in letzter Zeit überhaupt nicht mehr beobachtet worden, und tatsächlich haben die Wissenschaftler, die das Verhalten der Ozonschicht in der Arktis in den letzten Jahrzehnten verfolgten, berichtet, „daß es insgesamt weder eine Zu- noch eine Abnahme der Ozonmenge gegeben hat." In einem im Januar 1990 in *Nature* veröffentlichten Artikel analysieren die norwegischen Wissenschaftler Soren Larsen und Thormod Henrikson die Daten der arktischen Ozon-

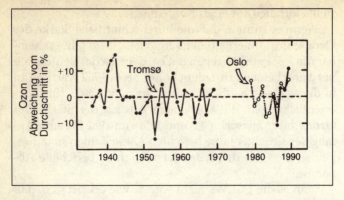

Abbildung 2: Meßdaten der Wissenschaftler Soren Larsen und Thormod Henrikson zeigen, daß die arktische Ozonschicht von 1935 bis 1989 weder abgenommen noch zugenommen hat.

schicht seit 1935 (siehe *Abbildung 2*). Sie kommen zu dem Schluß:

„Die Daten der langfristigen Ozonmessungen zeigen mehrjährige Perioden mit negativer Tendenz (Abnahme) und andere Perioden mit positiver Tendenz (Zunahme). Die kombinierten Resultate bis 1989 geben keine Belege für einen langfristigen negativen Trend der arktischen Ozonschicht... Die Daten für Oslo und Tromsö zeigen, daß die Ozonschicht über Skandinavien in den letzten drei Jahren über normal lagen. Wegen der guten Korrelation mit den Daten der anderen Meßstationen könnte man diese Schlußfolgerung für die ganze arktische Region treffen."

Larsen und Henriksen erheben gegenüber dem *OTP* den gleichen Einwand wie bereits Singer: „Die Zahlen zeigen die Bedeutung des Anfangspunktes und des Endpunktes bei der Beschreibung des Trends. Die Daten deuten für den Zeitraum 1983-1989 (d.h. die letzten sechs Jahre) einen positiven Trend für das Ozon an (für alle Jahreszeiten). Auf der anderen Seite kann aber für den Zeitraum der letzten zehn Jahre keine besondere Tendenz festgestellt werden". Je nach Beginn und Ende des Beobachtungszeitraums kann man aus den Schwankungen der

Stärke der Ozonschicht einen Anstieg oder eine Abnahme herleiten (siehe *Abbildung 2*).

Larsen und Henrikson sagen: „Die Daten deuten darauf hin, daß anthropogene (vom Menschen geschaffene) Gase wie die FCKWs, jedenfalls bis zum Sommer 1989, einen vernachlässigbaren Einfluß auf die arktische Ozonschicht hatten. Das generelle Gleichgewicht zwischen Bildung und Zersetzung des Ozons hat sich nicht verändert, jedenfalls nicht in einem Maß, das in den langfristigen Beobachtungen sichtbar würde." Larsen ist übrigens ein bekannter Schüler Dobsons.

„Reanalyse" ist Manipulation

Die Art und Weise, mit der das *OTP* mit den Daten erfahrener Wissenschaftler umgeht, trifft nicht auf einhellige Zustimmung. Marcel Ackerman, Direktor des berühmten *Institute d'Aeronomie Spatiale de Belgique* in Brüssel wird bei diesem Thema im persönlichen Gespräch bisweilen sehr deutlich: „Ich mag die Art nicht, wie manche Leute, die in ihren Büros herumsitzen, die Daten verändern, die von anderen im Feld erhoben wurden, um ihre Behauptungen zu beweisen." Es gehe nicht an, daß die reanalysierten Daten vollkommen anders seien als die ursprünglichen Werte. „Diese ‚Lehnsessel-Wissenschaftler' nehmen die Daten und transformieren sie. Sie ‚korrigieren' die Daten und behaupten dann, es gäbe eine Ozonabnahme. Aber von einem ethischen Standpunkt ist das nicht korrekt. Sie betrügen."

Professor Ackerman besteht darauf: „Wenn es wissenschaftliche Daten gibt und jemand glaubt, die Wissenschaftler, die die Daten gesammelt und analysiert haben, hätten Fehler begangen, nimmt er Kontakt auf mit diesen Wissenschaftlern, versucht mit ihnen zusammenzuarbeiten und eine Revision zu publizieren. Aber das ist nicht die Art, wie diese Pseudowissenschaftler vorgehen. Sie nehmen die Daten, ändern sie und publizieren sie dann, als wären es neue."

Doch damit nicht genug, wer die Werte des *OTP* anzweifelt, komme in große Schwierigkeiten. Professor Ackerman berichtete, er persönlich sei von führenden Verfechtern der Ozonabbautheorie bei drei verschiedenen wissenschaftlichen Konferenzen bedroht worden:

„Wenn man mit diesen sehr vorlauten Leuten nicht übereinstimmt, kommt man in Schwierigkeiten, weil man dann als verrückt bezeichnet wird. Sie sagen: ‚Oh, dieser Mann glaubt nicht, was wir sagen, er ist verrückt, er sollte in eine spezielle Klinik gehen, Sie wissen schon, eine psychiatrische Klinik.' Wenn sie könnten, würden sie wie Hitler vielleicht diejenigen, die ihnen nicht zustimmen, ins Gefängnis stecken. Manchmal ist es besser, diesen Leuten nicht zu sagen, daß man mit ihnen nicht übereinstimmt, denn sie sind wie Diktatoren."

„Meiner Ansicht nach", sagt Professor Ackerman, „ist noch nicht genug geforscht worden, und nicht über ausreichend lange Zeiträume. Selbst F. Sherwood Rowland akzeptiert das. Er sagt, daß diese Phänomene so wenig bekannt sind, daß man kein Modell dafür erstellen könne. Aber dann sagt er im nächsten Satz, daß es in Zukunft viel schlimmer sein werde als jetzt! Er widerspricht sich also in seinem Aufsatz, und zwar innerhalb eines einzigen Absatzes! Es ist unglaublich." (Der Artikel von Rowland, auf den sich Professor Ackerman bezieht, erschien 1989 in der Januar/Februar-Ausgabe des *American Scientist.*)

Mit seiner Meinung steht Professor Ackerman nicht allein. Stellvertretend für viele spricht auch C. Desmond Walshaw, einer der führenden Atmosphärenforscher und langjähriger Mitarbeiter von Gordon Dobson sowie ehemaliger Vorsitzender der Welt-Ozon-Kommission. Walshaw erklärte: „Ich habe schwere Zweifel an manchen Schlüssen, die anscheinend aus sogenannten Revisionen von Dobsons Ozondaten gezogen werden, besonders aus den tropischen Regionen."

Der in England lebende Walshaw weist darauf hin, welchen großen Einfluß meteorologische Veränderungen auf die Dichte der Ozonschicht haben können, und daß diese viel größer sind, als die angebliche Verringerung des Ozons durch FCKWs:

> **Mitglieder des Ozone Trends Panel**
> – Robert T. Watson, (Vorsitzender)
> – Richard Turco (stellvertretender Vorsitzender)
> – Rumen Bojkow
> – Harold Johnston
> – F. Sherwood Rowland
> – Richard Stolarski
>
> Teilnehmer der Arbeitsgruppen waren u. a.:
> – Ralph J. Cicerone
> – Michael McElroy
> – Susan Solomon
> – Mario Molina

„Es ist sehr schwer, eine so kleine Änderung wie die behauptete aus all den Störungen herauszufinden, die durch natürliche meteorologische Änderungen erfolgen. Wenn man von den gemäßigten Breiten redet, sind 3% in zwanzig Jahren einfach nicht von Bedeutung, denn wegen der Störungen sind die normalen Änderungen von Jahr zu Jahr enorm.

Darüberhinaus sind 3% wohl kleiner, als sie mit Dobsons Instrument zuverlässig beobachtet werden können... Man versucht (mit diesen Geräten) bei einer enormen Energie im sichtbaren Bereich eine sehr kleine Menge ultravioletten Lichts zu messen. Das ist gar nicht einfach. Dobsons Instrument könnte das zwar prinzipiell tun, aber es gibt doch einige Probleme dabei, deren man sich bewußt sein muß.

Das zweite große Problem liegt darin, daß man von dem Instrument eine viel größere langfristige Stabilität verlangt als von irgendeinem anderen meteorologischen Instrument, d.h. eine extrem hohe optische photometrische Stabilität. Obwohl man Methoden entwickelt, um diese

Stabilität zu erreichen, betrifft das immer nur die gegenwärtigen Daten, nicht historische Zeitreihen.

Eine der größten Schwierigkeiten ist, daß die Daten, die vom Welt-Daten-Center publiziert werden, vollständig von den Beobachtungsstationen korrigiert worden sein können — oder eben auch nicht. Manchmal ist das so, manchmal auch nicht; ich denke, manche der sogenannten Neuinterpretationen versuchen das zu korrigieren, aber wenn man die Beobachtungen nicht tatsächlich selbst gemacht hat und wenn man nicht einen sehr guten Bericht darüber hat, was genau gemacht wurde, ist das unmöglich."

Bei etwas hartnäckigerem Nachfragen erfährt man von Walshaw auch einige Details darüber, wie die „Revision" von Daten von der *World Meteorological Organization* in Genf unter der Kontrolle von Rumen Bojkow durchgeführt wurde. Als Daten aus Indien nicht die passende Ozonabnahme zeigten, wurde ein Mitarbeiter nach Indien geschickt, um die Daten neu zusammenzutragen und zu reanalysieren. Walshaw, der selbst bei der Einrichtung der Meßstationen und der Kalibrierung des umfassenden Dobson-Netzwerkes beteiligt war, kommentiert: „Ich habe die sogenannten Korrekturen einer Serie von Ozonbeobachtungen aus Ahmedabad studiert, deren Durchführung ich kannte, und offen gesagt, ich denke, daß derjenige, der die Korrekturen ausgeführt hat, nicht genau wußte, worum es dabei eigentlich geht... Die von den indischen Stationen erhobenen Daten wurden reanalysiert, durchaus gewissenhaft. Ich meine, der Mensch hat sich alle Kalibrierungen angesehen, und ich denke, er hat wirklich sein Bestes gegeben, so wie er es verstand. Ich glaube jedoch nicht, daß die Ergebnisse verläßlich sind, und ich glaube auch nicht, daß es die von irgendeinem anderen wären. Natürlich ist es sehr schwer, diese Art von Daten zu beurteilen, die mit Methoden ermittelt wurden, die zu der damaligen Zeit noch nicht voll entwickelt waren. Ich denke, es ist sehr schwer, sie durchzugehen und zu sagen, dies sollte nicht so sein, und jenes nicht so."

Alles in allem würde es Walshaw nicht wundern, wenn

die „reanalysierten" Daten größere Fehler enthielten als die ursprünglichen „unzureichenden" Messungen.

Der weltbekannte Physiker Freeman Dyson kritisierte kürzlich in einer Rede an der Universität Oxford in England die Weltuntergangsmodelle der Atmosphärenforscher folgendermaßen:

„Die großen Forschungsgelder sind mehr in die Computer-Simulationen des globalen Klimas geflossen als in Beobachtungen der realen Welt der Wurzeln und Triebe, der Bäume und der Termiten. Ich mache nicht nur die Regierungsbürokraten verantwortlich für die ausufernde Betonung der Computer-Simulationen. Wir Wissenschaftler tragen einen Teil der Schuld. Es ist für einen Wissenschaftler viel bequemer, ein neues Computermodell in einem vollklimatisierten Supercomputer-Center auszuprobieren, als sich die Winterkleidung anzuziehen und in Wind und Wetter zu versuchen, die Instrumente korrekt kalibriert zu halten. Bis zu einem gewissen Punkt sind Computermodelle nützlich und notwendig. Sie werden an dem Punkt schädlich, an dem sie ein Ersatz werden für Beobachtungen in der realen Welt. In den zwölf Jahren seit 1978 haben die Resultate der Computermodelle die politische Debatte um das Kohlendioxidproblem immer mehr dominiert. Die Resultate der Computer sind einfacher und leichter für Politiker zu verstehen als die Unwägbarkeiten der realen Welt."

Quellenhinweise:

Freeman J. Dyson: Carbon Dioxide in the Atmosphere and the Biosphere, Radcliffe Lecture, Green College, Oxford University, 11. Okt., 1990.

Sharon L. Roan: Ozone Crisis: The 15 Year Evolution of a sudden global emergency, New York, John Wiley & Sons, Inc., 1989.

Richard B. Rood: Global Ozone Minima in the Historical Record, *Geophysical Research Letters*, 13. Jg., Nr. 12, S. 1244, November-Beilage.

S. Fred Singer: My Adventures in the Ozone Layer, *National Review*, 30. Juni 1989.

Kapitel VII

Das Ozonloch, Wunder des Südpols

Nachdem Spraydosen 1978 in den Vereinigten Staaten verboten worden waren, schlief die FCKW-Debatte für einige Jahre ein. Mit einem Medien-Paukenschlag wurde sie jedoch 1985 wieder zum Leben erweckt. Joseph Farman vom *British Antarctic Survey* gab nämlich etwas „ganz Neues" bekannt: Ein gähnendes „Loch in der Ozonschicht" war über der Antarktis entdeckt worden! Für jeden „völlig überraschend", und die Medien wußten zu berichten, daß sich das Ozonloch bald auf ein Gebiet „größer als die Fläche der USA" ausweiten und zu einer Bedrohung für die ganze Welt werde. Die Theoretiker des Ozonabbaus traten in Aktion. Es spielte dabei keine Rolle, daß die Theorie von Rowland und Molina über den Abbau des Ozons das „Ozonloch" weder vorhergesehen hatte noch hinreichend erklären konnte. Das „antarktische Ozonloch" wurde triumphierend als Beweis für ihre Theorie angeführt und die „Ozonzerstörung durch FCKWs" war von nun an ein „allgemein anerkanntes Faktum".

In Wirklichkeit war das sogenannte „Ozonloch" überhaupt nicht neu. Seine Existenz war seit dreißig Jahren bekannt. Wissenschaftler hatten das, was man die „südliche Anomalie" nannte, bereits während des Geophysikalischen Jahrs (IGJ) 1956 entdeckt, und zwar sofort als erstmals Ozonspektrophotometer in der Antarktis aufgestellt wurden. Die Entdeckung machte damals ein britisches Forschungsteam in der Halley-Bucht, dessen Arbeit von Gordon Dobson koordiniert wurde.

Die wirkliche Entdeckung

In einem Artikel mit dem Titel „Vierzig Jahre atmosphärische Ozonforschung in Oxford: Eine Geschichte" (Forty Years' Research on Atmospheric Ozone at Oxford: A History), der 1968 in der Zeitschrift *Applied Optics* erschien, beschrieb Dobson, wie die Entdeckung der Anomalie, d.h. des „Ozonlochs", vor sich ging:

„Eines der interessantesten, das atmosphärische Ozon betreffende Resultat, welches das IGJ erbrachte, war die Entdeckung einer spezifischen jährlichen Veränderung des Ozons an der Halley-Bucht... (das für die Messungen vorgesehene) spezielle Ozonmeßinstrument wurde unmittelbar vor dem Verlassen Englands zur Überprüfung in das Shotover-Laboratorium geschickt. Darüberhinaus war auch Evans, der die ursprünglichen Beobachtungen an der Halley-Bucht durchführte, in Shotover, um sich mit der Arbeitsweise und Wartung des Instruments vertraut zu machen. Die jährlichen Veränderungen des Ozons bei Spitzbergen (in der Nähe des Nordpols) waren damals schon recht gut bekannt, so daß wir, eine sechsmonatige Verschiebung annehmend, wußten, was zu erwarten war. Als jedoch die monatlichen Telegramme aus der Halley-Bucht einliefen und der Kurve aus Spitzbergen gegenübergestellt wurden, waren die Werte für September und Oktober 1956 etwa 150 (Dobson-) Einheiten niedriger als erwartet. Wir dachten natürlich, Evans hätte einen groben Fehler begangen, oder daß das Instrument trotz der Überprüfung, bevor es England verlassen hatte, schadhaft geworden war. Im November stiegen die Ozonwerte plötzlich wieder auf die aufgrund der Ergebnisse auf Spitzbergen erwarteten Werte an. Erst ein Jahr später, als sich dieselbe Art der jährlichen Änderung wiederholte, realisierten wir, daß die früheren Resultate tatsächlich richtig waren und die Halley-Bucht einen höchst interessanten Unterschied zu anderen Teilen der Welt aufwies. Es war klar, daß der winterliche Wirbel über dem Südpol sich so weit in den Frühling hinein erhalten hatte und daß dies die Ozonwerte niedrig hielt. Als er sich im November plötzlich auflöste, stiegen sowohl die Ozonwerte als auch die Temperaturen in der Stratosphäre plötzlich an."

Die *Abbildung 1* illustriert die Messungen, von denen Dobson spricht. Seine Beschreibung der „besonderen Veränderung" paßt deutlich auf das heutige Ozonloch. Die

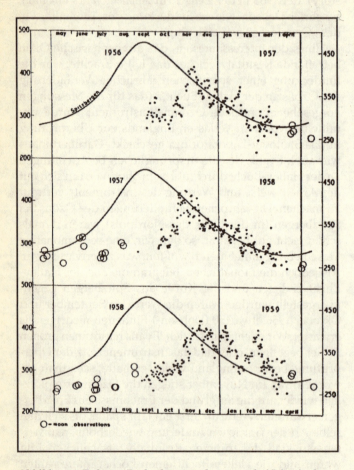

Abbildung 1: Dobsons Beobachtungen der ersten drei Jahre in der Halley-Bucht. Die ausgezogene Kurve ist von Spitzbergen, um sechs Monate versetzt. Interessant sind die niedrigen Ozonwerte im südlichen Frühjahr und die plötzliche Zunahme im November, wenn die stratosphärische Erwärmung abgeschlossen ist.

Tatsache, daß die Werte nur von einem einzigen Meßinstrument kamen, hinderte Dobson daran, das volle Ausmaß des Ozonabbaus über der ganzen Antarktis zu erkennen. Nichtsdestoweniger ist das von Dobson und seinen Mitarbeitern gesehene Phänomen identisch mit dem heute beobachteten.

Wenn es also eine „Entdeckung des Ozonlochs" gab, dann wurde sie von dem unter Dobsons Leitung arbeitenden Forschungsteam im Jahre 1956 gemacht. Die Ozontheoretiker, die 1985 diese Entdeckung für sich beanspruchen, haben diese Entdeckung also bewußt gestohlen, oder sie arbeiten so schlampig, daß sie nicht einmal die wissenschaftliche Literatur ihres eigenen Fachgebietes kennen. Doch anstatt diese Tatsache selbstkritisch zur Kenntnis zu nehmen, flüchten sie sich in die abenteuerliche Behauptung, ihre Entdeckung beziehe sich nicht auf die „Existenz" des Ozonlochs, sondern darauf, daß es — durch die FCKWs natürlich — „größer" geworden sei. Auch das ist falsch. Zwar wurden im „Katastrophenjahr" 1987 ein Minimum von 150 Dobson gemessen, während der Wert für den gleichen Monat 1956 bei 250 Dobson lag, doch 1988 war das Minimum 250 Dobson, genau wie im Entdeckungsjahr 1956.

Zwei französische Forscher haben kürzlich die Daten der französischen antarktischen Forschungsstation von 1958 veröffentlicht. Sie liegt nur ein paar hundert Kilometer von der britischen Station in der Halley-Bucht entfernt. Die dort vorgenommenen Messungen zeigen, daß bereits damals das „Ozonloch" genauso groß war wie heute. Die Wissenschaftler P. Rigaud und B. Leroy berichteten in der November-Ausgabe 1990 der *Annales Geophysicae* über die Ozonwerte des Französischen Antarktischen Observatoriums in Dumont, wo die Ozonmenge seit 1958 beobachtet wird. Diese Daten wurden gemessen und in der wissenschaftlichen Literatur der sechziger Jahre veröffentlicht. Auch für das Studium dieser Arbeiten hatten die Ozontheoretiker offensichtlich keine Zeit. Rigaud und Leroy belegen anhand der alten Meßreihen, daß 1958 die Ozonwerte zu Beginn des dortigen Frühlings, im August und September, steil abfielen und Werte bis hinab zu 110 Dobson erreichten. Der Wert liegt niedriger als der des Katastrophenjahres 1987 und erst recht unter dem von 1985!

Rigaud und Leroy berichten: „Spektrographische Ozonmessungen, unter Verwendung des Mondes, der Sterne oder des blauen Himmels als Lichtquelle, wurden 1958 in Dumont d'Urville (66°, 40' südlicher Breite) durchgeführt." (Die Lage der Forschungsstationen auf der Antarktis ist in *Abbildung 2* dargestellt.)

Die Überprüfung der Daten dieser Messungen zeigt, daß ein stark ausgeprägtes Minimum des Gesamtozongehaltes im Frühling jenes Jahres beobachtet wurde. Das „Ozonloch" erschien im September und Anfang Oktober 1958, und es gab eine „spektakuläre Erholung der Ozonkonzentration zwischen dem 8. und 21. Oktober. Die Auf-

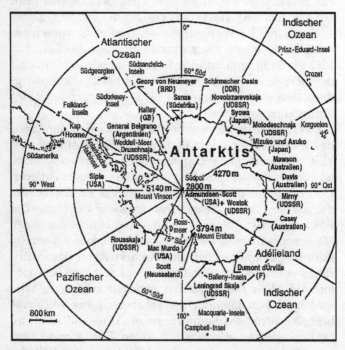

Abbildung 2: Lage der Forschungsstationen auf dem antarktischen Kontinent.

lösung des polaren Luftwirbels erfolgte zwischen dem 5. und 20. Oktober".

Was könnte diesen dramatischen Sturz auf 110 Dobson erklären, der an der Dumont-Station gemessen wurde, während an der Halley-Bucht die Werte bei 250 Dobson lagen? Rigaud und Leroy sagen: „Das Zentrum des polaren Luftwirbels war am Ende des Winters 1958 nahe Dumont d'Urville und weit von der Halley-Bucht entfernt. Die Situation war umgekehrt zu der in den letzten Jahren beobachteten. Weil das ‚Ozonloch' im polaren Luftwirbel beobachtet wird, könnte dies erklären, warum das Phänomen 1958 an der Halley-Bucht nicht entdeckt wurde."

Das „Ozonloch" war damals also mindestens genauso groß, lag aber nur an einer etwas anderen Stelle. Das war vor 33 Jahren, als FCKWs noch fast gar nicht benutzt wurden.

Die französischen Wissenschaftler haben auch eine Hypothese für das Zustandekommen des „Ozonlochs". Sie schreiben: „In Dumont d'Urville ist die atmosphärische Beleuchtung lange Zeit dämmrig. Die Sonne steigt am 1. August bis auf +5° Höhe und am 1. September auf +15°. In diesem Fall ist der Zerfallszyklus des Ozons wegen der nacheinander eintreffenden Sonnenstrahlungen verschiedener Wellenlängen sehr wichtig".

„Wie Hofmann und Rosen (1985) gezeigt haben", fahren sie fort, „beeinflussen große Vulkanausbrüche die stratosphärische Aerosolschicht in der Antarktis. Es ist bekannt, daß in den letzten Jahren solche Ausbrüche 1980 am St. Helens und 1982 am El Chichon stattfanden, aber auch 1956, zwei Jahre vor den Messungen in Dumont d'Urville, fand am Bezymianny ein Ausbruch statt. Die Verwirbelungen dieser Aerosolschicht könnten daher das Ozonloch teilweise erklären, z.B. durch unbekannte heterogene chemische Reaktionen oder eine Änderung der Lichtverhältnisse im Dämmerlicht und einer daraus folgenden Veränderung der Rate der Photodissoziation dieser Spezies."

Das „Ozonloch" ist demnach eine Folge von Vulkanausbrüchen, durch die entweder die chemische Zusammensetzung des polaren Luftwirbels oder aber die Wellenlänge des Lichts verändert wird, das in einem schiefen Winkel die Erdatmosphäre durchläuft, bevor es die Antarktis erreicht.

Rigaud und Leroy schließen daraus: „Die Überprüfung der spektrographischen Ozonwerte, die 1958 in Dumont d'Urville gefunden wurden, zeigen, daß das ‚Ozonloch' schon im September jenes Jahres existierte. Obwohl 1958 die Produktion von Fluorchlorkohlenwasserstoffen schon im Steigen begriffen war, lag die vorhandene Menge noch weit unter den heutigen Konzentrationen. Deshalb legt die Existenz eines antarktischen Ozonabbaus über Dumont d'Urville im September 1958 nahe, daß natürliche Phänomene wie z.B. Vulkanausbrüche auch zum Ozonabbau beitragen."

Die Chemie stimmt nicht

Im Hirn ihrer Opfer hinterlassen „Faktoide" meist seltsame Knoten, welche den skurrilen Bildern von Escher ähneln. Man kann dem normalen Umweltschützer erklären, daß es sich beim Ozonloch um eine Naturerscheinung handelt, daß es bereits entdeckt wurde, als zum ersten Mal am Südpol Ozonmessungen durchgeführt wurden, daß es damals etwa so groß war wie heute und daß damals die FCKWs, die das Ozonloch ja angeblich verursachen, noch gar nicht in ausreichendem Maß in der Stratosphäre vorhanden waren. Er wird all dem mit großen Augen zuhören und dann unvermittelt sagen: „Ja, aber wenn die Theorie von Rowland und Molina doch stimmt, müssen wir dann nicht Vorsorge treiben, damit das Ozonloch nicht noch größer wird?!"

Also bleibt uns gar nichts anderes übrig, als uns nochmals mit der phantastischen Chemie von Rowland und Molina zu beschäftigen. Wie gesagt, die Entdeckung des „Ozonlochs" wurde als „Bestätigung" dieser Theorie gefeiert. Eine Bestätigung hätte dann vorgelegen, wenn erstens die über der Antarktis gemessenen Werte durch diese Theorie vorhergesagt oder zumindest völlig erklärt worden wären, und zweitens bewiesen worden wäre, daß dieser „lokale" Sonderfall für die globalen Aussagen der Ozonzerstörungstheorie von Bedeutung ist. Beides war nicht der Fall. Vorausgesagt hat die Theorie von Rowland und Molina das Ozonloch nie und nimmer. Die modernste Variante dieser Theorie, die vor 1985 auf dem Markt war, prognostizierte eine fünfprozentige Abnahme des Ozons im Lauf von hundert Jahren. In der Antarktis wurden fünfzigprozentige Abnahmen in nur wenigen Wochen beobachtet! Wenige Wochen später waren die Ozonwerte wieder normal.

Es dauerte zwei Jahre, bis für diese anomale Situation ein Modell gefunden war, das die Erscheinung im Nachhinein entsprechend der Theorie erklärbar machen sollte. Die Theorie wurde dadurch recht kompliziert. Unter anderem wurden Temperaturen, unter -78° C, und polare stratosphärische Wolken (PSC) aus Salpetersäure benötigt, sowie ein exaktes „Timing" des Sonnenlichts, welches als „Zünder" genau im richtigen Zeitpunkt den ganzen Prozeß auslösen muß.

All das ist nötig, um die PSC mit Chloratomen wie eine Batterie aufzuladen, damit im Frühjahr Sonne und Wärme plötzlich eine Chlorentladung auslösen können, welche stark genug ist, das „Ozonloch" in die Stratosphäre zu bohren.

Molinas chemische Formeln lauten nun:

(1) $ClONO_2 + HCl\text{-Eis} \longrightarrow Cl_2 + HNO_3$

(2) $Cl_2 + \text{Photon} \longrightarrow 2\,Cl$

(3) $Cl + O_3 \longrightarrow ClO + O_2$

(4) $ClO + ClO + \text{Molekül} \longrightarrow Cl_2O_2 + \text{Molekül}$

(5) $Cl_2O_2 + \text{Photon} \longrightarrow Cl + ClOO$

(6) $ClOO + \text{Molekül} \longrightarrow Cl + O_2 + \text{Molekül}$

Das Gesamtergebnis dieser Reaktionskette ist die Umwandlung von zwei Ozonmolekülen (O_3) in drei Sauerstoffmoleküle (O_2).

Das Chlorgas, das ursprünglich allein aus „zerlegten" FCKWs kommen soll, befindet sich zu Beginn in den „Reservoirs", $ClONO_2$ und Salzsäure. Außerdem wird das Eis der PSC benötigt, welches bei Temperaturen unter -78° C über der Antarktis in einer Höhe von zwölf bis zwanzig Kilometer vorkommt. Des weiteren tritt ein Molekül auf, welches als „Stoßpartner" an der Reaktion teilnehmen muß. Und schließlich geht ohne das Photon, welches die im antarktischen Frühjahr aufgehende Sonne liefert, gar nichts.

Konzentrieren wir uns auf Gleichung (5). Sie besagt, daß das Molekül Cl_2O_2 (Chlorperoxid) vom Sonnenlicht getroffen wird, in ein Chloratom, welches weiteres Ozon zersetzt, und ClOO zerfällt. Das ClOO findet einen weiteren Stoßpartner und überläßt ihm seine beiden Sauerstoffatome, wodurch das Chlor frei wird, um weiteres Ozon zu zersetzen. Da man eine solche Reaktion noch nie auf der Erde beobachtet hat, ist die Frage erlaubt, ob solche chemischen Reaktionen in der Stratosphäre überhaupt vorkommen.

„Nein!", sagt Igor J. Eberstein vom *Goddard Space Flight Center* der NASA. In einem Aufsatz, der in der Mai-Ausgabe der *Geophysical Research Letters* veröffentlicht wurde, demonstriert Eberstein, daß solche Reaktionen höchstwahrscheinlich nicht stattfinden. In der Realität, sagt er, tritt der chemische Reaktionsweg ein, der die geringste Energie benötigt. Eberstein zeigt, daß man bedeutend weniger Energie braucht, Chlorperoxid durch Lichteinwirkung in ein einfaches Chloroxidmolekül und ein Sauerstoffatom zu zerlegen — Cl_2O und O —, und die Reaktion aus Gleichung (5) nicht stattfinden wird.

Wenn man nun aber die Gleichung (5) durch die energetisch günstigere Gleichung

(5a) $\quad Cl_2O_2 + h\nu \quad \longrightarrow \quad Cl_2O + O$

ersetzt, dann fehlt das freie „Killer-Chloratom", und das Ozon der antarktischen Stratosphäre kommt ungeschoren davon.

In einem Interview sagt Eberstein: „Es gibt keine chemischen Mechanismen, die die Entstehung des Ozonlochs erklären könnten. Das ist ein schweres Manko. Wenn man eine Theorie hat, sollte man einen Mechanismus vorweisen können, sonst ist es Spekulation. Die These vom antarktischen Ozonabbau sollte auf eine solidere wissenschaftliche Basis gestellt werden, bevor auf Pressekonferenzen von angeblichen Beweisen gesprochen wird."

Auch W.G. Lawrence zerpflückte im *Journal of Geophysical Research* vom 20. Oktober 1990 die oben aufgeführten Reaktionsgleichungen von Molina.

Das Ozonloch widerlegt seine Theorie

Doch Gleichungen hin, theoretische Formeln her; schauen wir in die reale Welt und betrachten das „Ozonloch" genauer, vielleicht verliert es dadurch seinen Schrecken. Denn selbst wenn das Ozonloch seit seiner Entdeckung größer geworden wäre, bedeutete das noch lange nicht, daß die vom Menschen produzierten FCKWs daran schuld wären.

Es ist bekannt, daß die Ozonschicht mehreren langdauernden Zyklen folgt, unter anderem dem Sonnenzyklus, die die Ozonschicht verändern können. In der Antarktis spielen außer den langen Zyklen der solaren Erscheinungen auch noch eine Reihe anderer atmosphärischer Bewegungen eine große Rolle.

An den Polen ist der polare Luftwirbel sowie die äußerst komplexe Chemie und Dynamik der polaren Atmosphäre ganz entscheidend. Am Ende der Polarnacht umströmt ein sehr intensiver, hurrikanartiger Luftwirbel den Pol. Jetströme mit Geschwindigkeiten von über 300 bis 500 km/h bilden diesen Luftwirbel, der die Luft über der Antarktis sehr wirkungsvoll von der restlichen Atmosphäre abschließt. Das hat zur Folge, daß die enormen Mengen von Ozon, die fortwährend in den Tropen entstehen und Richtung Südpol driften, von diesem polaren Luftwirbel während des dortigen Winters davon abgehalten werden, zum Südpol zu gelangen.

Das Resultat dieser Dynamik in der Atmosphäre ergibt in dieser Jahreszeit extrem hohe Ozonkonzentrationen außerhalb des polaren Luftwirbels, während das Ozon innerhalb des Wirbels abgebaut wird. Nach ein paar Wochen löst sich der polare Luftwirbel auf, und die ozonreiche Tropenluft füllt das „Ozonloch" über der Antarktis wieder auf. Das bringt die Ozonwerte wieder auf „normal", genau wie es Dobson 1956-1958 gemessen hat.

Der polare Luftwirbel bleibt nicht völlig stationär an einem Ort. Er kann sich in einem Monat mehrmals hin- und herbewegen und verändert sich von einem Jahr zum anderen. Eine bestimmte Meßstation in der Antarktis wird deshalb immer verschiedene Werte messen. Vor allem wird man eine drastische Veränderung der Ozonkonzentration messen, abhängig davon, ob sich das Meßgerät innerhalb oder außerhalb des Wirbels befindet. Innerhalb des Wirbels können die Meßwerte bis auf 150 Dobson absinken, während gleichzeitig außerhalb des Wirbels Werte bis zu 450 Dobson gemessen werden.

Zwei Wissenschaftler des Nationalen Instituts für Polarforschung in Tokio haben überzeugende Beweise dafür erbracht, daß das „Ozonloch" nicht durch chemische Reaktionen, sondern durch die natürliche Dynamik der Atmosphäre zustandekommt. Sie publizierten im Januar 1990 einen ausgezeichneten Artikel, der das Ozonloch ganz ohne Rückgriff auf irgendwelche chemischen „Killeratome" erklärt. Hiroshi Kanzawa und Sadao Kawaguchi schreiben in den *Geophysical Research Letters:* „Die Daten zeigen, daß die Dynamik eine entscheidende Rolle bei vielen Aspekten des antarktischen Phänomens des Ozonlochs spielt."

Was die Japaner an ihrer polaren Basis, der Syowa-Station (69° Süd, 40° Ost) beobachteten, war folgendes. Ende August und Anfang September 1988 erfolgte ein plötzlicher Temperaturanstieg in der polaren Stratosphäre und „zur selben Zeit wie der plötzliche Temperaturanstieg... stieg die Ozonmenge über der Syowa-Station plötzlich an." Darauf folgte eine plötzliche Abkühlung der Stratosphäre. An diesem Punkt „erfolgte gleichzeitig mit der

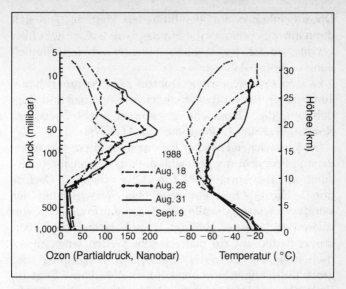

Abbildung 3: Ozon nimmt zu, wenn sich im antarktischen Frühjahr die Stratosphäre aufwärmt. Zur chemischen Theorie steht das im Widerspruch.

plötzlichen Abkühlung ein plötzlicher Rückgang der Ozonwerte." Ein weiterer wichtiger Punkt, sagen die japanischen Wissenschaftler, sei, daß sich, „während die Erwärmung fortschritt, die ozonreiche Region, die sich von der Syowa-Station in Richtung Äquator befand, mit Werten über 400 Dobson, auf den Pol zubewegte."

Diese Beobachtung widerspricht völlig der Theorie von Rowland und Molina, denn obwohl die antarktische Atmosphäre in dieser Situation chemisch mit Chlor „scharf gemacht" war, maßen die Japaner die höchsten Ozonwerte für diese Periode in fast zwanzig Jahren. Die hohen Ozonwerte kamen zustande, weil der Erwärmung der Stratosphäre um 10° C eine Bewegung ozonreicher Luft von außerhalb des polaren Luftwirbels folgte, wie man in *Abbildung 3* klar erkennen kann. Das antarktische Ozonloch entwickelte sich ab 18. August; warme Luft strömte herbei, so daß sich am 31. August die Temperaturen um 59° C erhöht hatten und der Ozonwert von 236

Dobsoneinheiten auf 463 Einheiten kletterte. Als sich dann am 9. September die Stratosphäre wieder abkühlte, verringerte sich der Ozongehalt wieder auf Werte ähnlich denen vom 18. August.

Es sind also, genau wie Dobson 1956 postuliert hatte, Temperatur und Luftbewegungen, die Ausmaß und Ausdehnung des Ozonlochs bestimmen, nicht Sherwood Rowlands „Killer-Chloratome" aus FCKWs.

Die japanischen Forscher haben eine weitere sehr interessante Beobachtung gemacht, die quasi-zweijährige Oszillation (abgekürzt QBO für „Quasi-Biennial Oscillation"). Die QBO ist eine plötzliche Verschiebung der Windverhältnisse, die alle zwei Jahre stattfindet, und von solaren Änderungen abhängt. Diese Verschiebung ist von großer Bedeutung für planetarische Wellen, jenen gigantischen Wellen, die in der Stratosphäre vorkommen und große Luftmengen bewegen können. *Abbildung 4* zeigt die Veränderung des Monatsdurchschnitts der Ozonmenge von Jahr zu Jahr (obere Tafel) und die Monatsdurchschnitte der Oktober-Temperaturen bei 30 Millibar atmosphärischen Drucks (in etwa 22 km Höhe). Die Sternchen zeigen die Ostwindphasen der QBO, bei denen die Ozonwerte hoch sind, während die Punkte die Westwindphasen repräsentieren, bei denen die Ozonwerte über der Antarktis niedrig sind. Kanzawa und Kawaguchi stellen fest:

„Wenn die planetaren Wellen aktiv sind, wie 1988, kann die antarktische Temperatur in der Stratosphäre wärmer werden und das Ozonloch geringer in Dichte und kleiner in seiner Ausdehnung. Der Grund kann der folgende sein: Wenn die planetarischen Wellen aktiv sind, werden Wärme und Ozon polwärts transportiert. Darüber hinaus können, wenn die untere antarktische Stratosphäre sich infolge plötzlicher Erhitzung im August und September erwärmt, wie im Falle der Syowa-Messungen 1988, die polaren stratosphärischen Wolken (PSC) nicht existieren, so daß der chemische Abbau des Ozons vielleicht schwächer wird..."

Die starke Aktivität der planetaren Wellen im Jahr 1988

kann vielleicht eine Folge der anomalen Temperaturen der Meeresoberfläche im äquatorialen Südpazifik gewesen sein... Die gute Korrelation zwischen der Oszillation der Temperatur und des Ozongehalts innerhalb von zwei Wochen... deutet darauf hin, daß der Anstieg und Fall der Ozonmenge in diesem Zeitraum eine Folge dynamischer Transporteffekte durch planetarische Wellen war, denn die Temperaturoszillation wird als Folge eines dynamischen Phänomens betrachtet..."

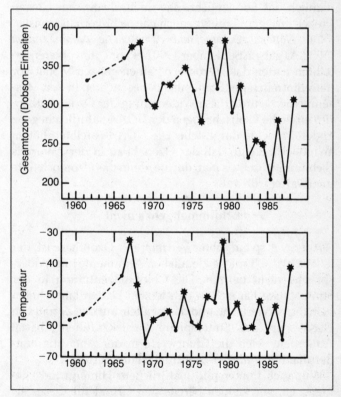

Abbildung 4: Monatsdurchschnitt der Ozonmenge über der Antarktis. Die Sternchen zeigen die Ostwindphasen der QBO, bei denen die Ozonwerte hoch sind; die Punkte Westwindphasen, bei denen die Ozonwerte über der Antarktis niedrig sind. Das Ozonloch ist eine Wettererscheinung.

Zusammenfassend schreiben Kanzawa und Kawaguchi: „Das Phänomen von 1988 bedeutet, daß Erwärmung und Ozontransport durch dynamische Prozesse die Tiefe und Ausdehnung des antarktischen Ozonlochs stark beeinflussen können."

Während diese japanischen Arbeiten belegen, daß das Ozonloch ganz im Widerspruch zur Theorie von Rowland und Molina mit einsetzender Frühjahrswärme nicht auftrat, gibt es auch den umgekehrten Widerspruch, der darin besteht, daß das „Ozonloch" zu früh kommt, wenn nämlich das Sonnenlicht, das im Frühjahr den ganzen Prozeß „triggern" müßte, noch gar nicht vorhanden ist.

Die *National Ozeanic and Atmospheric Administration* (NOAA) gab im September 1990 bekannt, ihre polaren Satelliten hätten das „Ozonloch" einen ganzen Monat vor dem Eintreffen des Sonnenlichts beobachtet. In den Massenmedien wurde diese Widerlegung der Ozonlochtheorie durch die Beobachtungen der *NOAA* natürlich in ganz anderem Lichte dargestellt. Die *NOAA*-Satelliten hätten angeblich gezeigt, daß der Ozonabbau in der Antarktis „schlimmer" sei, als man dachte, denn das Ozonloch träte unerwartet früh auf.

Schlimmer geht's nicht

Aber was so ein echter Vertreter der Ozonthese ist, der läßt sich durch solche kleinlichen Argumente und Widersprüche nicht beirren. Die Chlorkonzentration in der Stratosphäre hat sich in den letzten beiden Jahrzehnten beinahe vervierfacht, und das ist allein auf den Zerfall von FCKWs in der Stratosphäre zurückzuführen, basta! Außerdem seien die Chlorwerte in der Antarktis hundertmal höher als der „natürliche Hintergrund".

Was auch immer mit „natürlichem Hintergrund" gemeint ist, wir kennen bereits den Grund für dieses erstaunliche Phänomen: Es ist der Mt. Erebus nur etwa 10 km in Windrichtung vor der McMurdo-Station, der jeden Tag mehr als 1000 t Chlorgas in die antarktische Atmosphäre ausstößt.

Ein Artikel in den *Geophysical Research Letters* (November 1990) von Philip Kyle vom *New Mexico Institute of Mining and Technology* belegt detailliert, wie der Mt. Erebus enorme Mengen Chlorgas in die antarktische Atmosphäre hineinbläst. Kyle sagt, daß das gesamte zusätzliche, in der antarktischen Atmosphäre gefundene Chlor ausschließlich aus diesem aktiven Vulkan stammen könnte.

Kyles Untersuchung, an der auch Kimberley Meeker und David Finnegan mitgearbeitet haben, betrachtet alle verfügbaren wissenschaftlichen Daten der vulkanischen Emissionen von 1972 bis 1987 und kommt zu dem Schluß, daß 1983 der Mt. Erebus 1230 Tonnen Salzsäure und 480 Tonnen Fluorwasserstoff pro Tag in die Atmosphäre eingebracht hat. Es wird gefolgert: „Der Mt. Erebus muß als eine wichtige potentielle Quelle von Aerosolen erkannt werden, die für die im Schnee und Eis der Zentralantarktis gefundenen anorganischen Chlorverbindungen verantwortlich sein kann."

Der Faktoid-geschädigte Umweltschützer wird dennoch darauf bestehen, daß die FCKWs verboten werden, und zwar nun „gerade weil" Vulkane so viel Chlor ausstoßen und wir Menschen nicht durch zusätzliche Verunreinigungen eine mögliche Katastrophe herbeiführen dürfen. Was sollen wir darauf sagen? Vielleicht das, was der Atmosphärenforscher Hugh Ellsaesser kürzlich in einer Rede feststellte:

„Das Ozonloch... ist Ergebnis eines Prozesses, der nur in jenen Teilen der Atmosphäre ablaufen kann, die zwei bis drei Monate lang etwa -80° C kalt sein müssen, wobei sie wenigstens in der zweiten Hälfte dieses Zeitraums auch dem Sonnenlicht ausgesetzt sein müssen. Solche Temperaturen kommen nur in begrenzten Höhenschichten vor, etwa zwischen 12 und 20 km, innerhalb der polaren Wirbel... 1987 fiel die Ozonmenge in dieser kalten Schicht über der Antarktis praktisch auf null — auf weniger als fünf Prozent des normalen Wertes. In anderen Worten, das größtmögliche Ozonloch bestand bereits 1987."

Kurz: Das Ozonloch ist ein begrenzter Prozeß, der seine größtmögliche Ausdehnung und Intensität schon 1987 erreicht hat. Ellsaesser fügte hinzu: „Ich denke, es macht einige Schwierigkeiten, daß sich das Ozonloch zwischen 1979, wo es nicht festzustellen war, und 1987 zum größtmöglichen Maximum entwickelt hat. Ich glaube, keiner findet es sehr angenehm, daß der Prozeß auf kleine Änderungen der Chlormenge so sensibel reagiert."

Oder sollte man nicht doch endlich einmal überlegen, ob die Sache mit dem Ozonloch nicht ganz anders ist? Vielleicht ist alles so, wie es Dobson und viele seriöse Atmosphärenforscher schon immer sagten. Sollten wir als Menschen unseren eigenen Einfluß auf die Natur nicht etwas bescheidener einschätzen und sagen: Das Ozonloch ist ein Naturwunder!

Quellenhinweise:

Shigeru Chubachi: A Special Ozone Observation at Syowa Station, Antarktica from February 1982 to Januar 1983 [Eine spezielle Beobachtung des Ozons an der Syowa-Station vom Februar 1982 bis zum Februar 1983], Proceedings of the Quadrennial Ozone Symposium held in Halkididi, Griechenland, 3.-7. September 1984.

Igor J. Eberstein: Photodissociation of Cl_2O_2 In The Spring Antarctic Lower Stratosphere [Photozerfall von Chlorperoxid im Frühling in der unteren antarktischen Stratosphäre], *Geophysical Research Letters*, 17.Jg., Nr. 6, S. 721-724, Mai 1990.

Hugh W. Ellsaesser: Planet Earth: Are Scientists Untertakers or Caretakers [Sind Wissenschaftler Unternehmer oder Haushälter?], Hauptrede des National Council of State Garden Clubs meeting, Hot Springs, Arkansas, 7. Oktober 1990.

H. Kanzawa und S. Kawaguchi: Large Stratospheric Sudden Warming In Antarctic Late Winter and Shallow Ozone Hole In 1988 [Große plötzliche Erwärmung in der Antarktis im Spätwinter und schwaches Ozonloch 1988], *Geophysical Research Letters*, 17. Jg., Nr.1, S. 77-80, Januar 1990.

Hofmann, D. und J. Rosen: Antarctic Observations Of Stratospheric Aerosol And High Altitude Condensation Nuklei Following El Chichon Erruption [Antarktische Beobachtungen über die stratosphärischen Aerosole und und Kondensationskerne in großer Höhe nach dem Ausbruch des El Chichon], *Geophysical Research Letters* 12. Jg., Nr. 13-16, 1985.

W.G. Lawrence, K.C. Clemitshaw und V.A. Apkarian: On The Relevance Of OClO Photodissociation To The Destruction Of Stratospheric Ozone [Über die Bedeutung des Photozerfalls von OClO für die Zerstörung des Ozons in der Stratosphäre], *Journal of Geophysical Research*, 95. Jg., No. D11, S. 18 591-18 595, 20. Oktober 1990.

Kapitel VIII

Ökologismus: Das Ende der Wissenschaft

Nehmen wir einmal an, die größten Geister der Vergangenheit versammelten sich und blickten auf die Erde herab. Da sitzen zum Beispiel der ehrwürdige Plato, Nikolaus von Kues, Johannes Kepler, Gottfried Wilhelm Leibniz und Benjamin Franklin zusammen und blicken durch das Ozonloch auf die Erde herab[1]. Was sähen sie da? Natürlich nicht nur das Eis der Antarktis oder Pinguine. Nein, diese Geister blicken tiefer und dringen zum Wesentlichen vor. Nackt und erbärmlich stünde vor ihren Augen die heutige Wissenschaft in ihrem Zustand. „Welch ein Jammer!". Und nichts sehnte die Versammlung mehr herbei als den Monat November, in dem sich das Ozonloch jedes Jahr wieder schließt.

Warum sollten die genialen Denker der Vergangenheit den Zustand der heutigen Wissenschaft so beurteilen, wo wir doch tonnenweise Fachzeitschriften, Conference-Proceedings und Artikel hervorbringen? Die genialen Denker der Vergangenheit würden dennoch die Qualität unserer Wissenschaft geringschätzen und feststellen, daß der Ökologismus einen Wendepunkt markiert, an dem die Wissenschaft endgültig durch Sophisterei und Mystik zerstört wurde.

Wir modernen Erdenmenschen halten diese Behauptung wahrscheinlich für reichlich übertrieben. Aber so einfach beiseiteschieben sollten wir die Meinung der Versammlung hoch über dem Ozonloch nicht.

Um den Zustand der Wissenschaft zu beurteilen, muß zuerst ihre unglückliche Verknüpfung mit der Politik und den Medien untersucht werden. Dann werden wir feststellen, daß der Ökologismus zutiefst wissenschaftsfeindlich ist. Da er aber gleichzeitig einer wissenschaftlichen Rechtfertigung bedarf, geht er mit ihr eine eigenartige „Symbiose" ein, dabei pervertiert und zerstört er die Wissenschaft wie ein Schmarotzer. Im Verlauf dieses Prozesses ist bereits das Eindringen mystischer Konzepte in die wissenschaftliche Diskussion zu verzeichnen, was am Beispiel der sogenannten Gaia-Hypothese deutlich wird. Schließlich werden wir uns fragen müssen, welches Menschenbild der Wissenschaft zugrundeliegen muß, damit der wissenschaftlich-technische Fortschritt das Überleben der Menschheit garantieren kann. Wir werden sehen, daß die wissenschaftliche Erkennbarkeit des Universums nur möglich ist, wenn man den schöpferischen Menschen in den Mittelpunkt der Entwicklung des Universums stellt. Weil der Ökologismus genau das ablehnt, bereitet er den Boden für menschenfeindliche politische Praktiken.

Wenn man sich nochmals in Erinnerung ruft, was in den einleitenden Kapiteln über die Ozonthese und all die anderen apokalyptischen Prognosen vom „Untergang des Planeten Erde" berichtet wurde, dann erscheint Oswald Spenglers „Untergang des Abendlandes" als geradezu mickrig und phantasielos. Es erhebt sich die Frage: Wieso lassen sich die bekanntesten Wissenschaftler solche Übertreibungen zuschulden kommen? Wieso werden ihre Lügen und Übertreibungen von den Kollegen nicht konsequent aufgedeckt? Wissenschaft ist doch geprägt von der kompromißlosen Suche nach der Wahrheit. Müssen wir deshalb nicht annehmen, daß das höchste Ziel aller wirklichen Wissenschaftler die Wahrheit und nichts als die Wahrheit ist? Müssen wir das nicht allen Wissenschaftlern zugute halten? Leider nein.

Nehmen wir zum Beispiel Stephen Schneider. Er sagt: Wissenschaftler wie ich, „brauchen breite Unterstützung, um die Phantasie der Bevölkerung anzuregen und zu beeinflussen. Das bedeutet natürlich, daß man sehr viele Presseberichte bekommen muß. Wir müssen deshalb Szenarien entwickeln, die Angst machen, drastische Behauptungen aufstellen, vereinfachen und unsere eigenen

Zweifel möglichst nicht erwähnen... Jeder von uns muß entscheiden, was das rechte Maß ist zwischen erfolgreich sein und ehrlich sein."²

Im Klartext sagt Herr Schneider: Ich lüge, um erfolgreich zu sein.

Stephen Schneider stellt den Erfolg über die Wahrheit. Und er hat zweifelsohne Erfolg. Seine Position im *National Center for Atmospheric Research* in Colorado (USA) erlaubt es ihm, die wichtigsten Fachzeitschriften der Klimaforschung zu beeinflussen. Er ist einer der entschiedensten Vertreter der These von der Treibhauskatastrophe. Im Jahr 1980 trat er mit Berechnungen an die Öffentlichkeit, wonach der Treibhauseffekt zum Anstieg des Meeresspiegels um 5 Meter führen werde, und jagte der Bevölkerung Angst und Schrecken ein, indem er demonstrierte, daß dadurch im nächsten Jahrhundert ein Viertel Floridas vom Meer überschwemmt und somit von der Landkarte verschwinden würde. Inzwischen hat sich das Meer wieder beruhigt und bringt selbst in den drastischsten Treibhaus-Computermodellen nur noch eine Steigerung von wenigen Zentimetern zustande.

Schneider vertritt auch die These, daß das Ozonloch durch FCKWs verursacht ist, und war neben Carl Sagan einer der bekanntesten Vertreter der These des „nuklearen Winters", von dem er in *Scientific American* mittlerweile behauptet, daß es sich wahrscheinlich nur um einen „nuklearen Herbst" handeln wird. Stephen Schneider charakterisiert sich auch als Vertreter der mystischen Gaia-Hypothese von James E. Lovelock, für deren „wissenschaftliche" Anerkennung die von Schneider organisierte Konferenz der *American Geophysical Union* vom 7. bis 11. Mai 1988 in San Diego (USA) entscheidend war.³ Wenn der Versuch gelingt, diese Gaia-These als ernstzunehmende „wissenschaftliche" Hypothese in die Wissenschaft einzuführen, dann wird das der durch die Verquickung mit politischen Interessen bereits stark beschädigten Wissenschaft den Todesstoß versetzen.

Politisierte Wissenschaft

Was Stephen Schneider sagt, wird von fast allen wichtigen Vertretern der Treibhausthese in ähnlicher Weise behauptet. Meistens verquicken sie dabei ihre merkwürdige Vorstellung von der begrenzten Pflicht des Wissenschaftlers zur Wahrheit mit Behauptungen über die „politische Verantwortung des Wissenschaftlers". Ein typisches Beispiel hierfür ist auch Paul Crutzen, der sehr verantwortlich tat, als er vor einigen Jahren ein Phantom namens „nuklearer Winter" herbeizitierte und selbst den Papst mit diesem Gespenst konfrontierte.

Als das Phantom bald darauf im Lichte der Treibhausthese zum nuklearen Herbst zerschmolz, fand Crutzen, der übrigens ein ehemaliger Student des Präsidenten des IPCC (International Panel on Climate Change), Bert Bolin, ist, sofort hinreichenden Ersatz: die FCKW-These und natürlich den Treibhauseffekt. Er erklärt, daß „wir nicht alles über den Treibhauseffekt wissen, was man darüber wissen kann", um dann sofort nach Taten zu rufen. „Wenn wir jetzt nicht handeln, dann bleibt nur eine Hoffnung — die Hoffnung, daß wir Wissenschaftler den falschen Baum angebellt haben. Darüberhinaus, was ist falsch am Energiesparen?"[4]

Dieses Argument des „politisch engagierten Wissenschaftlers" ist eine klare Absage an die Wissenschaft als Grundlage praktischen Handelns der Menschen. In paradoxer Weise wird gerade aus der Unwissenheit und aus fehlenden wissenschaftlichen Beweisen politisches Handeln abgeleitet, weil es sonst „zu spät" sei oder man „ohnehin das richtige tue". Die Grundlage des Handelns ist dabei offensichtlich kein wissenschaftliches Urteil, sondern ein Vorurteil. Die verheerenden Folgen, die eine solche Vorgehensweise, die ihre Vorurteile selbst rechtfertigt, haben kann, können sich die meisten Menschen nicht vorstellen.

Würden Wissenschaftler dieses Argument auch nachvollzogen haben, wenn in den dreißiger Jahren ein arischer Rassenhygieniker ihnen erklärt hätte, der letzte wissenschaftliche Beweis dafür, daß die jüdische Rasse minderwertig sei, könne zwar noch nicht vorgelegt werden, aber man tue in der Zwischenzeit ohnehin das richtige, wenn man gegen die Juden vorgehe? Das Argument ist genau das gleiche, allein das Vorurteil ist ausgetauscht. Daß am Energiesparen nichts falsch sein kann, ist eben ein Vorurteil; und ein gefährliches obendrein. Daß dieses Vorurteil von vielen Menschen geteilt wird, erhöht seinen Wahrheitsgehalt um keinen Deut: Es ist und bleibt ein Vorurteil.

In der konkreten wirtschaftlichen Situation, in der sich die Welt heute befindet, werden die massiven „Energieeinsparungen", die „zur Lösung der Klimakatastrophe" auf internationalen Konferenzen diskutiert werden, Hunderten von Millionen Menschen jede Chance auf Entwicklung nehmen und für Millionen Menschen werden sie Unterernährung, Krankheit und Tod bedeuten. Ist da wirklich „nichts falsch" daran, Herr Crutzen? Oder werden Sie später sagen, von diesen Konsequenzen hätten Sie nichts gewußt?

In den Augen der großen Erfinder und Entdecker der Vergangenheit stoßen gerade die „Wissenschaftler", die sich selbst gern mit dem Attribut „verantwortlich" schmücken, der Wissenschaft den Dolch ins Herz. Oberflächlich denkende Menschen, denen die Vorurteile dieser „Wissenschaftler" durch die Massenmedien tagtäglich vorgebetet werden, halten diese Sichtweise vielleicht für übertrieben. Ganz zu unrecht! Die Existenz und der Fortschritt der Menschheit basieren allein auf der einzigartigen schöpferischen Fähigkeit des Menschen und darauf, wie effektiv adäquates Wissen sich durch den technologischen Fortschritt materialisieren läßt. Wer der Menschheit die schöpferische Wissenschaft nimmt, der tut in bezug auf die Überlebensfähigkeit des Menschen — im „allgemeinen Überlebenskampf der Arten", wie wir seit Darwin zu sagen gewohnt sind — genau das gleiche, als wenn er dem Löwen die Fangzähne nähme oder dem Reh den Instinkt, bei Gefahr zu fliehen. Wobei man weniger Sorge haben muß, daß den Löwen und Rehen dieses Schicksal drohen könnte, denn davor stehen heute die einflußreichen Tierschutzverbände. Aber wer schützt das scheue Wild Wissenschaft vor den „verantwortlichen" Wissenschaftlern?

Der lockere Umgang mit der Wahrheit in der Wissenschaft trifft außerdem auf den gefährlichen Verstärkungsmechanismus in der Politik, der die „drastischen Behauptungen" der Schneiders und die Aufforderung zu wissenschaftlich nicht ausreichend begründetem „Handeln" der Crutzens zur Legitimation dient. Deutlich wird das zum Beispiel am Bericht der Enquete-Kommission *Vorsorge zum Schutz der Erdatmosphäre* des Deutschen Bundestages. Er schließt sein Kapitel über die „bisherige politische und rechtliche Entwicklung" zum Schutz der Ozonschicht folgendermaßen:

„Fazit daraus: das Durchsetzungspotential für politische Maßnahmen zugunsten des Umweltschutzes ist um so stärker, je nachvollziehbarer das Bedrohungspotential und je dichter die wissenschaftlichen Erkenntnisse sind. Das heißt, insgesamt orientieren sich Umfang und Durchsetzungspotential politischer Aktivitäten an einer klaren und deutlichen wissenschaftlichen Aussage... Wissenschaftliche Aussagen dürfen nicht bestimmt werden von der Sorge, die Reputation in den jeweiligen Fachkreisen könne leiden durch zu weitgehende Prognosen, die in der Realität möglicherweise nicht ganz zutreffen."[5]

Mit anderen Worten: Wissenschaftler sollen keine Angst davor haben bei „Fehlern" ertappt zu werden, die Hauptsache ist, sie sind „erfolgreich" mit drastischen Aussagen, die im politischen Alltagsgeschäft gebraucht werden können. Hier rufen ideologisierte Politiker Wissenschaftler zur Unredlichkeit auf, damit sich ihr „Durchsetzungspotential" erhöht. Das tue ich doch gerne, antwortet Schneider.

Wissenschaftliches Angstpotential

In diesem Zitat der Enquete-Kommission zum Schutz der Atmosphäre ist eine zweite Lüge enthalten. Es wird nämlich so getan, als ergäben sich aus neuen wissenschaftlichen Erkenntnissen über die Atmosphäre Zwänge zu politischem Handeln. In Wirklichkeit ist es genau umgekehrt: Zuerst waren da politische Ziele der Malthusianer und Nullwachstümler, und erst dann wurde erkannt, daß die „Bedrohung der Menschheit" durch die „Zerstörung der Atmosphäre" ein geeignetes Vehikel zur „Durchsetzung" dieser Politik ist, wenn diese „Bedrohung" nur glaubhaft gemacht werden kann.

In der ersten Hälfte der siebziger Jahre argumentierten Malthusianer mit der Verknappung der Ressourcen. „Unser Planet wird geplündert" hieß es damals. Dann entdeckte man ein viel geeigneteres Mittel mit größerem Angstpotential, welches die globalen Gefahren und Auswirkungen der „Bevölkerungsexplosion" eindrucksvoller symbolisieren kann: Das Klima, dem alle Menschen gleichermaßen ausgeliefert sind. Und erst dann begann die „wissenschaftliche" Karriere der „Klimakatastrophe".

Entscheidenden Einfluß auf die Entwicklung dieser Argumentationskette war die Konferenz „Die Atmosphäre: In Gefahr und Gefahr bringend"[6], die vom 26. bis 29. Oktober 1975 vom *Forgarty International Center* und vom *National Institute of Environmental Health Science* abgehalten wurde. Anwesend auf dieser Konferenz waren die Spezialisten, die wir heute aus den Medien als die Fachleute der Klimakatastrophe kennen: Stephen Schneider, William Kellogg, George Woodwell, der Biologe James Lovelock und viele mehr.

Vor allem war dort aber auch die Anthropologin Margaret Mead. Mead war die Frau des Misanthropen Gregory Bateson, der im Rahmen des berüchtigten MK-Ultra-Projekts dafür sorgte, daß die „Blumenkinder" der Gegenkulturbewegung in den sechziger Jahren mit psychotropen Drogen versorgt wurden. Sie selbst sprach sich 1974 auf der UN-Bevölkerungskonferenz in Bukarest für kompromißlose „Bevölkerungskontrolle" aus.[7] Wie sehr die Konferenz „Die Atmosphäre: In Gefahr und Gefahr bringend" auf diesem radikalen malthusianischen Dogma aufbaute, belegt Meads Zusammenfassung der ersten Sitzung:

„Diese Sitzung wurde mit der Erkenntnis beendet, daß wir uns als Gattung auf Kosten anderer Gattungen zu erhalten suchen; und daß ein Konflikt zwischen der Erhaltung der Natur und der Ernährung einer rasch wachsenden Bevölkerung zu bestehen scheint. Ist nun unser wichtigstes Ziel wirklich, die Bevölkerung zu ernähren, oder erkennen wir, daß wir nicht damit fortfahren können, die Welt um jeden Preis zu ernähren? Wo ziehen wir die Grenze zwischen Naturbewahrung und Ernährung der Welt?"[8]

In ihrer Eröffnungsrede erklärte Margaret Mead ihre Vorstellung von Wissenschaft und wie sie das „Potential" zur „Durchsetzung" der Opfer bekommt, welche malthusianische Politik immer fordert: „Wir stehen vor einer Periode, in der die Gesellschaft Entscheidungen in globalem Rahmen treffen muß... Was wir von Wissenschaftlern brauchen, sind Abschätzungen, die mit genügend Konservativismus und Plausibilität vorgetragen werden,... die es uns erlauben, ein System künstlicher, aber wirkungsvoller Warnungen aufzubauen, Warnungen, die den Instinkten von vor einem Hurrikan fliehenden Tieren entsprechen..."

Hier liegt der Hase im Pfeffer. Der Mensch ist eben kein durch den Zivilisationsprozeß entartetes Tier, sondern das einzige Vernunftwesen des bekannten Universums: Gerade deshalb muß politisches Handeln auf wissenschaftlicher Wahrheit beruhen. Künstliche, durch übertreibende und lügende Wissenschaftler erzeugte „instinktähnliche Handlungen" sind nicht nur überflüssig, sondern auch gefährlich. Nachdem sie den Menschen zum — durch Vernunft entarteten — Tier erklärt hat, fährt Mead fort:

„Nur wenn wir klar machen können, wie die Menschen aller Nationen physikalisch voneinander abhängig sind, können wir die Maßnahmen einer Nation auf die Maßnahmen, die von anderen ergriffen werden, in einer Weise aufeinander beziehen, daß die notwendige Fähigkeit, Opfer zu bringen, zu denen sich der Mensch als Gruppe fähig erwiesen hat, stimuliert wird... Es ist deswegen wichtig, unsere Aufmerksamkeit auf die Betonung großer möglicher Gefahren für die Menschheit zu konzentrieren."[9].

Die Atmosphäre und das Klima sind nach Ansicht Margaret Meads für die Schaffung dieses globalen Zusammenhangs der „künstlichen Instinkte" besonders geeignet, weil jeder das Klima als global erkennt und sich davon abhängig fühlt.

Der entscheidende politische Vorschlag dieser Konferenz ist heute, fast 20 Jahre später, zum zentralen Punkt der internationalen Klimapolitik geworden. Margaret Mead forderte nämlich bereits auf dieser Konferenz, daß ein „Gesetz zum Schutz der Atmosphäre" erlassen werden müsse. Die internationale Verabschiedung dieses Gesetzes steht für 1992 auf der Tagesordnung. Es soll auf einer eigens dafür einberufenen UN-Konferenz „Öko 92" in Rio de Janeiro beschlossen werden. Die Enquete-Kommission des Deutschen Bundestages hat schon im Herbst 1990 in ihrem 3. Bericht einen Vorschlag für diese „Internationale Konvention zum Schutz der Atmosphäre" veröffentlicht[10]. In den Jahren 1975 bis 1992 wurde und wird auf einer Unzahl von wissenschaftlichen Fachkonferenzen zur Klimakatastrophe das „Durchsetzungspotential" für dieses Gesetz geschaffen.

Konsens oder Wahrheit

Die Wissenschaft hat sich über Jahrhunderte entwickelt, die am Anfang des Kapitels erwähnten großen Wissenschaftler und viele weitere Forscher haben nicht nur viele individuelle Entdeckungen und Erfindungen gemacht, sondern ihren Beitrag zur Weiterentwicklung der wissenschaftlichen Methode der Wahrheitsfindung geleistet. Ist es vor diesem Hintergrund nicht etwas übertrieben, wenn man anläßlich der im Rahmen der Klimadebatte zutage tretenden Probleme von einer Gefahr für „die Wissenschaft" spricht? Vielleicht handelt es sich nur um das Treiben einiger Scharlatane, die man schnell wieder vergessen kann. Was kümmert es den starken Baum der Wissenschaft, wenn sich ein Schwein daran reibt!

Leider ist die Sache nicht so einfach. Denn erstens ist die Wissenschaftsfeindlichkeit der Klima-Apostel nur ein Symptom einer viel allgemeineren Entwicklung. Diese Entwicklung hat bereits das „Immunsystem" der Wissenschaft angegriffen. Und zweitens ist diese Entwicklung Bestandteil eines seit über hundert Jahren andauernden Angriffs auf die Wissenschaft, der heute im Namen des Ökologismus geführt wird und sich gegen das „anthropozentrische" Weltbild richtet, auf dem wahre Wissenschaft einzig und allein aufbauen kann. Die Bedeutung dieses zweiten Punktes wird nach einer genaueren Betrachtung der Gaia-Hypothese deutlich werden. Zuerst muß jedoch noch ein Blick auf das angeschlagene „Immunsystem" der reinen Wissenschaft geworfen werden.

In der Klimadebatte wird nämlich nicht nur behauptet, man müsse ohne ausreichende wissenschaftliche Basis handeln, und könne das, weil man „ohnehin" das richtige tue. In der Praxis wird die Methode der wissenschaftlichen Wahrheitsfindung selbst negiert und durch ein an die Zeiten der Scholastik erinnerndes System der Orientierung an Autoritäten ersetzt. Das zeigt sich besonders deutlich daran, daß in keinem anderen Gebiet der Wissenschaft bisher der „Konsens der führenden Spezialisten" so zum Maß aller Dinge erhoben wurde wie in der Klimadebatte.

In der Politik mag der „Konsens" verschiedener Meinungen unumgänglich und bisweilen sogar hilfreich sein. In der Wissenschaft bedeutet Konsens nichts und Wahrheit alles. Der Fortschritt in der Wissenschaft beruht gerade darauf, daß die *richtige* Hypothese eines einzelnen obsiegt, auch wenn er sich mit seiner Meinung völlig außerhalb des Konsenses der Mehrheit der Wissenschaftler bewegt. Gerade bei den wichtigsten und grundlegendsten Erkenntnissen besteht zwangsläufig ein Dissens zur überwältigenden Mehrheit der Forscher. Wirkliche wissenschaftliche Erkenntnisse lagen immer weit ab vom „Konsens".

Wenn wir in der Wissenschaft nach „Konsens" strebten, dann würde heute noch die Sonne um die flache Erde kreisen. Ein Professor, der als ehemaliger Heisenberg-Schüler die Entwicklung der wissenschaftlichen Praxis seit mehr als einem halben Jahrhundert miterlebte, schrieb kürzlich die bitteren Worte: „Da sich bei der großen Zahl von Physikern in aller Welt internationale Schulen bilden, die in hochspezialisierten Fachtagungen ihre Interpretationen physikalischer Zusammenhänge aufeinander abstimmen und an dieser Abrede aus guten Gründen festhalten, haben es neuartige Deutungen von in Denkschemen bereits eingeordneten Phänomenen sehr schwer, sich gegen tief eingewurzelte Schulmeinungen zu behaupten oder gar durchzusetzen. Sie werden meist mit höflichem Stillschweigen übergangen und dann vergessen. Das ist die moderne Form des Scheiterhaufen-Schicksals eines Giordano Bruno. Es ist natürlich viel humaner als die grausame Prophetenverbrennung des Mittelalters. Aber wirksam ist es auch."[11]

Konsens der Fachautoritäten anstelle des kompromißlosen Ringens um die wissenschaftliche Wahrheit, das ist eine Tendenz, die in allen Bereichen der Wissenschaft zu beobachten ist und die durch das Referentensystem der wissenschaftlichen Fachorgane seit Jahren ungemein verstärkt wird. Das Neue bei der Klimadebatte ist, daß der Konsens völlig zur Maxime erhoben wird. Mittlerweile lehnen Fachzeitschriften wissenschaftliche Beiträge in der Klimaforschung sogar deswegen ab, weil sie „zu kontrovers" sind. Sie könnten wohl den Konsens stören. Pech für die Wissenschaft und schlecht für uns alle, wenn der Inhalt dieser abgelehnten Arbeiten nicht nur „kontrovers", sondern auch wahr ist!

Zu einer Überbewertung des Konsenses unter Wissenschaftlern führt auch, daß für die Forschung immer mehr Mittel bewilligt und gerechtfertigt werden müssen. In der Praxis läuft das heute zunehmend darauf hinaus, daß Wissenschaftler mit spektakulären Ergebnissen aufwarten müssen. „Das Streben der meisten Wissenschaftler gilt nicht mehr der Wahrheit und neuem Wissen, sondern Regierungsverträgen für Forschungsmittel", bemerkt ein amerikanischer Klimatologe[12]. Am nächsten an den Fördermitteln sitzt natürlich derjenige, der das Thema erforscht, das nicht in die Medien gebracht werden muß, weil es ohnehin Dauerthema der Medien ist: Umweltschutz. Hinter vorgehaltener Hand räumen Wissenschaftler ein, daß man heute, wenn man gute Forschung machen will, unbedingt irgendeinen „umweltrelevanten" Aspekt der Arbeiten finden und in den Vordergrund stellen müsse, nur so könne man überhaupt auf einen grünen Zweig zu kommen.

Selbst wenn ernsthafte Wissenschaftler sich dieser Praxis bewußt sind und versuchen, sich innerlich davon zu distanzieren, werden sie mit der Zeit, ohne daß sie es merken, auf den Umweltkonsens getrimmt. Die renommierte *Sunday Times* nannte diese Tatsache jüngst deutlich beim Namen, als sie feststellte: „Es existiert eine Interessenkoalition zwischen Wissenschaftlern, die Fördermittel brauchen, und den Medien, die eine gute Story wollen. In der allgemeinen Vorstellung strebt die Wissenschaft selbstlos nach Wahrheit. Die Wirklichkeit ist anders. Wissenschaftler unterscheiden sich nicht von anderen Berufsgruppen. Um ihrer Arbeit nachgehen zu können, brauchen sie Geld. Wenn man auf dem Gebiet der Klimatologie arbeitet, ist es eine gute Möglichkeit, Aufmerksamkeit und Geld zu bekommen, wenn man den Weltuntergang vorhersagt... Natürlich waren es nicht nur die Wissenschaftler und die Medien, die die Treibhaustheorie gefördert haben: Die Politiker brauchten nicht lange, um die Vorteile zu erkennen. Was könnte weniger kontrovers sein als Regierungsmaßnahmen zur Rettung von Mutter Erde?"[13].

Doch diese öffentlichen Äußerungen lassen nur erahnen, wie erbarmungslos die wissenschaftliche Inquisition der Treibhauslobby in der Klimatologie zuschlägt. Forscher, die es wagen, Arbeiten zu veröffentlichen, die dem „Konsens" widersprechen oder die grundlegenden Behauptungen der Klimakatastrophe in Frage stellen, haben danach Schwierigkeiten, Forschungsmittel zu erhalten. Beweisen läßt sich das natürlich nicht, und deshalb spricht man auch nicht öffentlich darüber. In Forscherkreisen glaubt man fest an diesen völlig unbeweisbaren

Zusammenhang zwischen Konsensfähigkeit und Mittelvergabe. Dieser Glaube reicht aus. Mittlerweile hat sich der „Konsens" sogar schon etabliert, so daß die hohen Priester der Treibhausthese Personen, die es wagen, zu vehement ihre wissenschaftlichen Gegenargumente vorzubringen, einfach für verrückt erklären und drohen, man müsse sie ins Irrenhaus stecken. → Mittelalter!

Jenseits von Ursache und Beweis

Wer sich der Illusion hingibt, in dieser eigenartigen Symbiose von Wissenschaft, Medien und Politik habe die Wissenschaft eine Überlebenschance, der verschließt die Augen vor dem Trend zur Irrationalität, der unsere gesamte Kultur zunehmend zersetzt. Dieser Trend ist nicht zu bestreiten, er ist leicht zu beweisen, indem man zum Beispiel nur die erschienenen Büchertitel mit denen von vor fünf oder zehn Jahren vergleicht. Da wimmelt es nur so an okkulten, mystischen, transzendenten und astrologischen Titeln. Die Realitätsflucht, die Suche und Lösung von Scheinproblemen in einer „unüberschaubar" gewordenen Welt, kurz, die Irrationalität der ökologistischen Bewegung vergiftet immer weitere Bereiche von Politik und Kultur. Die politische Sphäre ist bereits „umgekippt", insbesondere bei Umweltschutzfragen sind rationale Argumente „out".

Mittlerweile stehen sogar diejenigen, denen wirklicher Umweltschutz am Herzen liegt, kopfschüttelnd vor dem Dilemma zunehmender Irrationalität der modernen Umweltpolitik[14]. Dort hat man das Kausalitätsprinzip völlig über Bord geworfen. Da die ökologische Hysteriemaschine immer aus minimalen Ursachen „katastrophale Wirkungen" hervorbringt, ist alles möglich und nichts erlaubt. Ein einziges Molekül eines krebserregenden Stoffes oder ein Elementarquant ionisierender Strahlung kann ja einen „irreparablen" Schaden hervorrufen, den es unter allen Umständen zu verhindern gilt. Deswegen werden für immer mehr Stoffe immer niedrigere Grenzwerte erlassen. Das Ergebnis sind Überreaktionen, die unter dem

Strich weniger Umweltschutz bedeuten und ein höheres Risiko für die Gesundheit.

Gerade weil sich der Ökologismus wissenschaftlich legitimieren muß, stürzt er sich auf die Wissenschaft und versucht sie zum Opfer dieser Irrationalität zu machen. Natürlich kann man gestandene Wissenschaftler nicht plötzlich zu irrationalen Mystikern machen. Deshalb kommt die Irrationalität der Ökologisten zumeist in rationaler Verkleidung daher. Sie verbirgt sich hinter formallogischen Paradoxen und Fragen, welche geeignet sind, die sokratische Methode der Hypothesenbildung aus dem Zentrum der Wissenschaft zu vertreiben und nur als eine Methode unter vielen hinzustellen. Die Wirkung dieser Paradoxe ist wie die von Computerviren. „Epistemologie-Viren" befallen das Hirn durch formallogische Paradoxe und „interessante" Scheinprobleme.

Während in der Politik durch die Forderung nach dem „Nullrisiko" die Kausalität praktisch abgeschafft wird, weil eine beliebig kleine Ursache zu katastrophalen Wirkungen führen kann, wird in der Wissenschaft das Kausalitätsprinzip durch falschverstandene „Nichtlinearität" relativiert. Mesarovic hat diese verballhornte Form der „Nichtlinearität" sogleich zum „neuen Paradigma" des *Club von Rom* erkoren[15].

Dabei wird besonders betont, daß nichtlineare Prozesse prinzipiell nicht vorhersagbar seien, da eine minimale Veränderung in den Startbedingungen schon nach kurzer Zeit zu völlig unterschiedlichen Zuständen des Systems führen könne. So ist diese Nichtlinearität zum Beispiel daran schuld, daß Computermodelle für das globale Wetter durch eine winzig kleine Störung, etwa den Flügelschlag eines Schmetterlings, global zu völlig anderen Vorhersagen für das Wetter kommt. Das Wetter, so wird schnell behauptet, ist deshalb prinzipiell nicht vorhersagbar[16].

Mit einem mächtigen Gedankensprung wird die falschverstandene Nichtlinearität sodann in philosophische Höhen hinaufkatapultiert und die Kausalität ganz allgemein in Frage gestellt. Sollten wirklich einige nichtlineare Gleichungen im Bunde mit Computern das von den Philosophen der griechischen Antike als grundlegend erkannte Prinzip abschaffen, wonach die Natur keine Sprünge macht? So einfach ist das! Und auch die Schmetterlinge mit ihren wettergefährlichen Flügeln behandeln die Luft respektvoller als Mesarovic die Grundlagen der Metaphysik.

Der gefährlichste Angriff auf die Wissenschaft besteht jedoch darin, daß der blanke Mystizismus, wie er zum Beispiel in der „Gaia-Hypothese" hervortritt, zur „wissenschaftlichen Hypothese" erhoben und als „wissenschaftliche" Leistung behandelt wird. Jetzt wurden sogar dem angeblichen Erfinder der Gaia-Hypothese, James E. Lovelock, in der renommierten Wissenschaftszeitung *Nature* ganze drei Seiten Raum gegeben, damit er den Werdegang seiner „wissenschaftlichen Entdeckung" im einzelnen darlegen kann[17].

Die Gaia-Hypothese behauptet, die belebte Natur und ihre physikalische Umgebung seien so eng miteinander vernetzt, daß man sie als einen einzigen Organismus auffassen könne. Die Erdatmosphäre ist nach Lovelocks Ansicht „nicht nur ein biologisches Produkt, sondern wahrscheinlich ein biologisches Konstrukt: nicht lebendig, aber wie das Fell der Katze, das Federkleid des Vogels oder das Papier des Wespennestes eine Erweiterung eines lebenden Systems, dazu bestimmt, eine gewählte Umgebung zu erhalten."[18]

Dem Einwand, die Biosphäre sei nur ein winziger Teil der Erde und es bestehe gar keine Notwendigkeit, die Mutter Erde aus mystischen Zeiten wiederzubeleben, schleudert Lovelock eine tiefgreifende Neudefinition des Begriffs „Leben" entgegen. Er weist darauf hin, daß man doch sicher einen Baum als „lebendig" bezeichne, obwohl das Holz im Inneren abgestorben und nur die äußerste Schicht unter der Rinde biologisch lebendig sei. Warum dann nicht auch von der Erde sagen, sie sei lebendig? Warum nicht! Wenn uns James Lovelock nachweist, wie die dünne Biosphäre das „Holz" des Erdkerns geschaffen hat, kann man sich seiner Sprechweise vielleicht anschließen.

Lovelock gibt sich übrigens wenig Mühe, den mystischen Charakter seine Gaia-Hypothese zu verstecken, wenn er sagt: „Das Konzept der Mutter Erde, oder, wie die Griechen vor langer Zeit sagten, Gaia, war für lange Zeiten in der Geschichte die Grundlage für einen Glauben, der immer noch mit den großen Religionen koexistiert. Als Ergebnis sich anhäufender Hinweise über die natürliche Umwelt und des Wachstums der ökologischen Wissenschaft gibt es seit kurzem Spekulationen darüber, daß die Biosphäre mehr sein könnte als nur die Gesamtheit aller lebenden Dinge innerhalb ihrer natürlichen Heimat auf dem Land, im Meer oder in der Luft... Doch dieses Vermuten, so stark es auch sein mag, beweist noch nicht, daß Mutter Erde lebt. Wie ein religiöser Glaube ist es nicht beweisbar... Die Gaia-Hypothese... ist eine Alternative zu der pessimistischen Anschauung, die die Natur als primitive Kraft betrachtet, welche untertan gemacht und erobert werden muß".[19]

Deutlicher kann man den religiösen Charakter der Gaia-These nicht ausdrücken. Sie wendet sich vehement gegen die Aussage „Macht euch die Erde untertan", mit der die Bibel das Verhältnis des schöpferischen Menschen gegenüber dem Universum beschreibt.

Die angeblich wissenschaftliche Gaia-Hypothese Lovelocks läßt sich als „Hypothese" weder beweisen noch widerlegen, weil es in Wirklichkeit gar keine Hypothese ist. Der Geologe James W. Kirchner führt ebenfalls in *Nature* ein Beispiel dafür an, wie „flexibel" Lovelock mit seiner Gaia-Hypothese in der Lage ist, völlig widersprüchliche Daten zu integrieren: „Lovelock schlug zum Beispiel 1987 vor, daß Algen als globaler Thermostat wirken, indem sie Dimethylsulfid (DMS) erzeugen, was als Kondensationskern zur Wolkenbildung anregt und so die Erde abzukühlen versucht, wenn sie warm ist. Unglücklicherweise wurden ein Jahr später Daten aus Eiskernbohrungen veröffentlicht, die das genaue Gegenteil nahelegten. Das DMS-Niveau ist anscheinend während Eiszeiten am höchsten; wenn also die Algen überhaupt einen Einfluß haben, dann wirken sie so, daß sie die Erde noch kälter machen, wenn sie kalt ist. Unerschrocken verkehrte Lovelock seine Theorie sofort ins Gegenteil. Er behauptet jetzt, daß Gaia in Wirklichkeit eine Präferenz für den tiefen Frost der Eiszeit hat, und daß die Zwischeneiszeiten nur ‚einen Fieberzustand des Planeten' darstellen."[20]

Wie Kirchner auch feststellt, können wissenschaftliche Meßdaten der Gaia-These nichts anhaben, gerade weil sie nicht wissenschaftlich falsifizierbar ist. Dennoch wird die Gaia-Hypothese von Wissenschaftlern enthusiastisch begrüßt, wohlwollend akzeptiert oder zumindest als „wichtige heuristische Anregung" gelten gelassen.

Gaia-Mystik: Der Tod der Wissenschaft

Die Gaia-These ist reine Mystik, sie ist eine neue Religion! In *Nature* versucht sich Lovelock von der New-Age-Mystik zu distanzieren, indem er es als einen Zufall darstellt, daß seine Theorie den Namen „Gaia" trägt. Sein Nachbar, der Novellist William Golding,[21] habe gemeint, „nur Gaia sei ein angemessener Name für eine so mächtige Wesenheit"[22].

Wenn man dieses Zitat genau liest, welches ja wiedergibt, wie Goldings auf Lovelocks Darstellung der Gaia-Hypothese reagierte, dann muß man sehr bezweifeln, daß es sich bei dem damaligen Gespräch um die Darstellung einer wissenschaftlichen These handelte. Und in der Tat tritt uns Gaia meistens nicht in der „verwissenschaftlichten" Form entgegen, die Lovelock uns vorführt. Betrachten wir deshalb einmal Gaia „pur".

Ein Beispiel liefern folgende Ausschnitte aus einem Interview, das Angela Pearman für die von der amerikanischen Fernsehgesellschaft *ABC* ausgestrahlte Sendung *Compass* mit der Modedesignerin Jenny Kee und dem Mitglied des Parlamentes von New South Wales (Australien), Richard Jones, am 4. Juni 1989 führte.

Pearman: Sagen Sie mir, wie Sie beide den Planeten sehen.
Jones: Als lebendes Wesen. Ich sehe den Planeten als Lebewesen, mit allen Vernetzungen des Lebens und spiritueller Kraft, die alles durchdringt.

Pearman: Und woher kommt diese Spiritualität? Kommt sie ursprünglich von einem christlichen Hintergrund?
Kee: Sie kommt von innen. Sie kommt von keinem Hintergrund, sie kommt von innen. Sie haben es auch in sich!
Pearman: Bitte, versuchen Sie mir zu erklären, was Gaia ist, denn Sie haben in der Vergangenheit schon oft davon gesprochen. Was ist es?
Jones: Betrachten Sie einen Bienenstock, zum Beispiel in einem Baum. Das ist so etwas wie ein Repräsentant von Gaia, er ist eine Mini-Gaia. Das ganze Ding ist insgesamt eine lebendige Einheit. Bienen sind einzelne Wesen, einzelne intelligente Wesen und dennoch können sie nicht ohne andere Bienen überleben, das ganze ist also der Bienenstock. Es ist genau wie mit der Erde in gewissem Sinne, alles steht miteinander in Verbindung, wie wir mit jedem anderen menschlichen Wesen vernetzt sind, und auch mit jedem Tier, mit jedem Baum und jeder Pflanze. Wenn wir einen Baum zerstören, zerstören wir uns selbst, weil dieses geistige Spinnennetz des Lebens alles vollständig miteinander vernetzt.
Pearman: Also Gaia ist eine Form der Spiritualität...?
Kee: Gaia ist Träumen. Gaia ist, was die Eingeborenen Träumen nennen. Und die Eingeborenen sagen, daß es ein Gesetz gibt, und zwar nur ein einziges Gesetz, und das ist das Gesetz der Gaia, das Gesetz der Vernetzung.
Pearman: Hat Gaia moralische Verhaltensmaßregeln, hat sie Strukturen, die ein formales System ergeben?
Jones: Ich glaube, alle Religion entspringen aus der Spiritualität von Gaia. Was mich betrifft, sind Hinduismus, Buddhismus, das Christentum, alle diese Religionen für sich gültig. Keine ist wahrer als die andere, meiner Meinung nach ist nicht eine Religion richtig und die andere falsch, weil sie alle aus derselben Quelle entspringen.
Kee: Aber letztendlich ist es das gleiche Wesen, das sie treibt, das ist das Träumen, das ist das Gesetz.
Pearman: Das klingt ein bißchen wie ein Einkaufskorb voll Religionen. Es ist fast, als gingen sie mit dem Einkaufswagen durch einen Religions-Supermarkt.
Kee: Nein, nein, nein! Nein, alle Religionen sind im Wesen

gleich, nur jeder hat sie auf verschiedene Weise. Es gibt große Menschen, mit braunen Haaren, es gibt Chinesen, wir sind alle unterschiedlich, wir drücken das gleiche alle auf verschiedene Weisen aus.
Pearman: Predigen Sie Gaia, so wie das Christentum gepredigt wird?
Jones: Gaia ist zufällig ein passendes Wort...
Kee: Gaia ist, Gaia ist! Ich meine, die Erde ist. Wir sind. Man muß es nicht predigen, man fühlt es.
Pearman: Also gut, dann ist Gaia also Natur?
Kee: Ja, Gaia ist Natur, in all ihren Formen.
Jones: Gaia ist Natur, ist Gott; Gott ist Natur, ist Gaia.
Kee: Und wir sind! Wir sind! Und wir sind alle vernetzt.
Pearman: Gut, und um zu überleben, um unseren Planeten zu erhalten, müssen da die anderen Religionen die ihnen zugrundeliegenden Prinzipien neu überdenken?
Kee: Absolut, ja. Gott ist nicht in der Kirche. Gott befindet sich im Menschen und in jedem Baum und in jedem Grashalm, sagt Häuptling Seattle. Ja, die Religionen müssen zurückschauen. Sie müssen sehr weit zurückschauen, mehr als 5000 Jahre.
Pearman: Wie ernst, meinen Sie, werden Sie genommen, wenn sie all diese kleinen und großen Fragen aufgreifen?
Jones: Ich glaube, eine Ameise ist genauso ein Teil von Gott wie ein Eisbär oder ein Koalabär oder du und ich oder ein Priester. Ich glaube sie sind spirituell alle gleich. Wenn ich eine Ameise davor rette zu ertrinken, dann ist das genauso, als wenn ich sonst etwas vorm Ertrinken gerettet hätte. Und ich glaube, wir können ernst genommen werden. Wenn die Leute die Verbindung bekommen, wenn sie schließlich vernetzt werden, dann sind wir alle vernetzt[23].

„Dieses infantile Gebrabbel hat doch nichts mit Wissenschaft zu tun!" Wirklich nicht?

Die Gaia-Hypothese, mit der sich seit der von Stephen Schneider organisierten Konferenz der *Amerikanischen Geographischen Vereinigung* (AGU) und dem erwähnten Artikel in *Nature* eine rasch wachsende Zahl von Forschern „streng wissenschaftlich" beschäftigt, ist in Wirklichkeit ein Kult. Ein Kult, der sich gegen die humanistische Tradition der jüdisch-christlichen Kultur und die daraus entsprungene wissenschaftliche Methode zur Erkenntnis des Universums richtet. Es wäre seltsam, wenn nicht zumindest die „wissenschaftlichen" Hauptakteure dieses Gaia-Kults sich dessen nicht bewußt wären.

Dieser kultische Aspekt wird offensichtlich, wenn „der Wissenschaftler" Lovelock seine These in der Zeitschrift *Orion Nature Quarterly* beschreibt. Er erklärt dort, daß „etwas" den Sauerstoffgehalt der Erdatmosphäre regulieren muß, um dann genauer darauf einzugehen, was dieses „etwas" ist. „Gaia ist in jeder Hinsicht unsterblich. Sie lebt seit dreieinhalbtausendmillionen Jahren, das ist länger als viele Sterne gelebt haben, und es sieht ganz danach aus, daß sie für einen weiteren stellaren Zeitraum leben wird. Sie ist die Quelle ewigen Lebens. Sie ist sicherlich eine Jungfrau; wenn man unsterblich ist, braucht man sich nämlich nicht zu reproduzieren. Sie ist gewiß auch die Mutter von uns allen und in gewissem Sinne auch von Jesus."[24]

Als strafende Gottheit tritt uns Gaia in Lovelocks Buch „Die Zeitalter der Gaia" entgegen. „Gaia... ist ernst und streng, sie erhält die Welt immer warm und angenehm für diejenigen, die ihre Regeln beachten, aber sie vernichtet diejenigen gnadenlos, die sich an ihr vergehen... Gaia ist nicht absichtlich antihuman, aber wenn wir damit fortfahren, die globale Umwelt gegen ihre Vorliebe zu verändern, dann ermutigen wir unsere Ablösung durch andere, ökologisch passendere Spezies."[25]

Lovelocks Vorstellung von Gaia ist also völlig identisch mit dem extremen Biologismus, der in folgendem Zitat zum Ausdruck kommt: „Dieser Planet zog schon Jahrmillionen durch den Äther ohne Menschen, und er kann einst wieder so dahinziehen, wenn die Menschen vergessen, daß sie ihr höheres Dasein nicht den Ideen einiger verrückter Ideologen, sondern der Erkenntnis und rücksichtslosen Anwendung eherner Naturgesetze verdanken."[26] Auf diese Weise begründete Adolf Hitler in *Mein Kampf* die Naturnotwendigkeit seiner Rassenpolitik.

Gaia hat nicht nur ihre Wissenschaftler, die „hohen Priester" der Klimakatastrophen, sondern auch richtige Priester. Der „Priester der Gaia", der schon vor Lovelook die Gaia-Hypothese vertrat, ist der unter den Spiritualisten der New-Age-Bewegung geschätzte Otter G'Zell, dessen Frau Morning Glory sich als *Priestess of the Godess in Her Aspect of Potnia Theron, Our Lady of the Beasts* bezeichnet. Das *Gnosis Magazine* erklärt, wie die Dogmen der 1962 von Otter G'Zell gegründeten *Church of All Worlds* und Lovelocks wissenschaftliche „Gaia-Hypothese" zusammenhängen: „Die *Church of All Worlds* blickte in die Zukunft anstatt in die Vergangenheit und erhielt ihre Inspiration von Science-fiction. Anfang der siebziger Jahre begann sie eine Orientierung an der Göttin anzunehmen, die auf der Gaia-Hypothese aufbaut, die (einer ihrer Gründer) Tim Zell erläuterte, Jahre bevor ihre populäre Darstellung durch Lovelock erfolgte."[27]

Diese Darstellung, wonach erst der Gaia-Kult existierte, und erst danach die „wissenschaftliche" Gaia-Hypothese entstand, ist glaubwürdig.

In einem von Otter G'Zell und Morning Glory gemeinsam verfaßten Artikel mit dem Titel „Wer ist die Göttin der Erde?" schreiben sie: „Der neuheidnischen Bewegung, und insbesondere der feministischen Hexenkunst, tritt seit neuestem eine zunehmende Zahl von Mitgliedern der spiritualistischen Frauenbewegung bei. Das sind die Kräfte, die den Kern einer Bewegung bilden, welche der Göttin ihren rechtmäßigen Platz wiedergibt; eine Bewegung, die ihre Wurzeln in den kombinierten Studien des Feminismus und der Ökologie hat, sowie in den legischen spirituellen Ableitungen dieser Studien. Wenn Hexen die Priesterinnen des Feminismus sein können, dann sind Neuheiden die Kaplane der Ökologiebewegung... Das neue Heidentum steht im Mittelpunkt vieler naturorientierter Gruppen wie etwa die Feraferia, Church of All Worlds, Madrakara, Bear Tribe, Venusian Church, Pagan Way, Church of the Eternal Source, Reformierte Druiden und der Heilige Orden der Mutter Erde. Das größte Kontingent der modernen Anbeter der Göttin befindet sich jedoch unter den Hexen oder Wicca. Wicca ist eine vorchristliche europäische magische Tradition... Heute erlebt die Hexenkunst ein machtvolles Comeback auf den Schwingen der wiedererstandenen Göttin."[28].

Und „wiedererstanden" ist die Göttin, so will uns Lovelock einreden, durch die neuen Erkenntnisse der „ökologischen Wissenschaft".

Wer immer noch glauben will, es handele sich hier um ein paar verrückte Spinner, die man nicht ernstnehmen müsse, der sollte sich fragen, warum der mächtige Multi *IBM* durch Spenden ein Projekt fördert, das das „Lied der Gaia" bei Schulkindern aus fünf Kontinenten in „Theorie und Praxis von Gaia" einführt. Das „Lied der Gaia" ist ein Hymnus und ein „Festival", welches das *Commonwealth Institute of London* alljährlich zur Weihnachtszeit für Kinder aus 49 Ländern des Commonwealth veranstaltet. Anstelle von Christi Geburt feiert das Lied Gaia, die Göttin „Mutter Erde":

Gaia gibt Geburt und gibt, daß alles werde,
Ist die Luft, das Meer, ist unsre Mutter Erde,
Ist das Tier an Land, ist Vogel und auch Fisch,
Ist das Gras das wächst und ist auch du und ich.[29]

Durch den dünnen Schleier der Wissenschaftlichkeit, mit dem James E. Lovelock und Lynn Margulis diesen Kult verhüllen, wird seine Ausbreitung besonders gefördert. Auch wenn sie sich öffentlich von den gröbsten Auswüchsen des Gaia-Kults distanzieren, um in *Nature* als ernsthafte Wissenschaftler auftreten zu können, ist ihre Argumentation nur als kultisches Dogma und nicht als wissenschaftliche Hypothese zu verstehen. „Zumindest kann es sich ja herausstellen, daß Gaia die erste Religion ist, welche eine wissenschaftlich beweisbare Theorie enthält", sagt Lovelock konsequent, und Margulis fügt hinzu: „Gaia ist weniger schädlich als die normalen Religionen. Sie kann sehr umweltbewußt sein. Wenigstens ist sie nicht anthropozentrisch."[30]

Wenigstens nicht anthropozentrisch! So ist auch die

Rolle, die Lovelock dem Menschen in seiner Gaia-Welt zugesteht: „Die Gaia-Hypothese... richtet ihr besonderes Augenmerk auf das, was die meisten Menschen als den niedrigsten Teil des Lebens betrachten, die Mikroorganismen. Die menschliche Gattung ist offensichtlich ein Schlüsselereignis in der Entwicklung von Gaia, aber wir sind so spät in ihrem Leben erschienen, daß es kaum angemessen erscheint, unsere Untersuchung damit zu beginnen, unsere eigene Beziehung zu ihr zu diskutieren."[31]

Und völlig selbstverständlich beendet Lovelock dann auch sein Kapitel „Gaia und Mensch: Das Problem der Umweltverschmutzung" mit den Worten: „Es gibt nur eine Umweltverschmutzung... Menschen"![32]

Anmerkungen:

(1) Falls man durch das Ozonloch bis in die Hölle blicken kann, sehen diese großen Wissenschaftler einige ihrer noch heute geschätzten „Kollegen", worunter sich gewiß Aristoteles, Descartes, Newton und Maxwell befinden.

(2) *Discover Magazine*, Oktober 1989.

(3) James E. Lovelock, *Nature*, 8.3.1990, und die Beschreibung der Konferenz in Schneiders Buch „Global Warming".

(4) *Change*, Nr. 5, Juni 1990.

(5) Bundestagsdrucksache, 5/88, Seite 276f.

(6) *The Atmosphere: Endangered and Endangering*.

(7) Magaret Mead war eine britische Anthropologin. Sie war eine der „Supervisors" des Projektes „Changing Images of Man" (veröffentlicht im Mai 1974), mit dem die Bewegung des „Wassermann-Zeitalters" begründet wurde.

(8) DHEW Publication No. (NIH) 77-1065. Washington D.C.: U.S. Government Printing Office.

(9) DHEW Publication No. (NIH) 77-1065. Washington D.C.: U.S. Government Printing Office.

(10) Die Kommissionmitglieder Peter Hennicke und Michael Müller berichten das in WSI-Mitteilungen, Nr.7, 1990, Seite 418.

(11) Erich R. Bagge: Wie die Physiker fast ein halbes Jahrhundert lang durch ein falsch angelegtes Experiment irregeführt wurden, *Fusion*. Jahrgang 6 (1985), Nr.4, Seite 16.

(12) Hugh W. Ellsaesser: The Rise of Enviromentalism and the Downfall of Science, *World and I Magazine*.

(13) „Conspiracy in the air?", *The Sunday Times*, 12.8.1990.

(14) Siehe zum Beispiel die Rede von Prof. Dr. med. Henschler anläßlich der Verleihung des Rheinland-Preises für Umweltschutz 1988

mit dem Titel „Das Prinzip der Verhältnismäßigkeit im Umweltschutz" oder „The Perils of Prudence, How Conservative Risk Assessments Distort Regulation" von Albert L. Nicols und Richard J. Zenckhauser, *Regulation*, Nov/Dec 1986, Seite 13-23.

(15) Konferenz *Geist und Natur*, Hannover.

(16) Die Behauptung, die Welt sei so eingerichtet, daß im Prinzip beliebig kleine Ursachen beliebig große Wirkungen haben, hängt mit der antiwissenschaftlichen Ideologie der „Chaostheorie" zusammen. Eine Analyse dieser neuen Ideologie lieferte Dino di Paoli in der Ausgabe 4/1990 der Zeitschrift *Fusion*.

(17) James E. Lovelock: Hands up for the Gaia hypothesis, *Nature*, Vol.344, S. 100-102, 8.3.1990.

(18) James E. Lovelock, *A new lock at life on earth*, New York, 1979, Seite 10.

(19) ebenda, Seite IX und 12.

(20) James W. Kirchner: Gaia metaphor unfalsifiable, *Nature*, Vol. 345, S. 470, 7.6.1990.

(21) Golding schrieb das satanische Werk „Lord of the flies".

(22) James E. Lovelock: Hands up for the Gaia hypothesis, *Nature*, Vol. 344, S. 100-102, 8.3.1990.

(23) Zitiert nach R.J. Long, „Greenhouse Hokum", *Dominion Data*, Brisbane, Old Australia, Seite 24-25.

(24) *Orion Nature Quarterly*, West, 1989.

(25) James E. Lovelock, *The Ages of Gaia*, S. 212 und 236.

(26) Adolf Hitler, *Mein Kampf*, München 1933, S. 316.

(27) DeAnna Alba, *Gnosis Magazine*, Herbst 1989.

(28) Lawrence E. Joseph, *Gaia, the Growth of an Idea*, S. 238f.

(29) Lawrence E. Joseph, *Gaia*, S. 66. Text des „Gaia Song" auf englisch: Gaia is the one who gives us birth. She's the air, she's the sea, she's Mother Earth. She's the creatures that crawl and swim and fly. She's the growing grass, she's you and I.

(30) Lawrence E. Joseph, *Gaia*, S. 70f.

(31) James E. Lovelock, *The Ages of Gaia*, S. 124.

(32) ebenda.

Kapitel IX

Der Mensch in Zentrum der Biosphäre

Der Kampf gegen ein Weltbild, das die schöpferische Fähigkeit des Menschen würdigt und von seinen Gegnern mit dem Prädikat „anthropozentrisch" charakterisiert wird, ist nichts Neues. Er ist viel älter als der moderne Gaia-Kult. Und auch früher wurde dieser Kampf unter dem Deckmantel wissenschaftlicher Argumente geführt. Das malthusianische Weltbild ist menschenverachtend. Auf der politischen Ebene führt es zum Massenmord, entweder durch direkte Handlungen oder indirekt, indem notwendige und mögliche Handlungen unterlassen werden. Wenn es im Bereich der Philosophie und Ethik auftritt, dann als Gegner des „auf den Menschen zentrierten" Weltbildes. Wenn Magulis an der Gaia-Religion schätzt, daß sie nicht „anthropozentrisch" sei, dann reiht sie sich in eine geistige Gesellschaft ein, in der sie nicht nur Malthus trifft, sondern auch „Guten Tag, Herr Haeckel!" und „Heil Hitler!" sagen kann.

Wem die Warnung davor, daß die grassierende antiwissenschaftliche Tendenz in der Gesellschaft mehr als eine nur oberflächliche Erscheinung sei und bereits das „Immunsystem" der Wissenschaft angegriffen habe, als übertrieben erscheint, dem sei geraten, sich einmal eingehender mit der Frage auseinanderzusetzen, wie es kommen konnte, daß Wissenschaft und Kunst gerade in Deutschland, einem Land, in dem beide Anfang des 19. Jahrhunderts mit der „Weimarer Klassik" einen Höchststand erreicht hatten, innerhalb eines Jahrhunderts so degenerieren konnten, daß in den dreißiger Jahren politischer Massenwahn und die Produkte sogenannter „deutscher" Wissenschaft ihr unheilvolles Wesen treiben konnten. Wer dieser Frage nachgeht, der kann die Bedeutung des Kampfes um das „anthropozentrische" Weltbild nicht verkennen und wird sich einer Reihe erschreckender Parallelen zur heutigen Ökodebatte in Politik und Wissenschaft bewußt.

Dieser kulturelle und wissenschaftliche Degenerationsprozeß hin zur Naziherrschaft läßt sich nicht auf die Handlungen einzelner Personen reduzieren und auch nicht auf die Entwicklung in Deutschland allein. Auch müßte man die verschiedenen Entwicklungen auf den Gebieten der Politik, der Kunst, der Wissenschaft und Kultur im Zusammenhang betrachten, was den Rahmen dieses Buches sprengen würde. Dennoch ist es sehr lehrreich, einen typischen Vertreter einer Denkweise beispielhaft hervorzuheben, der unter den Intellektuellen ganz entscheidend zu dieser Entwicklung beigetragen hat. Es ist der Biologe Ernst Haeckel, der zu Lebzeiten als der „deutsche Darwin" bezeichnet wurde und dessen sozialdarwinistische Ethik allgemein als entscheidende Grundlage für das Gedankengut der Nationalsozialisten angesehen wird. Ernst Haeckel gründete mit dem *Monistenbund* eine Sekte, welche sich genau wie der heutige Gaia-Kult angeblich auf wissenschaftliche Erkenntnisse stützte, und rief zum „Kulturkampf" auf gegen das „anthropozentristische" Weltbild der christlichen Kirche. Seine Hauptwerke, *Die Welträtsel* und *Die Lebenswunder*, erschienen zu Hunderttausenden in „Volksausgaben" — was den heutigen „Paperbacks" entspricht — und wurden in allen wichtigen Sprachen aufgelegt.

Ernst Haeckel ist in der Tat nur zu verstehen, wenn man ihn als „deutschen Darwin" betrachtet. Er war ein radikaler Malthusianer und kannte seinen Darwin so gut, daß er den tiefen Zusammenhang zwischen den Hauptaussagen der beiden britischen Geistesgrößen kannte. Haeckel hatte Darwins „Entstehung der Arten" bereits in jungen Jahren eingehend studiert. Darwin schreibt bereits in der Einleitung, daß er „die Lehre von Malthus auf das gesamte Tier- und Pflanzenreich angewendet" habe, welche darin bestehe, daß „der Kampf ums Dasein... eine unvermeidliche Folge der großen geometrisch fortschreitenden Vermehrung ist". Diesen Zusammenhang kennend, vollendete er das Argument zu einem „unwiderlegbaren" Zirkelschluß, indem er nun von Darwin seine sozialdarwinistischen Lehren ableitete, welche definitionsgemäß nichts anderes sein konnten als ein „wissenschaftlich" begründeter Malthusianismus.

Für Haeckel ist, wie für jeden Malthusianer, die „Überbevölkerung" eine Tatsache, die mit mathematischer Gesetzmäßigkeit die Eliminierung der „überflüssigen Esser" erfordert. Haeckel schlägt sogar den Selbstmord als geeignetes Mittel zur Dezimierung der überflüssigen Armen vor.

„Dabei nimmt Noth und Elend in den niederen Volksschichten nothwendiger Weise immer mehr zu, je weiter die Arbeitstheilung und zugleich die Ueberbevölkerung im Culturstaate sich entwickelt. Tausende von tüchtigen und arbeitsamen Menschen gehen alljährlich ohne ihre Schuld zu Grunde, viele bloß deshalb, weil sie bescheiden und ehrlich sind; Tausende verhungern, weil sie beim besten Willen keine Arbeit finden können; Tausende fallen den herzlosen Ansprüchen unseres eisernen ‚Maschinen-Zeitalters' mit seiner hypertrophischen Technik und Industrie zum Opfer... Da ist es kein Wunder, wenn die Statistik des Selbstmordes gerade in den höchst entwickelten Culturstaaten eine beständige Zunahme der Ziffern zeigt. Jeder gute Mensch, der wahre ‚christliche Nächstenliebe' besitzt, sollte dem hoffnungslos leidenden Bruder die ‚ewige Ruhe' und Befreiung vom Schmerze gönnen, die er durch freiwillige Selbsttötung erreicht."[1]

Zum Ärger der Malthusianer sind jedoch die meisten „Opfer" des „Maschinen-Zeitalters" nicht bereit, sich einfach selbst zu töten, was die Malthusianer dann zu Propagandisten für „aktive" Maßnahmen der „Bevölkerungskontrolle" werden läßt.

Mit der jüdisch-christlichen Geistestradition, die das schöpferische Individuum und die Willensfreiheit des Menschen in den Mittelpunkt stellt, liegt dieser „wissenschaftlich" begründete Biologismus natürlich auf Kollisionskurs. Haeckel schreibt: „Die anthropistische Weltanschauung... steht in unversöhnlichem Gegensatz zu unserer monistischen Naturerkenntnis... Wie unsere Mutter Erde ein vergängliches Sonnenstäubchen im unendlichen Weltall, so ist der einzelne Mensch eine vorübergehende Erscheinung in der vergänglichen organischen Natur... die Willensfreiheit ist gar kein Objekt kritischer wissenschaftlicher Erklärung, da sie als reines Dogma auf bloßer Täuschung beruht und in Wirklichkeit gar nicht existiert."[2]

Zwangsläufig folgen aus Haeckels „biozentristischem" Malthusianismus Prinzipien für das ethische Handeln der Gesellschaft, welche uns direkt in die Greuel des Hitlerstaates führen. Mit wissenschaftlicher Logik befürwortet Haeckel Abtreibung, Euthanasie und Rassenhygiene, und zwar in einer kalten Klarheit, wie es nur der „wissenschaftliche" Malthusianismus zustandebringt. Insbesondere Abtreibung, bis hin zum Kindesmord, begründet Haeckel mit der Notwendigkeit zur Rassenhygiene: „Es kann daher auch die Tötung von neugeborenen verkrüppelten Kindern, wie sie z.B. die Spartaner behufs der Selection des Tüchtigen übten, vernünftigerweise gar nicht unter den Begriff des ‚Mordes' fallen, wie es noch in unseren modernen Gesetzbüchern geschieht. Vielmehr müssen wir dieselbe als eine zweckmäßige, sowohl für die Beteiligten wie für die Gesellschaft nützliche Maßregel billigen... Die alten Spartaner verdanken einen großen Theil ihrer hervorragenden Tüchtigkeit, sowohl körperlicher Kraft und Schönheit, als geistiger Energie und Leistungsfähigkeit, der alten Sitte, neugeborene Kinder, die schwächlich und krüppelhaft waren, zu töten. Dieselbe Gewohnheit findet sich noch heute bei manchen Naturvölkern und Barbaren. Als ich 1868 (im 7. Vortrage der Nat. Schöpf.) auf die Vorzüge dieser spartanischen Selection und ihren Nutzen für die Verbesserung der Rasse hingewiesen hatte, erhob sich in frommen Blättern ein gewaltiger Sturm der Entrüstung, wie jedesmal, wenn die ‚reine Vernunft' es wagt, den herrschenden Vorurtheilen und traditionellen Glaubenssätzen der öffentlichen Meinung entgegen zu treten."[3]

Ganz selbstverständlich ist dann auch, daß die Gesellschaft geistig Behinderte und Menschen, die für unheilbar krank und zu alt erklärt werden, „human" sterben läßt: „Treue Hunde und edle Pferde, mit denen wir jahrelang zusammengelebt haben und die wir lieben, töten wir mit Recht, wenn sie im hohen Alter hoffnungslos erkrankt sind und von schmerzlichen Leiden gepeinigt werden. Ebenso haben wir das Recht, oder wenn man will die Pflicht, den schweren Leiden unserer Mitmenschen ein Ende zu bereiten... Nimmt man die Gesamtzahl der Bevölkerung von Europa auf 390-400 Millionen an, so befinden sich darunter also mindestens zwei Millionen Geisteskranke, und unter diesen mehr als 200 000 Unheilbare... Welche Verluste an Privatvermögen und Staatskosten für die Gesamtheit! Wieviel von diesen Schmerzen und Verlusten könnte gespart werden, wenn man sich endlich entschließen wollte, die ganz Unheilbaren durch eine Morphium-Gabe von ihren namenlosen Qualen zu befreien!... Ebenso müßte auch bei anderen Unheilbaren und schwer leidenden Kranken (z.B. Krebskranken) die ‚Erlösung vom Uebel' nur dann durch eine Dosis schmerzlos und rasch wirkenden Gifts erfolgen."[4]

Diese menschenverachtenden Zitate leitet Haeckel mit äußerster Strenge aus seinen biologischen Erkenntnissen ab. Diese „wissenschaftliche" Grundlage konnte dann dazu dienen, daß 1933 die Nazis für ihre menschenverachtende Politik das nötige „Durchsetzungspotential" hatten. Das muß man wissen, wenn Politiker heute von Treibhausforschern wissenschaftliche Aussagen mit „Durchsetzungspotential" fordern.[5]

Doch es geht nicht nur um den abstrakten Begriff des Mißbrauchs von sogenannten wissenschaftlichen Aussagen in der Politik, nicht nur um die kühle Logik, mit der Haeckel die „ethischen" Konsequenzen des Malthusianismus entwickelt. Es geht auch um den gleichen Inhalt. Wen muß es nicht nachdenklich stimmen, wenn er sieht, mit welcher Vehemenz heute genau diese „biologistischen" Argumente wieder in die allgemeine Diskussion vordringen und wie weit sie bereits wieder akzeptiert werden; leider nicht nur von Fanatikern der Ökologiebewegung[6].

Das immer wieder hervorgehobene Ziel, „Umwelt, Natur und Menschheit" zu retten, klingt vor dem Hintergrund von Kampagnen für Abtreibung, für die Begrenzung der „Bevölkerungsexplosion" und für „humanes Sterben" wie bitterer Hohn. Die Geschichte lehrt, nicht die behaupteten Ziele, sondern das Menschenbild zählt, das der Politik zugrundeliegt. Und eines muß man in diesem Zusammenhang auch wissen, Haeckel wurde nicht müde, immer wieder seine hehren Ziele des „Guten, Wahren, Schönen" hervorzuheben.

Eine Verteidigung Vernadskys

Es ist üblich, daß Ökologisten den sowjetischen Forscher Vladimir Vernadsky als einen ihrer „Ahnherren" zitieren, der im Grunde bereits ihre Ideen von der Biosphäre und der lebendigen Mutter Erde vorweggenommen habe. Auch Lovelock bezieht sich auf Vernadksy. Die Art und Weise, wie hier Vernadsky vereinnahmt wird, ist völlig unhaltbar und eine Beleidigung des sowjetischen Forschers, denn Vernadsky war ein wirklicher Wissenschaftler. Insbesondere hat Vernadsky allen Aussagen des heutigen Gaia-Kults direkt widersprochen. Die Behauptung, Vernadsky sei ein Vorläufer der Gaia-Spinner, kann überhaupt nur aufrechterhalten werden, wenn man Vernadsky selbst nie gelesen hat, nur einige von ihm verwendete Begriffe aus dem Zusammenhang reißt und völlig „umdeutet".

Im folgenden werden wir deshalb einige wichtige Zitate aus Vernadskys Werken anführen, die klar und deutlich sind. Wenn wir diese Zitate genau lesen und durchdenken, dann werden wir nicht nur den Unterschied zwischen Vernadsky und den Biologisten erkennen, sondern Vernadskys Untersuchungen lehren uns in der Tat besser zu verstehen, wie der Mensch sein Überleben auf die gesicherte Grundlage des wissenschaftlich-technischen Fortschritts stellen kann. Und das ist genau die Frage, die in diesem Kapitel noch beantwortet werden muß.

Die seltsame Vorstellung einer „lebendigen" Erde, und auch Lovelocks Vergleich der gesamten Erde mit einem Baum würde Vernadsky eindeutig ablehnen. Er sagte nämlich ganz im Gegenteil: „Wir sollten unterscheiden zwischen der Biosphäre und der Hauptmasse der Erde, welche ich als inerte und lebende Materie bezeichnen werde."[7]

Vernadsky hebt also ganz ausdrücklich den Unterschied zwischen der „inerten" Materie und der „lebenden Materie" hervor, und seine Begründung, warum er nicht einfach von „Leben" spricht, sondern vorsichtig den Begriff „lebendige Materie" wählt, ist Lovelock und anderen Gaia-Aposteln geradezu ins Stammbuch geschrieben: „Statt des Konzeptes ‚leben' führe ich das der ‚lebenden Materie' ein... Das Konzept ‚leben' tritt immer aus den Grenzen des Konzeptes ‚lebende Materie' heraus und betritt das Reich der Philosophie, der Folklore, der Religion und der Künste. All das wird von dem Begriff der ‚lebenden Materie' nicht berührt."[8] Lovelocks Gaia-Hypothese würde Vernadsky also ins Reich der Folklore und Religion verbannen, wo sie möglicherweise auch hingehört.

Gerade aus diesem Unterschied zwischen lebender und toter Materie entwickelt Vernadsky sein Forschungsprogramm, das ihn zu sehr weitreichenden Hypothesen über den negentropischen Charakter des Universums führt. Da Vernadsky ein wirklicher Wissenschaftler ist, gibt er ganz eindeutig und nachprüfbar die Voraussetzungen an, auf denen seine Hypothesen aufbauen:

„Zwischen den zwei Arten der Materie in der Biosphäre — der lebendigen und der toten — scheint eine unüberwindbare Kluft zu bestehen, welche es scheinbar unmöglich macht, beide jemals auf einer gemeinsamen Grundlage zu erklären. Das ist eine aus einer Reihe von *allgemeinen Beobachtungen*, die wir sorgfältig als unabhängig behandeln müssen und nicht in ein hypothetisches Modell der Theorie pervertieren dürfen. Die vollständige

Liste dieser allgemeinen Beobachtungen, auf die wir aufbauen, ist die folgende:

1. Durch all die geologischen Perioden gibt es bisher keine Spuren der Erschaffung von Organismen aus Materie.

2. Keine Periode, in der die Erde völlig ohne Leben war, wurde bisher festgestellt.

3. Folglich ist (a) die lebendige Materie heute allgemein mit all der lebenden Materie der vorhergehenden Zeiten verbunden, und (b) waren die Bedingungen für das Leben auf der Erde niemals unvorteilhaft, d.h. sie haben sich nie sehr von den heutigen Bedingungen unterschieden.

4. Durch alle geologischen Zeitalter haben sich die chemischen Wirkungen lebendiger Materie auf ihre Umgebung nicht verändert, so daß die Zusammensetzung der Kruste und der lebenden Materie heute die gleiche ist, die sie immer war.

5. Die Gesamtmasse der lebenden Materie hat sich vom heutigen Wert nie sehr unterschieden.

6. Was auch immer das Phänomen des Lebens ausmacht, die von den Organismen aufgenommene Energie ist hauptsächlich (vielleicht sogar ausschließlich) die Strahlungsenergie der Sonne."[9]

Vernadsky stellt dann fest, daß viele Probleme der heutigen Wissenschaft verschwinden würden, wenn die verschiedenen Theorien diese allgemeinen Beobachtungen zur Grundlage nähmen.

Vernadsky sieht also folgenden Widerspruch in der Wissenschaft. In Physik, Chemie und Geologie wird die Entwicklungsdynamik der toten Materie durch das Prinzip der „Entropie-Erhöhung" erklärt, während in der Biologie die Entwicklungsdynamik der lebendigen Materie nach dem Prinzip der „darwinistischen Evolution" erklärt wird. Auf der Grundlage seiner „allgemeinen Beobachtungen" entwickelt nun Vernadsky eine Reihe von Hypothesen, die diesen Widerspruch so aufheben sollen, daß die entsprechenden Entwicklungsgesetze zwar in ihren jeweiligen Bereichen gültig bleiben, jedoch bei der einheitlichen Analyse der Entwicklungsgesetze von toter und lebendiger Materie insgesamt durch neue Prinzipien ergänzt werden. Diese Prinzipien nennt Vernadsky die „biogeochemischen Prinzipien", die die „biogenische Wanderung" der Atome in der Biosphäre beherrschen.

Vernadsky beschreibt das folgendermaßen: „Leben ist ein integraler Teil der Mechanismen der Biosphäre. Der Einfluß des Lebens auf die Geschichte der chemischen Elemente zeigt diese zweifelsfrei... Das Problem kann von einem Standpunkt angegangen werden, den wir als *biogenische Wanderung* der chemischen Elemente in der Biosphäre bezeichnen... Die Wanderung der Atome ist ein wesentlicher Teil der Existenz der Organismen, die mit einem Strudel von Atomen in Verbindung stehen kann, wodurch diese kontinuierlich aus der Umgebung aufgenommen und wieder in diese abgegeben werden. Wir nennen diesen Kreislauf Atmen, Nahrungsaufnahme, Metabolismus, Reproduktion usw.

Wenn wir wollen, können wir diesen Kreislauf auf die Gesamtheit organischen Lebens anwenden, aber wir müssen dabei immer den zweiten Aspekt der biogenischen Wanderung im Auge behalten, nämlich, daß dieser nicht nur von der Masse der lebendigen Materie beeinflußt wird, sondern auch von der Qualität dieser Materie. Ein dritter Einfluß ist die Aktivität der Tiere... Dieser Einfluß wurde enorm intensiviert, als der zivilisierte Mensch vor einigen zehntausend Jahren auf der Erdoberfläche erschien. Das Gesicht der Erde wurde seither transformiert, und alle möglichen Arten von Substanzen — wie etwa Metalle in reinem Zustand — sind entstanden. Diese Art der Wanderung scheint mit der Menge der lebenden Materie überhaupt nicht in Zusammenhang zu stehen, sie hängt ab von den Gedanken selbstbewußter Organismen...

Die fragliche Arbeit ist hier in der Tat biogenische Wanderung, und es ergibt sich das sogenannte *erste biogeochemische Prinzip*: Die biogenische Wanderung der chemischen Elemente in der Biosphäre tendiert dazu, sich maximal zu offenbaren.

Genau wie die Masse der lebendigen Materie ihr Maximum (falls es dieses gibt) erreichen muß, muß gleichzeitig die biogenische Wanderung ihr Maximum erreichen. Die Konstanz der Masse deutet an, daß die biogenische Wanderung dieser Art ihr Maximum bereits in den frühesten geologischen Epochen erreicht haben muß.

Auf der anderen Seite hat die biogenische Wanderung, die sich auf die Lebenstechnik bezieht, gleichzeitig mit unserem Erscheinen auf der Erde einen starken Aufwärtstrend erfahren. Zweifelsohne tendiert diese Art von Wanderung, zu deren Entwicklung wir alle beitragen, auch zu einem Maximum...

Die Tendenz, die diese Wanderung bezüglich der Erreichung ihres Maximums hat, kann anhand zweier Erscheinungen gesehen werden: Der Allgegenwart des Lebens und des Drucks der lebenden Materie.

Biogenische Wanderung strebt einem Maximum erster Art entgegen, indem der größtmögliche Raum eingenommen wird, der es zu den Schwierigkeiten im Verlauf des Ausbreitens der lebendigen Materie kommen läßt.

Die Wanderung wird jedoch nicht nur durch die Masse der sich in diesem Kreislauf befindenden Atome beeinflußt, sondern auch von der Intensität oder der Rate der Zirkulation.

Deshalb zeigt die biogenische Wanderung sich in dem zweiten Phänomen des Drucks des Lebens, den wir in der Biosphäre sehen können, und in der wachsenden Beschleunigung der Aktivität des zivilisierten Menschen... Das Denken der menschlichen Gattung ist eine neue Tatsache, die die Strukturen der Biosphäre nach Myriaden von Jahrhunderten auf den Kopf gestellt hat.

Auf diese Weise können die Allgegenwart und der Druck des Lebens als ein Ausdruck des natürlichen Prinzips gesehen werden, das die biogenische Wanderung der Elemente in der Biosphäre regiert...

Der Druck des Lebens wird in den geologischen Zeiten modifiziert und entwickelt, teilweise durch den Einfluß der Evolution, neue Arten von Organismen, die bisher der lebendigen Materie unzugängliche Orte bewohnen können und somit neue Atome zu dem Strudel hinzufügen, die in die Dinge eintreten und sie wieder verlassen...

Empirische Untersuchungen der Natur zeigen also deutlich, daß die Allgegenwart und der Druck des Lebens Ergebnisse der Evolution sind, die wiederum selbst vom Leben abhängen. Dadurch wird man zum *zweiten biogeochemischen Prinzip* geführt:

Die Evolution der Arten, indem sie danach strebt, neue Formen des Lebens zu schaffen, muß sich immer in Richtung zunehmender biogenischer Wanderung der Atome in der Biosphäre entwickeln.

Dieses Prinzip erklärt die Evolution sicherlich nicht vom Standpunkt der heutigen Denkschule, aber es gestattet die Evolution als eine *allgemeine Beobachtung* in das Schema der Mechanismen der Biosphäre zu integrieren. Sie ist jedoch weit davon entfernt, von den heutigen Vorstellungen der Evolution völlig getrennt zu sein, denn sie zeigt auf eine Weise, die genauso präzise ist wie die korrespondierenden Prinzipien der Mechanik und der physikalischen Chemie, in welche Richtung der Prozeß der Evolution fortschreiten muß, nämlich in Richtung zunehmenden Selbstbewußtseins und Denkens und hin zu Lebensformen, die immer größeren Einfluß auf ihre Umgebung ausüben..."

Das ist ein ganz entscheidender Punkt. Vernadksy löst hier nämlich das Dilemma, das der „heutigen Vorstellung der Evolution", nämlich der darwinistischen, angeboren ist. Nachdem die darwinistische Evolution die vom Menschen durchgeführte „Zuchtauswahl", die ja immer dem bestimmten Ziel des Züchters folgt, im Prinzip der „natürlichen Zuchtauswahl" durch das „Überleben des am besten Angepaßten" verallgemeinert hat, geht der Evolution nach dem Prinzip der „natürlichen Auslese" zwangsläufig das Ziel verloren. Die Höherentwicklung der aufeinander aufbauenden Lebensformen muß diesem darwinistischen Prinzip zielloser Evolution unverständlich bleiben. Vernadskys biogeochemische Prinzipien drücken hingegen die „empirisch beobachtbare" Tatsache aus, daß sich die lebende Materie negentropisch höherentwickelt, d.h. in ihrer Evolution eine Entwicklungstendenz verfolgt, die dem Entropiegesetz genau entgegengerichtet ist.

„Die Rolle der zivilisierten Menschheit ist von diesem Standpunkt betrachtet weit wichtiger als die vieler anderer Wirbeltiere. Innerhalb einer unbedeutend kurzen Zeit wurde die biogenische Wanderung durch die Anwendung der Fertigkeiten des Menschen in einem weit größeren Ausmaß erhöht, als das von der gesamten Masse der lebendigen Materie hätte erwartet werden können. Die Oberfläche der Erde wurde unvorstellbar transformiert, und zweifelsohne stehen noch weitaus größere Veränderungen bevor. Wiederum verläuft die Entwicklung in der Richtung, die von dem zweiten biogeochemischen Prinzip angegeben wird... Menschliches Denken hat den Trend der Naturprozesse in einer jähen Weise geändert und hat sogar das verändert, was wir *Naturgesetze* nennen. Selbstbewußtsein und Denken haben, trotz der Anstrengungen von Generationen an Denkern, niemals eine physikalische Grundlage gehabt, die sich in Energie oder Materie ausdrücken ließe. Wie können dann aber Prozesse, die rein physikalisch zu sein scheinen, durch das Selbstbewußtsein beeinflußt werden? Das ist die Frage, auf die wir eine Antwort zu finden versuchen."[10]

Dieses ausführliche Zitat von Vernadsky belegt, wie er völlig exakt und in großer Strenge das Konzept der negentropischen Entwicklung der Biosphäre annähert. Keine Form des Konzeptes der darwinschen Evolution wird jemals, auch wenn sie noch so entwickelt ist, die beiden von Vernadsky aufgestellten biogeochemischen Prinzipien erklären können, und das fälschlicherweise auf lebendige Prozesse ausgeweitete Entropiegesetz schon gar nicht. Vernadsky beschreibt auch ganz deutlich, wie die sich entwickelnden höheren Formen des Lebens die biogenische Wanderung so beeinflussen und beschleunigen, daß sich völlig neue Qualitäten entwickeln. Der Mensch mit seiner in der Erdgeschichte neuartigen Fähigkeit, bewußt zu denken und die Biosphäre zu verändern, ist also ein entscheidender Faktor. Deshalb ist für Vernadsky ganz selbstverständlich die entscheidende Frage, auf die er eine

Antwort zu finden sucht: „Wie können Prozesse, die rein physikalisch zu sein scheinen, durch das (menschliche) Bewußtsein beeinflußt werden?"

Diese nicht nur für Vernadsky entscheidende Frage bleibt der Gaia-These völlig fremd, sie stuft den Menschen vielmehr als ganz unwichtig ein, da er in Gaias Leben erst seit ganz kurzer Zeit existiert und den althergebrachten Bakterien an Bedeutung nicht das Wasser reichen kann.

Daran, daß Vernadsky ganz entschieden auf dem von Lovelock verabscheuten „anthropozentrischen" Weltbild besteht, gibt es keinen Zweifel, und so falsch kann man Vernadsky gar nicht zitieren, daß man über diese Tatsache hinwegtäuschen könnte: „Die Menschheit insgesamt wird eine mächtige geologische Kraft. Es entsteht das Problem der *Rekonstruktion der Biosphäre im Interesse der frei denkenden Menschheit als einer Totalität.* Dieser Zustand der Biosphäre, dem wir uns, ohne es zu merken, nähern, ist die Noosphäre... Darüberhinaus werden neue Gattungen und Rassen von Tieren und Pflanzen vom Menschen geschaffen. Märchenträume scheinen in der Zukunft wahr zu werden: Der Mensch strebt danach, aus den Grenzen seines Planeten heraus- und in den kosmischen Raum hineinzutreten. Und er wird es sehr wahrscheinlich auch tun.[11]

Also ganz im Gegensatz zu Lovelocks Thesen tut Gaia nicht, was sie für richtig hält, und rächt sich an dem Menschen, der sie stört. Der Mensch verändert vielmehr die Biosphäre, und das wird von Vernadsky positiv bewertet! Vernadsky hebt in diesem Zusammenhang insbesondere die Rolle des Individuums hervor: „Bei der Untersuchung der Biosphäre verschwindet der einzelne lebende Organismus gewöhnlich aus dem Blickfeld; die Summe aller Organismen, d.h. die lebende Materie, ist es, was zählt. Man muß jedoch, selbst in der Biogeochemie, in bestimmten ganz genau definierten Fällen zu gewissen Zeiten die Individualität eines einzigen Organismus berücksichtigen. Wenn es sich um Entwicklungen handelt, die die Aktivität des modernen Menschen involvieren, dann ist das ganz unumgänglich, denn eine einzige Person manifestiert sich manchmal deutlich in einer Vielzahl von Erscheinungen von planetarischem Charakter..."[12]

Schließlich ist bei der Betrachtung von Vernadskys Werk noch eine weitere sehr wichtige Feststellung zu machen. Vernadskys Versuch, das Konzept der Negentropie des Universums in den Prozessen der lebendigen Materie zu erfassen, führt ihn zwangsläufig zu den geometrischen Konzepten Bernhard Riemanns und dessen relativistischen Raum-Zeit-Konzept: „Heute herrscht die Vorstellung vor, die manchmal fälschlicherweise als axiomatisch behauptet wird, daß in allen irdischen Erscheinungen eine uniforme Geometrie offensichtlich ist. Aber ein Naturalist kann seine Konzepte nicht auf Axiome begründen, nicht einmal auf die der Logik, da ihr axiomatischer Charakter nicht durch Experimente und Beobachtungen gesichert werden können. Die Logik ist immer weniger verständlich als die Natur, weil sie ein vereinfachtes Bild der Natur ist...

Wir wissen, daß es eine Vielzahl von Geometrien gibt, die alle in drei Klassen eingeteilt werden können, Euklidsche, Lobaschewskische und Riemannsche, und daß sie alle gleichermaßen richtig sind... Die Geschichte der Wissenschaft beweist eindeutig, daß die Geometrie und ihre Gesetze auf empirische Weise entwickelt wurden, genau wie auch die anderen wissenschaftlichen Verallgemeinerungen der Eigenschaften von Materie und Energie. Deshalb sind wir nicht der Meinung, daß geometrische Gesetze eine reine Emanation des menschlichen Gehirns sind.

Raum ist für uns untrennbar von der Zeit...

Wir wollen mit der wissenschaftlichen Arbeitshypothese beginnen, daß der Raum innerhalb von lebendiger Materie sich von dem in irdischen natürlichen Körpern der Biosphäre unterscheidet. Der Zustand des ersten Raumes läßt sich nicht in den Grenzen der Euklidschen Geometrie einschließen. Die Zeit kann in diesem Raum durch einen polaren Vektor ausgedrückt werden.

Die Existenz von rechtem und linkem Drehsinn und seine physikalisch-chemische Ungleichheit weist auf eine

Geometrie hin, die von der Euklidschen unterschieden ist, eine andere räumliche Geometrie innerhalb lebender Materie.

Aus Diskussionen mit Geometern wurde mir klar, daß eine Geometrie, welche mit diesen Bedingungen im Einklang ist, noch nicht erarbeitet wurde. Weitere Arbeiten auf geometrischem Gebiet sind notwendig. Wie das Mitglied der Akademie N.N. Luzin und Professor S.P. Finikow vorschlagen, ist es möglich, daß dieses eine Geometrie vom Typ der Riemannschen Geometrien sein müßte.

...die Symmetrie lebender Organismen ist ausgezeichnet durch gekrümmte Linien und Oberflächen, wie sie für die Riemannschen Geometrien charakteristisch sind... Welche der Vielzahl von Riemannschen Geometrien ist hier die passende?"[13]

Vernadskys Konzepte sind offensichtlich das genaue Gegenteil der primitiven Gaia-Hypothese, die von Umweltfanatikern heute verbreitet wird.

Das „einzigartige Experiment" Menschheit

Bevor wir zum letzten Punkt dieses Kapitels kommen, wollen wir kurz rekapitulieren. Wir haben fünf Punkte behandelt, in denen wir zeigten, daß die Argumentationskette der Ozonthese

1. wissenschaftlich nicht haltbar ist und

2. nur eine Alibifunktion zur Durchsetzung malthusianischer Politik hat. Wir haben

3. gesehen, daß es sich dabei nicht nur um den Mißbrauch der Wissenschaft für politische Zwecke handelt, sondern um eine Attacke auf die Wissenschaft selbst, weil Malthusianer die Gesellschaft mit mystischen Dogmen kontrollieren müssen und deshalb wahrer Wissenschaft feindlich gegenüberstehen. Wir haben

4. am Beispiel Haeckel dokumentiert, daß der Malthusianismus mit einer Form des Biologismus einhergeht und einem geradezu krankhaften Haß auf das sogenannte „anthropozentrische" Weltbild. Und schließlich haben wir

5. am Beispiel Vernadskys gezeigt, in welche Richtung wir blicken müssen, wenn wir zu einem wirklichen und umfassenden Verständnis des Menschen in der sich negentropisch entwickelnden Natur gelangen wollen.

Damit sind wir gerüstet, die entscheidende Frage der Umweltdiskussion zu beantworten. Sie lautet: Woher nehmen wir als Menschen die Gewißheit, daß wir durch das, was wir heute tun, nicht irgendwann in der Zukunft die Existenz der Menschheit gefährden? Laufen wir nicht Gefahr, daß das wachsende „Reduktionspotential" der Menschheit die Natur zerstört? Ist es da nicht klüger, überhaupt nichts zu tun und nichts zu verändern, wie es die Umweltkassandras fordern? Denn es ist doch nicht abzustreiten: „Wir begehen heute mit der Atmosphäre ein einmaliges Experiment mit der Menschheit, welches wir, wenn es schief geht, nicht wiederholen können!"

Hinter diesem Argument, wenn man es von seiner positivsten Seite nimmt, steckt die Frage nach dem dauerhaften Überleben der Menschheit und danach, inwieweit der menschliche Schöpfergeist in seinen Auswirkungen mit den Gesetzen des Universums übereinstimmt. Es ist die Frage nach dem Wesen wahrer Wissenschaft.

Wir werden sehen, daß wahre Wissenschaft, die von der Erkennbarkeit des Universums ausgeht, zwangsläufig den Menschen als freies Vernunftwesen in den Mittelpunkt stellen muß, und daß sich diese Frage nur lösen läßt, wenn die Welt im Sinne von Gottfried Wilhelm Leibniz „Die beste aller möglichen Welten" ist. Natürlich bedeutet die „beste aller möglichen Welten" nicht, daß es auf der Erde zwangsläufig mit allem „zum besten" steht, wie es Leibniz in hinterhältiger Weise von Voltaire unterstellt wurde. Der Satz bezieht sich ganz und gar nicht auf einen „Zustand" der Welt. Der Ausgangspunkt von Leibnizens berühmter Äußerung ist die menschliche Freiheit. Wenn man die Freiheit des Mensch ernst nimmt, dann hat er in der Tat die „Freiheit", seine „Umwelt" und die Grundlage seiner Existenz zu zerstören.

Wenn wir uns die „Freiheit" nehmen, den Ratschlägen der Umweltapostel zu folgen, dann werden wir das auch garantiert tun. Denn welches Handeln kann dabei herauskommen, wenn wir den bizarren Vorstellungen der Ökokultisten folgen, die dem Menschen jegliche wirkliche Willensfreiheit ganz absprechen und allein Gaia, der „Mutter Erde", freien Willen zugestehen, die nun ausgerechnet darauf erpicht ist, den „Störenfried" Mensch zu vernichten, um sich in eine ihrer geliebten Eiszeiten zurückzuziehen?

Die Möglichkeit menschlicher Freiheit bedeutet aber auch, daß die Welt nicht fertig und abgeschlossen ist, und nur noch im manichäischen Sinne eines immerwährenden Taumels zwischen Ordnung und Chaos hin- und herpendelt. Die „beste aller Welten" kann nur eine Welt sein, die der Mensch erkennen und planmäßig verbessern kann, indem er den „Schöpfungsprozeß verantwortlich fortsetzt". In dieser schöpferischen Fähigkeit unterscheidet sich der Mensch vom Tier. Er ist nicht beschränkt auf instinktmäßige Handlungen, mit denen er auf seine Umwelt reagiert, aus der er Nahrung, Schutz und Werkzeuge nimmt, sondern er kann sein Verhalten durch Vernunft so ändern, daß er seine Umwelt planmäßig gestalten kann. In dem Maße, in dem diese Freiheit zur gesetzmäßigen Weiterentwicklung der Welt verwirklicht wird, kann auch der Ausgang des einzigartigen „Experiments Menschheit" mit wissenschaftlicher Exaktheit vorausgesagt werden, und zwar ganz ohne „Trial and Error", allein aufgrund der wachsenden Kohärenz des schöpferischen Erkenntnisprozesses und der Entwicklung des Universums. Im Nachhinein liefert dann das fortgesetzte Überleben der Menschheit den „empirischen" Beweis dafür, wie erfolgreich das „Experiment" verläuft, aber der primäre, auf die Zukunft gerichtete Beweis ergibt sich aus der wesensmäßigen Übereinstimmung von schöpferischem Denken und negentropischer Entwicklung der Natur.

Wer sich mit dieser zugegeben nicht ganz einfachen Frage beschäftigen will, dem sei ein kürzlich erschienenes Buch des Wirtschaftswissenschaftlers und Philosophen Lyndon LaRouche empfohlen. Es behandelt eingehend die Frage des „dauerhaften Überlebens" der Menschheit.[14] Einige der für die Frage nach dem „Experiment Menschheit" wichtigen Gedanken wollen wir nun in Anlehnung an dieses Buch entwickeln.

Welcher Zusammenhang besteht also zwischen Wissenschaft und Existenz der Menschheit, und wie läßt sich dieser Zusammenhang vor allen Dingen wissenschaftlich erforschen und messen? Bei der Beantwortung dieser Frage muß man zuerst die eigene Rolle, die Rolle des Individuums in bezug auf die gesamte Menschheit, klären. Descartes Definition „Ich denke, also bin ich!" ist falsch. Sicherlich käme es den Vertretern der „wertfreien Wissenschaft" gelegen, wenn man es allein beim individuellen Denken belassen könnte. Diese „wertfreien" Wissenschaftler sind wertlos. Sie sind natürlich immer noch den politischen „Wissenschaftlern", „Spezialisten" und „Beratern" vorzuziehen, die die Ebene wissenschaftlicher Arbeit erst gar nicht erreichen; diese sind nicht nur wertlos, sie sind gefährlich. Falls jemand Illusionen über die „wertfreie" Wissenschaft hatte, den sollte gerade der bisherige Verlauf der „Klimadebatte" eines Besseren belehrt haben. Aber lassen wir das beiseite, genau wie die geisttötende Debatte „verantwortlicher" Wissenschaftler darüber, ob man die „Schuld an der Atombombe" nun Otto Hahn, Albert Einstein oder den Ingenieuren des Manhattan-Projekts geben müsse, um uns der wirklichen „Verantwortung" des wissenschaftlichen Individuums zu nähern.

Die größte Schwierigkeit bei der Beantwortung dieser Frage hängt heute mit einer vorherrschenden und grundfalschen Vorstellung über Wissen und „Information" zusammen, die aus der reduktionistischen Kybernetik und Informatik stammt. Dort wird „Information" nämlich ganz falsch definiert. Wissen reduziert sich nicht auf den Fluß von Informationen von A nach B, sondern Information bedeutet, daß A in B eine neue Fähigkeit bewirkt. Die „geflossene Information" ist diese Fähigkeit, die natürlich durch „Signale" vermittelt werden muß. Man darf die Information aber nicht auf das Signal reduzieren. Ohne die Ausübung der neuerworbenen Fähigkeiten ist überhaupt nicht feststellbar, ob bei B überhaupt etwas angekommen ist. Wie wenig das verstanden wird, beweist die Anwendung „wertfreier" und „objektiver" Multiple-Choice-Tests in der sogenannten wissenschaftlichen Ausbildung. Der Mensch ist aber kein Computer, und selbst wenn Computer für wissenschaftliche Karrieren viel besser geeignet sind als wirkliche Menschen, sollte man Studenten, schon aus Gründen der menschlichen Nächstenliebe, diese Art der „wissenschaftlichen" Gehirnwäsche ersparen.

Wenn Wissen sich nur in der erfolgreichen Ausübung neuerworbener Fähigkeiten erkennen und messen läßt, wie muß dann die menschliche Existenz in bezug auf schöpferisches Denken erklärt werden? Denken allein garantiert die Existenz also noch nicht. Erfolgreiches Denken, das heißt letztendlich eine wissenschaftliche Entdeckung, ist ein universeller Akt, wodurch das Individuum direkt auf die Gesellschaft als Ganze nichtlinear einwirkt[15].

LaRouche ergänzt Descartes Definition daher folgendermaßen: „Ich transformiere und schaffe Singularitäten; deshalb existiere ich! Mein Wert mißt sich in den praktischen Konsequenzen meiner augenblicklichen Existenz auf die gegenwärtigen, zukünftigen und früheren Generationen, alle insgesamt als unteilbare Gesamtheit betrachtet." Nur von diesem Standpunkt kann die individuelle Existenz des Menschen wie auch das „dauerhafte Überleben" der Menschheit insgesamt erklärt werden.

Folglich läßt sich die Effektivität des menschlichen Denkens auch „messen", und zwar an dem Beitrag zur Existenz der Menschheit als räumlich-zeitlicher Gesamtheit. Tiere können nicht denken, und ihre instinktmäßigen Handlungsweisen sind so stark festgeschrieben, daß die Existenz jeder Gattung und die Größe ihrer Population von der Umwelt abhängt und relativ fest vorgegeben ist. Mit der Zeit stirbt jede Tiergattung aus, wenn sie ihr in der Umwelt vorhandenes „Überlebenspotential" erschöpft hat. Man nimmt an, daß in der erdgeschichtlichen Entwicklung weit mehr Arten ausgestorben sind, als heute existieren. Bei Tieren ist das Denken und das Maß für den

Beitrag zur Existenz der Gattung als räumlich-zeitlicher Gesamtheit gleich Null. Allein der Mensch kann, indem er seine schöpferische Fähigkeit in adäquater Weise technologisch verwirklicht, so auf die Umwelt einwirken, daß eine wachsende Anzahl von Menschen dauerhaft überlebt. So wird das historisch dokumentierte Bevölkerungswachstum der Menschheit verständlich. Es ist ein Maß für „erfolgreiche" Denkarbeit.[16]

Als Maß für diese entscheidende menschliche Fähigkeit führt Lyndon LaRouche den Begriff des „relativen Bevölkerungsdichtepotentials" ein. Es gibt an, welcher Anzahl von Menschen die momentan in der menschlichen Gesellschaft verwirklichte schöpferische Aktivität ein dauerhaftes Überleben ermöglicht.

Entscheidend für das Verständnis der Wissenschaft ist in diesem Zusammenhang, daß wirkliches schöpferisches Denken mit den vielgepriesenen induktiven und deduktiven Denkmethoden recht wenig gemein hat. Sie versagen nämlich beide gerade dann, wenn es um wirkliche Neuerungen geht, das heißt um schöpferische Erkenntnisse, die das bisherige Wissenssystem qualitativ erweitern. Hier liegt die Bedeutung der platonischen Methode. Die platonische Methode besteht nicht darin, nur zu enthüllen, daß unseren wissenschaftlichen Urteilen Grundannahmen zugrundeliegen, die ein fest umrissenes Axiomensystem bilden. Es geht ihr auch nicht nur darum, festzustellen, um welches Axiomensystem es sich handelt, und auch nicht darum, daß dieses sich mit dem Fortschritt der Wissenschaft verändert.

Das Wesen dieser Methode ist, so paradox es klingen mag, die Erforschung der Gesetze, denen das Genie unterworfen ist. Die Ablösung eines Axiomensystems durch ein anderes entspricht etwa dem, was Thomas Kuhn mit dem Begriff „Paradigmawechsel" bezeichnet hat. Doch Kuhn irrt, wenn er diesen Prozeß als zufällige Neuordnung bestehenden Materials, vergleichbar mit dem erneuten Schütteln eines Kaleidoskops, charakterisiert. Dauerhaftes Überleben ist nur möglich, wenn die aufeinanderfolgenden „Paradigmawechsel" schöpferischen

Entwicklungen entsprechen, die mit der tatsächlichen negentropischen Entwicklung des Universums kohärent sind. Darin liegt der Schlüssel für das Verständnis, warum die Wissenschaft es garantiert, daß das „einzigartige Experiment Menschheit" erfolgreich fortgesetzt werden kann.

Wer wie Bertrand Russell behauptet, es gäbe keinen objektivierbaren Grund dafür, der Musik von Johann Sebastian Bach einen Vorzug vor dem Geschrei eines Esels einzuräumen, alles sei subjektiv, der verneint die Möglichkeit wissenschaftlichen Denkens überhaupt. Und in der Tat hat Bertrand Russells Esel-Gesellschaft Wissenschaft nicht nötig; die menschliche Gesellschaft hingegen sehr.

Deshalb sollten wir es nicht einfach bei der eingangs des vorherigen Kapitels gemachten Annahme bewenden lassen, daß die größten Geister der Vergangenheit durch das Ozonloch auf die Erde und den miserablen Zustand der Wissenschaft herabblicken. Wir sollten genau studieren, wie die genialen Transformationen der Wissenschaft durch Platon, Nikolaus von Kues, Leonardo da Vinci, Johannes Kepler, Gottfried Wilhelm Leibniz, Bernhard Riemann und viele mehr in der Vergangenheit konkret zur Erhöhung des relativen Bevölkerungsdichtepotentials beigetragen haben. Wir sollten ihre schöpferische Methode so zu beherrschen lernen, damit wir die Existenz jedes Menschen so sichern können, daß er als freies und schöpferisches Individuum leben kann. Hierin liegt die wirkliche Verantwortung der Wissenschaft.

Anmerkungen

(1) E. Haeckel, *Lebenswunder*, Kröner Verlag, 1904, S. 129.

(2) E. Haeckel, *Die Welträtsel*, Kröner Verlag, 1932, S. 8.

(3) E. Haeckel, *Lebenswunder*, op. cit., S. 22 und 132.

(4) ebenda, S. 132 und 235.

(5) Bericht der *Enquete-Kommission zum Schutz der Erdatmosphäre*, Bundesdrucksache 5/88, S. 276f.

(6) So stellt zum Beispiel die „Warnung vor drohenden weltweiten Klimaänderungen durch den Menschen" seitens der Deutschen

Meteorologischen Gesellschaft und der Deutschen Physikalischen Gesellschaft (Bad Honneff, Juni 1987) einen selbstverständlichen Zusammenhang zwischen „Klimaänderungen" und „der Bevölkerungsexplosion der weniger entwickelten Nationen" her. Dieser Zusammenhang ist jedoch nur für den zwangsläufig, der in malthusianischer Verblendung die Möglichkeit einer raschen Entwicklung dieser Nationen für unmöglich hält. Ein Haeckelsches Plädoyer, diese armen Nationen sollten zum Wohl des Klimas wirtschaftlichen Selbstmord begehen, gibt es noch nicht. Nicht weit davon entfernt ist jedoch die Behauptung, die ein Forscher dem Autor gegenüber im persönlichen Gespräch machte, als er allen Ernstes feststellte, die größte Umweltverschmutzung seien billige Nahrungsmittel für Entwicklungsländer, denn 100 kg Weizen ergäben zwangsläufig 1 kg Mensch.

(7) V. I. Vernadsky, „Problems of Biogeochemistry, II", Transactions of the Connecticut Academy of Arts and Sciences, Vol. 35, Juni 1944, S. 483-517.

(8) Vernadsky, „The Biosphere and the Noosphere", American Scientist, Vol. 33, Januar 1945, No.1, S. 6.

(9) Vernadsky, „Die Biosphäre", 1926, Leningrad.

(10) ebenda.

(11) Vernadsky, „The Biosphere and the Noosphere", op. cit., S. 9.

(12) Vernadsky, ebenda.

(13) V. I. Vernadsky, „Problems of Biogeochemistry, II", op. cit., S. 483-517.

(14) Lyndon LaRouche, *Verteidigung des gesunden Menschenverstandes*, Böttiger-Verlag, Wiesbaden, 1990.

(15) Der Begriff „nichtlinear" hat hier eine weitergehende Bedeutung als der mathematische Fachausdruck, weil damit ausgedrückt wird, daß die wissenschaftliche Entdeckung sich die „Freiheit nimmt", das Wissen so zu transformieren, daß ein Einschnitt entsteht, der durch rein deduktives Schließen nicht überbrückbar ist.

(16) Es muß an dieser Stelle nochmals erwähnt werden, wie verquer daher die Behauptungen radikaler Umweltschützer sind, die die Existenzprobleme der Menschheit darin begründet finden, die Überlebensinstinkte des „kultivierten" Menschen seien soweit verkümmert, daß die Menschheit „krebsartig" wuchernd die Umwelt zerstöre. Den Einklang mit der Natur kann der Mensch nicht durch Aufsuchen biologischer Nischen finden, sondern nur indem er seine Umwelt als einfallsreicher Gärtner immer wieder neu gestaltet.

Kapitel X

Sind FCKWs wirklich ersetzbar?

Das „Protokoll von Montreal" wurde als großer Sieg für den Umweltschutz gefeiert. Welch ein Sieg ist das? Richard Elliot Benedick analysiert das Ergebnis in seinem Buch „Ozondiplomatie" folgendermaßen: „Das Montrealer Protokoll über Substanzen, die die Ozonschicht abbauen, sieht eine bedeutende Reduzierung der Verwendung einiger extrem nützlicher Chemikalien vor... Durch ihr Handeln haben die Unterzeichnerstaaten die Totenglocke für einen wichtigen Teil der chemischen Industrie angeschlagen, mit Folgen für Investitionen von Hunderten von Milliarden Dollar und für Tausende von Arbeitsplätzen in den betroffenen Sektoren. Das Protokoll hat nicht einfach Grenzwerte für diese Chemikalien auf der Grundlage ‚der besten bekannten Technologie' beschlossen, was der traditionelle Weg zur Vereinbarung der Ziele des Umweltschutzes mit den wirtschaftlichen Interessen war. Stattdessen haben die Verhandlungspartner Schlußtermine für den Ersatz von Produkten gesetzt, die Synonyme für den modernen Lebensstandard geworden sind, obwohl die dazu notwendigen Ersatztechnologien gar nicht existieren... Zur Zeit der Verhandlungen und der Unterzeichnung gab es keine meßbaren Hinweise auf Zerstörungen. Also war, anders als bei Umweltschutzabkommen in der Vergangenheit, dieser Vertrag keine Reaktion auf schädliche Entwicklungen, sondern eher eine Vorsorgemaßnahme im globalen Maßstab."

Wie wird die Welt ohne FCKWs aussehen? Man braucht nicht viel Phantasie, um zu erkennen, welche wesentliche

Rolle die FCKWs in unserem Alltagsleben spielen. Besonders wichtig ist der Einsatz der FCKWs in der Kältetechnik, das heißt für die Ernährung. Ein Leben ohne bzw. mit unerschwinglich teuren Kühlschränken ist kaum vorstellbar, und ohne moderne Kühltechnik ist die Ernährung der heutigen Weltbevölkerung gar nicht mehr möglich.

Welche triste Realität die Nahrungmittelversorgung selbst im Hightech-Land Amerika noch vor 60 Jahren — das sind gerade zwei Generationen — hatte, beschreibt die ehemalige Gouverneurin des Bundesstaates Washington, Dixy Lee Ray, in ihrem Buch „Trashing the Planet" sehr anschaulich:

„Als ich jung war, konnte man frische Lebensmittel nur bekommen, wenn es die passende Jahreszeit war. Einige Früchte und Gemüsearten konnte man durch Einmachen aufbewahren, aber der Prozeß sicheren Einmachens zu Hause war noch wenig bekannt und unzuverlässig. Lebensmittelvergiftungen waren noch normal. Jedes Jahr litten Menschen an Lebensmittelvergiftungen, Salmonellen oder anderen Verdauungsstörungen, weil sie verdorbene oder vergiftete Lebensmittel aßen. Im Winter waren deshalb im allgemeinen nur Kartoffeln, Karotten, Kohl, Kürbis, Zwiebeln und getrocknete Bohnen verfügbar. Einige Leute aßen Brennesseln, weiße Rüben und Pastinakwurzeln, was in der Familie als Pferdefutter angesehen wurde. Nur durch die allgemeine Einführung der Kühlung von Eisenbahnwaggons, Schiffen, Lagerhäusern und Kolonialwaren-Behältern für Lebensmittel konnten rund ums Jahr frische Lebensmittel zum Verbraucher gebracht werden. Die Kühlung erweiterte den Markt für alle Lebensmittel beträchtlich — für Fleisch, Milchprodukte, Obst und Gemüse..."

Um den heutigen Standard an Kühlung zu erhalten, verbraucht jeder Einwohner der Vereinigten Staaten durchschnittlich 1000 Gramm FCKWs im Jahr. In Europa sind es aufgrund anderer klimatischer Verhältnisse nur 200 Gramm. In Japan sowie in entwickelten asiatischen Ländern braucht man 500 Gramm pro Kopf der Bevölkerung. Der Eisschrank ist für uns zur Selbstverständlichkeit geworden, aber für die meisten Menschen in der „Dritten Welt", die in heißem Klima leben und viel dringender einen Eisschrank bräuchten, wird diese Technik durch das FCKW-Verbot für immer unerschwinglich bleiben.

Die meisten Menschen, die an Unterernährung sterben, verhungern nicht, weil keine Nahrung da ist, sondern weil das Geerntete verrottet bzw. aus lauter Not in einem Zustand verzehrt wird, der zu Lebensmittelvergiftungen führt.

Die Bedeutung ausreichender Kühlung für die Verbesserung der weltweiten Versorgung mit Nahrung wurde von Professor W. Kaminski vom *Institut für Landwirtschaftliche und Lebensmittel- Wirtschaft* in Warschau erläutert. In einer Rede vor einer internationalen Konferenz über Kühlung 1988 in Paris stellte er fest: „Viele Spezialisten schätzen diese Verluste der produzierten Nahrungsmittel auf zwischen 20 und 25 Prozent, oder sogar bis zu 30 Prozent... Die Verluste bei Obst und Gemüse erreichen 30-40 Prozent. Bei Fisch schätzt man die Verluste sogar auf mehrere Millionen Tonnen pro Jahr... Jährlich werden mehr als 1,5 Milliarden Tonnen an verderblichen Gütern erzeugt, die Kühlung erfordern, davon gehen 250-300 Millionen Tonnen verloren, weil sie nicht ausreichend gekühlt werden können. Wäre es möglich, diese Produkte vor dem Verderben zu bewahren, gäbe es pro Jahr etwa 80 kg Nahrung mehr für jeden Erdbewohner dieser Welt."

Professor Kaminski stellte dar, welche wichtige Rolle Kühlen und Gefrieren in der Fischerei spielt: „Nach dem Zweiten Weltkrieg gab es eine gewaltige Expansion der Fischerei. Die Fangmenge der Süß- und Salzwasserfischerei (Fisch, Krusten- und Schalentiere etc.) stieg auf 19,0 Millionen Tonnen 1948, 40,2 Millionen Tonnen 1960, 65,6 Millionen Tonnen 1970, 72,0 Millionen Tonnen 1980 und 76,5 Millionen Tonnen 1983... Das war nur möglich durch den verbreiteten Einsatz der Kühltechnik, insbesondere des Gefrierens auf den Fischereischiffen... und durch die Verlängerung der Kältekette für den Bedarf der Fischwirtschaft im Binnenland."

Fisch ist für die Ernährung der Armen auf der Welt besonders wichtig und stellt in bestimmten Regionen die Hauptquelle tierischen Eiweißes für die Ernährung der Bevölkerung dar.

Experten der Kälteindustrie schätzen, daß Hunderte von Millionen Menschen in den nächsten 15 Jahren sterben werden, wenn die Kühlkette infolge des Verbots der FCKWs zusammenbricht. Offiziellen Schätzungen zufolge werden jährlich 40 Millionen Menschen am Hunger sterben. Diese schreckliche Zahl wird sogar von Robert Watson, dem Chef des *Ozone Trends Panel* zugegeben. In einem Interview mit dem Kolumnisten Alston Chase gestand Watson 1989 ein, daß „infolge unzureichender Kühlung wahrscheinlich mehr Menschen an Lebensmittelvergiftung sterben werden als an den Folgen der möglichen Ozonabnahme." Bezogen auf das in der Ozondebatte immer wieder herbeizitierte „Vorsorge-Argument" kann das doch nur bedeuten, daß man „vorsorglich" den Tod vieler (meist dunkelhäutiger) Menschen durch Lebensmittelvergiftung in Kauf nimmt, um wenige (meist hellhäutige) Menschen vor einer potentiellen Erkrankung an Hautkrebs zu bewahren.

Gekühlt werden müssen nicht nur Nahrungsmittel. Viele Medikamente müssen gekühlt werden, aber noch wichtiger ist dies für die Blutkonserven. Ralph Jaeggli, ein Kälteingenieur mit langjähriger Berufserfahrung, befürchtet, daß das Verbot von FCKWs schwerwiegende Folgen für die Blutversorgung haben wird. FCKWs sind seiner Meinung nach die einzigen sicheren Kühlmittel für Blutkonserven. Geringste Spuren eines möglicherweise toxischen Kühlmittels könnten schwere Vergiftungen der Blutkonserven verursachen. Jaeggli sagt: „Die lebensrettenden Notvorräte an Blutkonserven, sowohl bei Normaltemperatur (4° C) als auch die tiefgefrorenen Konserven (-85° C), werden stark von einem Verbot der FCKWs betroffen sein... Die Industrie arbeitet fieberhaft an alternativen Kühlmitteln, aber die Aufgabe ist gigantisch, sie umfaßt neue Kompressoren, neue Schmieröle, und Tests der Toxizität und der Korrosivität... Die wirtschaftliche Auswirkung der jetzt in Kraft gesetzten Steuern auf FCKWs und das danach folgende Verbot der weltweiten FCKW-Produktion werden die Wirtschaft lähmen und soziale Konsequenzen haben."

Die FCKWs werden jedoch nicht nur direkt als Arbeitsflüssigkeit in Kühlaggregaten eingesetzt, sondern zum großen Teil auch zum Aufschäumen von Isoliermitteln. Das FCKW-Verbot wird deshalb auch das von Umweltschützern so beliebte Energiesparen erschweren, wenn nicht unmöglich machen. Das amerikanische Forschungsinstitut *Oak Ridge National Laboratory* (ORNL) analysierte 1989 im Auftrag des Energieministeriums, wie sich das FCKW-Verbot auf den Energieverbrauch auswirken wird. Die Untersuchung zeigt, daß allein für die USA durch das FCKW-Verbot jährlich Energiemehraufwendungen nötig werden, die dem Verbrauch von 370 Millionen Barrel Öl entsprechen.

„Ersatz", der keiner ist

Nachdem die FCKWs „vorsorglich" verboten wurden, wurde behauptet, man könne leicht Ersatzstoffe schaffen. Der größte Produzent von FCKWs, der Chemiegigant *Du Pont*, hatte insbesondere darauf gesetzt, durch forcierte Einführung von Ersatzstoffen die Konkurrenz aus dem Markt zu schlagen. Die Rechnung zahlt natürlich am Ende der Verbraucher. Doch ganz so einfach lassen sich die FCKWs nicht ersetzen, auch wenn die durch Umweltschutzauflagen erzwungenen Ersatzinvestitionen gute Geschäfte versprechen.

FCKWs gehören zu den gutartigsten und vielseitigsten Stoffen, die der Mensch je erfunden hat. Sie sind sehr stabil, nicht brennbar, ungiftig und korrosionsbeständig, was sie für Haushalt und Industrie extrem nützlich macht. Deshalb haben sie eine große Zahl von Verwendungen gefunden: Kühlen und Gefrieren, in Schaumstoffen und Isolierungen, als industrielle Lösungsmittel, als Treibmittel für Kosmetika, Haushaltsprodukte, Pharmazeutika und Reinigungsmittel. Halone, eine Gruppe der FCKWs, sind die wirkungsvollsten Feuerlöschmittel, die man kennt. Für all diese wichtigen Bereiche werden FCKWs bald nicht mehr zur Verfügung stehen.

Wer kann am schnellsten Alternativen für die verbotenen FCKWs entwickeln? *Du Pont, Imperial Chemicals, Allied Signal, Hoechst* und andere haben für die Suche nach Ersatzstoffen jeweils Hunderte von Millionen Dollar ausgegeben. Zusammengenommen investierten die führenden Chemiekonzerne bereits mehr als 3 Milliarden Dollar für diese Forschung, die sie sich alle vom Verbraucher über die höheren Preise der Ersatzstoffe wiederholen werden.

Trotz dieser Forschungsanstrengung: Während sich der Termin des totalen FCKW-Verbots nähert, breitet sich in der Industrie Hysterie aus. Das kam in der Februar-Ausgabe 1991 der Zeitschrift *American Society of Heating, Refrigeration and Air Conditioning Engineers* (ASHRAE) zum Ausdruck. In einer Reihe von Artikeln wird der weitverbreitete Irrtum widerlegt, FCKWs seien einfach zu ersetzen. Das ist deshalb besonders interessant, weil das Magazin von *ASHRAE* zu den aktivsten Unterstützern des FCKW-Verbots gehört.

An den „Wunderersatzstoff" HFCKW 134a, den *Du Pont* mit einem teuren Werbefeldzug „als Ersatz für die gebräuchlichsten Kühlmittel" anpries, will kein Experte mehr so recht glauben. Das unter dem Firmennamen *Suva* von Du Pont gehandelte HFCKW 134a hat bisher jedes bekannte Schmiermittel „geschafft". Das bedeutet, daß die Kompressoren, die die Kühlgeräte antreiben, nach kurzer Zeit kaputtgehen. HFCKW 134a ist auch korrosiv und kühlt schlechter als die herkömmlichen FCKWs. Trotzdem ist *Suva* noch der „vielversprechendste Ersatz". Es kostet „nur" dreißigmal soviel wie die FCKWs, die es ersetzen soll.

In der erwähnten Zeitschrift der *ASHRAE* vom Februar 1991 identifiziert Theodore Atwood, ein leitender Forschungsingenieur der *Allied Signal, Inc.* in Buffalo (USA) neun Denkfehler, die zu dem Irrglauben führten, die FCKWs seien leicht zu ersetzten. Irrtum Nr. 1 besteht zum

Beispiel darin, daß „es eine Vielzahl von Flüssigkeiten als mögliche Kandidaten geben muß, die nur auf ihre Entdeckung und Entwicklung warten". Atwood warnt: „Diese Idee, ob unbewußt oder bewußt, ist ein großer Irrtum. Die Chemie ist, wie alle Naturwissenschaften, gebunden an das, was die Natur erlaubt; sie kann keine Wunder auf Bestellung vollbringen. Trotz breiter weltweiter Anstrengungen, die sich über viele Jahre erstreckten, ist keine neue Art von erfolgversprechenden Kühlmitteln zutage getreten. Es ist zwar richtig, daß jedes Jahr eine bedeutende Zahl chemischer Stoffe neu entwickelt wird, aber es gibt keine entsprechende Steigerung für Moleküle, die als Kühlmittel geeignet sind. Die heutigen Möglichkeiten des Synthetisierens neuer chemischer Stoffe erstrecken sich im wesentlichen auf komplexe Moleküle, die als Medikamente, Polymere oder für andere Anwendungen interessant sind, aber nicht als Kühlmittel."

Ein weiterer Irrtum ist, daß die „Öffentlichkeit erwarten kann, daß es ‚nachfüllbare' Mittel als Ersatz für die durch gesetzliche Bestimmungen auszurangierenden geben wird, mit denen die im Betrieb befindlichen Kühlaggregate für die Zeit ihrer normalen Lebensdauer weiterbetrieben werden können." Leider ist dies nicht der Fall. Atwood erklärt: „Das Kühlmittel ist der zentrale Teil, um das herum jedes System entwickelt und abgestimmt wird. Es bestimmt gewisse Bedingungen für die Auswahl der Materialien des Systems. Es diktiert die Größe und Form jeder einzelnen Systemkomponente und des Gesamtsystems selbst... Ein Ersatzkühlmittel kann niemals identische Eigenschaften haben, wenn es nicht ein identisches Molekül ist. Die Ersatzmoleküle können im besten Fall in einigen wichtigen Eigenschaften an das ursprüngliche Kühlmittel herankommen."

Chemie ist eben keine Hexerei. Und sehr bald wird den Verfechtern der „Ersatzstoffe" ins Bewußtsein dringen, daß auch die Ersatzstoffe „Umweltrisiken" mit sich bringen. So steht zum Beispiel HFCKW-22, einer der wichtigsten Ersatzstoffe, im Verdacht, krebserregend zu sein.

Für einige FCKWs gibt es jedoch überhaupt noch keine Idee, wodurch ihre einzigartigen Eigenschaften überhaupt jemals ersetzt werden könnten.

Völlig ungeklärt ist zum Beispiel, wie die „Halone" bei der Brandbekämpfung ersetzt werden können. Halone sind eine besondere Gruppe der FCKWs, die neben Chlor und Fluor auch noch Brom enthalten. Ihre Wirkung bei der Brandbekämpfung ist einzigartig. Es gibt kein bekanntes Feuerlöschmittel, das Brände so schnell und effektiv löschen kann wie die Halone. Darüberhinaus sind Halone ungiftig, nicht korrosiv und beschädigen elektronische Anlagen nicht. Die Toxizität der Halone ist so gering, daß man ein wütendes Feuer löschen kann, ohne Löschmannschaft oder eingeschlossene Opfer durch das Löschmittel zu gefährden. Kohlendioxid z.B. eignet sich zwar auch als Löschmittel, aber es erstickt Menschen und Tiere. Andererseits gibt es Feuerlöschmittel, die für Menschen nicht schädlich sind, die aber elektronische Geräte, Computer und wertvolle Güter, die vor dem Feuer gerettet werden sollen, stark zerstören.

Halone sind leider recht teuer. Zum Beispiel kostet das Kilogramm Halon-1301 etwa DM 25.-. Trotzdem lohnt sich sein Einsatz an vielen besonders gefährdeten Stellen: in Flugzeugen, Krankenhäusern, Pipelines, Schiffen, Militärfahrzeugen und Raketenstellungen sowie Kontrollräumen von Kernkraftwerken und Anlagen der Großchemie.

Ein gutes Beispiel für die Wirkung der Halone, von denen sich der Laie kaum eine Vorstellung macht, finden wir in dem Artikel „Brandschutzsystem rettet Leben" im *Risk Management Magazine* in der September-Ausgabe von 1980: „Vor zwei Jahren, nachdem der mexikanische 1.500-t-Schlepper *Ballena* durch ein Feuer schwer beschädigt wurde, entschieden die Besitzer, daß das Schiff ein moderneres Brandschutzsystem brauchte... Diese Entscheidung hat den elf Jahre alten Schlepper vermutlich vor noch größerem Schaden bewahrt, als auf einer Fahrt im Pazifischen Ozean erneut ein Feuer ausbrach, nachdem das Kurbelgehäuse platzte. Trümmer der Explosion beschädigten die Hauptkraftstoffleitung des Dieselaggregats und lösten einen Brand im Maschinenraum aus. Das Feuer wurde innerhalb von 10 Sekunden durch ein von *Chemetron Fire Systems* entwickeltes Löschsystem unterdrückt... Das Feuer beschränkte sich auf den Bereich des Maschinenraums... Das Feuer, welches schon das Kurbelgehäuse wie auch das Öl im darunter befindlichen Kielraum erfaßt hatte, war derart stark, daß die Mannschaft glaubte, nichts könne das Schiff mehr retten... Die schnelle Reaktion des *Chemetron-Systems* und des Halon-1301 haben vermutlich zwei Männern, die bei der Explosion verletzt wurden, das Leben gerettet. Beide waren im Maschinenraum gefangen und wurden befreit, nachdem das Feuer gelöscht war. Der Schlepper ist inzwischen wieder im Einsatz."

Ganz andere Erfahrungen mußten die Arbeiter im Juni 1991 bei der Wartung eines Großraumflugzeugs der Chartergesellschaft *LTU* auf dem Düsseldorfer Flughafen machen. Plötzlich stand eine *Trident* in Flammen und brannte völlig aus. Die staatliche Gewerbeaufsicht teilte nach der Untersuchung des Brandes mit, daß die Brandursache das Treibgas umweltfreundlicher Spraydosen war. Die Dosen enthalten nämlich nicht mehr FCKWs, sondern ein Gemisch aus Butan und Propan. Wer beim Zelten schon einmal mit einem Gaskocher hantiert hat, der weiß, wie leicht entflammbar Butan und Propan sind.

Halone haben sogar die ganz außergewöhnliche Fähigkeit, bereits in Gang gekommene Explosionen noch zu unterdrücken. In *Aerosol Age* schrieb der technische Redakteur Montfort A. Johnsen im April 1990: „Wenn man mit den Beschäftigten einer Aerosol-Fabrik redet, so ist es nicht schwierig, ein oder zwei Arbeiter oder Ingenieure zu finden, die in ihrem Leben bereits einen Moment unvergeßlicher Angst erlebt haben, als sich vor ihren Augen ein Feuerball bildete, der dann mit lautem Getöse innerhalb von wenigen Tausendstel Sekunden mit Halongas erstickt wurde... Wieviele Menschenleben sind durch Halon-Einrichtungen gerettet worden?"

Diese Frage muß man heute anders stellen: Wieviele

Menschen werden durch das FCKW-Verbot sterben?

Ein anderer Bereich, auf dem kein Ersatz für FCKWs in Sicht ist, sind Inhalationsgeräte. Menschen mit Atembeschwerden sind auf FCKWs angewiesen, denn diese Stoffe werden als Treibgas in Inhalationsgeräten eingesetzt. In der August-Ausgabe 1990 der Zeitschrift *Aerosol Age* schreibt Dr. Terrance C. Coyne: „Inhalatoren sind seit ihrer Einführung in den fünfziger Jahren populär, weil sie sicher und effizient sind, und das bei erträglichen Behandlungskosten... Die von den internationalen Organisationen verhängten Beschränkungen der Produktion und der Verwendung von ozonzersetzenden FCKWs können bis zum Jahr 2000 auf ein Totalverbot von FCKWs hinauslaufen."

Dabei muß man berücksichtigen, daß über 10 Prozent der Bevölkerung, die an Asthma, chronischen Atembeschwerden und anderen Lungenkrankheiten leiden, d.h. an Behinderungen des Luftstroms und Kurzatmigkeit, solche Inhalatoren benötigen. Dr. Terrance betont: „Es gibt auch Alternativen zu den Aerosolen, wie z.B. Pulverinhalatoren, orale Kapseln oder Tabletten, orale Suspensionen und Lösungen für Nebelinhalatoren. Aber oft können diese Alternativen nicht genutzt werden, weil das betreffende Medikament in dieser Form nicht verabreicht werden kann oder unwirksam ist oder weil der Patient diese Verabreichungsform nicht verträgt (z.B. bei Pulverinhalatoren) oder sich nicht an die Dosierung hält."

Viele Arzneimittelfirmen und Mediziner haben dem *United Nations Environmental Program (UNEP)* und anderen Autoren des Protokolls von Montreal dringend geraten, für den medizinischen Gebrauch von FCKWs eine Ausnahme zu machen. Mit einer charakteristischen Gleichgültigkeit gegenüber menschlichem Leiden hat UNEP diese Ausnahmen abgelehnt. Dabei ist genau wie bei den Kühlmitteln und Halonen an einen geeigneten Ersatz nicht zu denken, insbesondere weil der Ersatz bei medizinischer Anwendung völlig ungiftig und mit einer Vielzahl von Medikamenten verträglich sein muß.

Das Geschäft mit dem Recycling

Eines der am häufigsten ins Feld geführten Allheilmittel der Umweltschützer ist Recycling, außer wenn es um das Recycling von Atommüll geht. Jedenfalls geht das UNEP nach den Richtlinien des Protokolls von Montreal davon aus, daß mehr als 30 Prozent der nach dem Verbot noch benötigten Kühlmittel durch Recycling hergestellt werden können. Sehen wir uns einmal an, ob dies überhaupt möglich ist, und wer von diesem Szenario profitiert.

Der Leitartikel der Januar-Ausgabe 1990 von *Refrigeration Service and Contracting* (RSC), dem Organ der *Refrigeration Service Engineers Society*, beschäftigte sich mit der Frage des FCKW-Recycling. Im Vorspann wird festgestellt, daß neun der dreizehn Firmen, die Kühlmittelsammel- oder Kühlmittelrecyclingausrüstung produzieren, angeben, sie hätten Geräte, mit denen CFC-12, CFC-500, CFC-502 und HCFC-22 wiederaufbereitet werden könnten. Geräte zur Wiederaufbereitung von CFC-11, CFC-113 und CFC-114 befänden sich noch in einer frühen Phase der Entwicklung.

In den USA wird bei der zu erwartenden Gesetzgebung der Bedarf an Recyclinggeräten auf 325 000 Einheiten geschätzt. Die Kosten eines System liegen bei etwa 3 000 Dollar, sie können aber auch bis zu 50 000 Dollar kosten, je nachdem welche FCKWs aufbereitet oder nur gesammelt werden sollen. Bei 325 000 Einheiten ergeben sich also Kosten von über 975 Millionen Dollar. Darin sind Filter, Wartung und sonstige Betriebskosten nicht eingerechnet. Kein Wunder, daß sich die Hersteller dieser Geräte die Finger danach lecken, in den zu erwartenden „Markt" von einer Milliarde Dollar einzusteigen. Die Kosten werden im Endeffekt auf den Verbraucher abgewälzt, und volkswirtschaftlich ist diese Milliarde eine indirekte „Umweltsteuer" für die Verbraucher.

Quellenhinweise:

„Environmentalists challenge us on fire-extinguishing Halon gas", *Army Times*, 22. Januar 1990, S. 23.

„Fire Protection System Saves Lives", *Risk Management*, September 1980.

Theodore Atwood: Refrigerants of the Future: Facts and Fallacies, *ASHRAE Journal*, Februar 1991, S. 30-35.

Richard Elliot Benedick: Ozone Diplomacy, New Directions in Safeguarding the Planet, *Harvard University Press*, 1991.

Terrance C. Coyne: A Status Report: CFCs in Pharmaceutical Aerosols, *Aerosol Age*, August 1990, S. 24-25.

Montfort A. Johnsen: The Halons: present uses — future options, *Aerosol Age*, April 1990, S. 36-39.

Anne M. Hayner: Measuring recovery/recycling reliability, *Refrigeration Service and Contracting*, Januar 1990, S. 24-26.

Kapitel XI

Das Bronfman Protokoll – oder wem gehören die Umweltschützer?

Das FCKW-Verbot wird jährlich zwischen 3 und 5 Billionen Dollar an Kosten verursachen. Direkt und indirekt durch die wirtschaftlichen Auswirkungen dieser Fehlinvestitionen werden dem überflüssigen Verbot wahrscheinlich 20-40 Millionen Menschen zum Opfer fallen. Angesichts dieser Auswirkungen muß man sich doch fragen: Wem nützt das alles? Darauf gibt es zwei grundlegende Antworten. Erstens gibt es Leute, die sich an dem FCKW-Verbot eine goldene Nase verdienen wollen, und zweitens gibt es Leute, die Umweltverbote und deren internationale Durchsetzung als Mittel benutzen wollen, um die Kontrolle über die Weltwirtschaft zu erlangen.

In letzter Zeit ist viel von einer „Neuen Weltordnung" die Rede. Der amerikanische Präsident Bush will sie, und Gorbatschow angeblich auch. Ob sie das gleiche darunter verstehen, ist fraglich. Überhaupt ist der Begriff verschwommen. Erstmals wurde der Begriff „Neue Weltordnung" konkret, als es um die militärische Zerschlagung des Iraks ging. Was da hinter der gut klingenden Rhetorik auftauchte, war erschreckend. Die modernsten Militärmächte der Welt versuchten ein Land ins Mittelalter zurückzubomben. Auf den Fernsehschirmen lief alles sauber ab, wie ein „netter, kleiner Kolonialkrieg", erst nach Wochen kamen die Brutalitäten und Kriegsverbrechen ans Tageslicht, die mit dem Segen der UNO im Namen der „Neuen Weltordnung" begangen wurden.

In großen Teilen der „Dritten Welt" wurde die brutale

Zerschlagung der Infrastruktur des Iraks durch die westlichen Industrienationen als Drohung verstanden, und es ist nicht überraschend, daß sich plötzlich Widerstand gegen die „Neue Weltordnung" regt. Einige Staaten erwägen bereits, die Superkonferenz „Öko 92", auf der im Juni 1992 in Rio de Janeiro die „Neue Weltordnung" offiziell aus der Taufe gehoben werden sollte, zu boykottieren.

Auf der Konferenz sollen sich über 40 000 Delegierte aus allen Ländern der Welt versammeln, um einen globalen Vertrag zu unterzeichnen. Dieser Vertrag soll u.a. durch das „Gesetz der Atmosphäre" regeln, welche Gase von wem in die Atmosphäre abgegeben werden dürfen. Deutliche Einschnitte in die Souveränitätsrechte einzelner Staaten sollten beschlossen werden, und vor allem Sanktionen gegen die „Umweltsünder". Die „Montreal-Protokolle" erscheinen vor diesem Hintergrund nur als Testlauf für eine Reihe derartiger Verträge im Rahmen der „Neuen Weltordnung".

Wer verdient sich die goldene Nase?

Die Zeiten, als „Öko" noch Jute, selbstgestrickt und alternativ war, sind lange vorbei. „Öko" ist heute vor allem Macht und Geschäft. Alle Großunternehmen überschlagen sich mit neuen Angeboten an „Umwelt-Produkten", immer noch umweltschonender, natürlicher und natürlich teurer. Das Zeitalter der „Ökologie-Unternehmen" ist angebrochen, und wer etwas auf sich halten will, macht „Öko-Sponsering", damit der ganze Rummel weiter angeleiert wird.

Unter den „Öko-Unternehmen" hat sich in letzter Zeit besonders die Du Pont Corporation hervorgetan. Es wird behauptet, der Begriff „Öko-Unternehmen" sei vom Chef des Unternehmens, Edgar Woolard, geprägt worden. Eingeweihte der Firma wissen, daß bereits 1986 in dieser Firma die Entscheidung gefallen war, das FCKW-Verbot und die damit zusammenhängende Umweltkampagne zu unterstützen. Damals hatten die Brüder Edgar und

Charles Bronfman die Firma übernommen. Ihr Vermögen stammte aus dem Whiskeyschmuggel der Bronfman-Familie während der Zeit der Prohibition in den USA. Heute erfüllen die FCKWs die gleiche Rolle wie damals Schnaps und Koks. Die „Protokolle von Montreal" machen FCKWs zu „verbotenen Substanzen", wie in den Vereinigten Staaten Alkohol in den 20er und 30er Jahren verboten war. Mit verbotenen und stark reglementierten Substanzen läßt sich ein sehr einträgliches Geschäft machen, besonders dann, wenn man auch die Patente der Chemikalien kontrolliert, die als Ersatz für die verbotenen Substanzen in Frage kommen.

Die Konsequenzen des FCKW-Verbots für die Unternehmen beschreibt recht zutreffend ein Artikel in der europäischen Ausgabe des *Wall Street Journal*. Er erschien am 29. Juni 1990, dem Tag, an dem man in London die „Protokolle von Montreal" unterzeichnete. Es heißt dort: „Ein erwartetes globales Abkommen zum phasenweisen Abbau ozonzerstörender Chemikalien wird die Chemieindustrie zu Umstellungen zwingen, die letztendlich für die Chemiegiganten nützlich sein werden... Anstelle des heutigen 2 Milliarden Dollar umfassenden FCKW-Markts wird ein neuer Markt von ozonfreundlichen Substanzen treten. Dieser Markt wird die Chemiegiganten bevorteilen, die die Laboratorien und die Ausrüstung haben, ozonfreundliche Ersatzstoffe zu entwickeln. Die globalen Entwicklungskosten werden wahrscheinlich 4 Milliarden Dollar übersteigen — eine Summe, die nur den Riesen erschwinglich ist" und letztendlich dem Bürger aus der Tasche gezogen wird, weil sie mit Steuergeldern subventioniert und über die Preise auf den Verbraucher abgewälzt wird, der dem „Angebot" der Multis machtlos gegenübersteht.

„Es wird eine radikale Umverteilung des Marktes geben", prophezeit Bridget Paterson von *Imperial Chemical Industries*. „Es wird dann nicht mehr 32, sondern nur noch sechs bis zehn weltweite Anbieter geben." Zum Schluß prophezeit der Artikel im *Wall Street Journal*, daß „die wahrscheinlichen Überlebenden im ozonfreundlichen

Markt diejenigen Firmen sein werden, die heute den FCKW-Markt kontrollieren: *ICI, Du Pont Co. of Wilmington, Hoechst AG, Atochem SA, Allied-Signal Inc. of Buffalo* und *Showa Denko KK* aus Japan..."

Das *Wall Street Journal* hätte nicht präziser sein können. Das FCKW-Verbot bringt eines der größten Kartelle der Wirtschaftsgeschichte hervor, und zwar auf Kosten mittelständischer und teilweise recht großer Firmen der chemischen Industrie. Die Manager dieser Multis verdienen sich eine goldene Nase und belächeln die Umweltschützer, die von Tante-Emma-Läden schwärmen und den Großkonzernen bei dieser „Reorganisation des Marktes" so tatkräftig helfen. Ganz leer gehen die Umweltschutzorganisationen dabei natürlich nicht aus, sie erhalten im Gegenzug von den Multis über Stiftungen und andere Wege Millionensummen an Spendengeldern und Unterstützungen.

Es geht um gewaltige Summen

Wir haben gesehen, daß durch das FCKW-Verbot Hunderte Millionen von Kühlschränken, Kälteräumen und Kühltransportsystemen ersetzt werden müssen. Bereits bevor das erste Gramm FCKW-Ersatzstoff verkauft wurde, haben die großen Chemieunternehmen schon 6 Milliarden Dollar am FCKW-Verbot verdient. Seit der Unterzeichnung der ursprünglichen „Protokolle von Montreal" im September 1987 sind die Preise für die „kontrollierten" FCKWs um das 6- bis 20fache gestiegen. FCKW-12, das in Kühl- und Klimaanlagen vorwiegend benutzt wird, kostete 1988 rund 1 Dollar pro Kilo; heute wird es für 6-10 Dollar pro Kilo verkauft. Experten aus der Kühlindustrie rechnen damit, daß 1995, wenn die FCKW-Produktion nur noch 50% der Produktion des Jahres 1985 erreichen darf, der Preis auf 30-50 Dollar pro Kilogramm emporschnellen wird. An den Produktionskosten ändert sich nichts, sie würden weiterhin einen profitablen Preis von einem Dollar pro Kilogramm ermöglichen. Der neue Preis ist ein politischer Preis.

Aber nicht nur die Multis verdienen bei diesem Schwindel. Die US-Regierung erhebt z.B. seit 1990 eine FCKW-Steuer. Alle bestehenden Vorräte an FCKWs in den USA, alle zukünftigen Importe und ihre Herstellung werden besteuert. Die Steuer belief sich im ersten Jahr auf 2,74 Dollar pro Kilogramm, also das Dreifache der Produktionskosten. Die Steuer wird von Jahr zu Jahr kräftig steigen. Ende des Jahrzehnts soll sie etwa 10 Dollar betragen. Mit dem Geld können dann die „notleidenden" Großbanken liquide gehalten werden. So hilft die „Rettung der Erde" bei der „Rettung des Finanzsystems".

So richtig fett werden die Profite der Chemiegiganten, wenn die Ersatzstoffe eingesetzt werden. 1988 betrug der gesamte FCKW-Markt weltweit etwa 1 Mrd. Dollar. Der wichtigste Ersatzstoff für FCKWs als Kühlmittel ist das von *Du Pont* patentierte HFCKW-134a. Noch 1989 sollte der Preis für HFCKW-134a nach Angaben von Du Pont beim Zwei- bis Fünffachen der FCKWs liegen. Inzwischen wurden die Preisschilder mehrmals ausgetauscht. Auf ihnen steht heute der 30fache FCKW-Preis, nämlich 30 Dollar pro Kilo. Statt einer Milliarde Dollar, die man aus dem Verkauf von Kühlmitteln bisher erzielen konnte, lassen sich nun schon 30 Milliarden realisieren.

Seit 1988 ist die Nachfrage nach Kühlschränken um gut 20% gestiegen. Daran waren vor allem Länder aus der sogenannten Dritten Welt beteiligt. In heißen Ländern wie Indien, China, Brasilien, Südkorea und Taiwan besitzen weniger als einer von hundert Haushalten einen Kühlschrank. Der enger werdenden Versorgung mit Lebensmitteln wollten die Regierungen mit einem ehrgeizigen Programm der Kühlschrankproduktion begegnen. Aus den Plänen allein dieser Länder ließ sich bis zum Jahr 2000 eine Nachfrage von ungefähr 400-500 Millionen Kühlschränken errechnen. Das hätte eine siebenfache Jahresproduktion von FCKW für Kühlzwecke erfordert und die FCKW-Produktion aus Europa und den USA in nagelneue Chemiefabriken in die Entwicklungsländer verlagert.

Nach dem totalen FCKW-Verbot bis zum Jahre 2000 ist

es unklar, wie der Bedarf an Kühlsystemen in den Entwicklungsländern gedeckt werden soll. Es gibt dennoch Abschätzungen, wonach allein die bereits industrialisierten Länder nach dem Jahr 2000 einen Bedarf an HFCKW-134a und ähnlichen Ersatzstoffen im Wert von 150-200 Milliarden Dollar jährlich haben werden. Dies ist sicherlich kein schlechtes Geschäft für ein Kartell, das 1988 nur eine läppische Milliarde aus dem Verkauf von FCKWs ziehen konnte. Für die unterentwickelten Länder wird das unerschwinglich sein.

Auch die führenden Manager der Branche rechnen im Kühlmittelgeschäft mit Umsätzen von 150-200 Milliarden Dollar pro Jahr. Die Schätzungen weisen große Unterschiede auf, aber insgesamt rechnen alle damit, daß die wegen des FCKW-Verbotes nötig gewordene Umstellung der Kühlsysteme sich auf 500-1000 Milliarden Dollar belaufen werden. Das betrifft nur die Kosten für die neuen Kühlsysteme. Nicht berücksichtigt sind die Verteuerung der Nahrungsmittel als Folge der verteuerten Verarbeitung und andere Folgekosten.

Es geht um Macht

Die Initiative für das FCKW-Verbot ging nicht von irgendwelchen „grünen Spinnern" aus, sondern von zwei großen Weltunternehmen der Chemischen Industrie. *E.I. Du Pont de Nemours* in den USA und *Imperial Chemical Industries* in England entfalteten die wichtigsten Aktivitäten in diese Richtung. Seit 1986 setzt das US-Außenministerium und sein Nachrichtendienst das Thema FCKW-Verbot immer intensiver bei seinen diplomatischen Schachzügen ein. Das kann man im Buch des US-Chefdiplomaten in Sachen FCKW-Verbot Richard Benedick „Ozon-Diplomatie" bestätigt finden.

Umweltschutz läßt sich in vielen Aspekten hervorragend als Waffe der Wirtschaftskriegführung einsetzen. Auf der Strecke bleiben dabei zuerst kleine und mittelständische Betriebe. Diese nicht unerheblichen Konkurrenten der Großbetriebe scheitern an den unproduktiven

Investitionen, die neue Umweltauflagen ihnen auferlegen. Bei Großbetrieben fallen solche Auflagen weniger ins Gewicht. Dann können sich die mittelständischen Betriebe nicht das erforderliche Heer an Rechtsanwälten leisten, um die neuen Bestimmungen zu verfolgen, sich auf sie einzustellen, sie gegebenenfalls geschickt zu umgehen, gegen sie angestrengte Gerichtsverfahren abzuwehren und Einfluß auf die Aufsichtsbehörden auszuüben.

Die neuen Konkurrenzkämpfe erinnern in vielem an die der Gründerjahre und die Art, wie diese im „freien" Westen der USA ausgetragen wurden. Damals bedienten sich die „Eisenbahn-Tycoons" und Industriebarone angeheuerter Gangsterbanden, um auf die Arbeiter der Konkurrenz schießen zu lassen oder deren Schienen und Anlagen zu sprengen. Heute bieten sich zum gleichen Zweck Bürgerinitiativen und grüne Grüppchen an. Ihr Wohlwollen läßt sich, wenn man es geschickt anfängt, billig erwerben. Wenn man diese Gruppen und den sie umgebenden Medienschwarm ins Feld führt, ist das heute wirksamer als der Sprengstoff in der Gründerzeit.

Die Existenz solcher modernen „Räuberbarone" ist gar kein Geheimnis. Am 12. Februar 1990 beschrieb das renommierte Magazin *Fortune* unter dem Titel „Die Umwelt: Die Geschäftswelt schließt sich dem neuen Kreuzzug an" recht detailliert, wie sich bestimmte Firmen die neue Strategie des „Öko-Unternehmens" zunutze gemacht haben. In diesem Artikel sagt Gary Miller von der Universität Washington in St. Louis: „In den 90er Jahren wird der Umweltschutzgedanke zum springenden Punkt der sozialen Reform und bei weitem das wichtigste Thema für die Geschäftswelt werden..."

Es geht dabei nicht nur um betriebliche und regionale Wirtschaftskonkurrenz, sondern auch um internationale Wirtschaftskriegführung und Gesellschaftspolitik.

In dem Artikel in *Fortune* wird wieder die Firma *Du Pont de Nemours* wegen ihrer vorbildlichen Umweltaktivitäten herausgestellt. Es heißt dazu unter anderem: „Anfang Dezember verkündete das Unternehmen die Schaffung einer Abteilung für Sicherheit und Umwelt, die ihren Industriekunden bei der Beseitigung giftiger Abfälle helfen soll. Das Management schätzt jährliche Einkünfte aus diesem Bereich auf 1 Milliarde Dollar bis zum Jahr 2000." Der Vorstandsvorsitzende der Firma berichtet: „Edgar Woolard trifft sich jetzt mindestens einmal im Monat mit führenden Grünen..." Auf den größeren Konferenzen über Umweltschutz ist Woolard in den letzten zwei Jahren regelmäßig als Hauptredner aufgetreten.

Das Vorgehen der Bronfmans bei *Du Pont* steht im Einklang mit der Politik der US-Regierung. Die Wende wurde im Juni 1986 auf einer nichtöffentlichen Sitzung in Leesburg, Virginia, beschlossen. Seit diesem Treffen wurde das FCKW-Verbot eines der dringendsten Anliegen der US-Außenpolitik. Richard Elliott Benedick beschreibt diese Konferenz und die damit ausgelöste außenpolitische Wende in dem genannten Buch „Ozon-Diplomatie". Benedick war als Verhandlungsführer der US-Regierung in Montreal anwesend und weiß mehr über den Gegenstand, als er in seinem Buch preisgibt. Übrigens arbeitete er vor seinem Einsatz für das FCKW-Verbot als Chef der Abteilung Bevölkerung im US-Außenministerium und setzte sich hier besonders für Zwangssterilisation, Abtreibung und andere Maßnahmen der Bevölkerungsreduktion vornehmlich der farbigen Bevölkerung der Entwicklungsländer ein. Inzwischen ist er „US-Botschafter beim *World Wildlife Fund*".

In seinem Buch beschreibt er die umfangreichen Aktivitäten, die die US-Regierung nach dem Treffen in Leesburg in dieser Frage entfaltet hat. „Das Außenministerium hat eine vielschichtige Strategie entwickelt, um so viele Regierungen wie möglich für die neue amerikanische Position zu gewinnen. In den folgenden Monaten wurden ungefähr 60 Botschaften der USA regelmäßig mit wissenschaftlichen und politischen Traktaten zum Thema versorgt. Die Botschaften wurden angewiesen, ihre Gastregierungen in einen ständigen Dialog zu verwickeln, um zu informieren, zu beeinflussen und Flexibilität zu zeigen. Ein ständiger Fluß von Nachrichten zwischen Washington und ihren Botschaften versetzte das US-State Department in die Lage, selbst kleinste Änderungen in der ausländischen Haltung wahrzunehmen und je nach Sachlage neue Initiativen in den jeweiligen Ländern einzuleiten".

Es genügte aber nicht nur, die Regierungen dieser Länder zu beeinflussen, Hauptziel war die Beeinflussung der Bevölkerungen dieser Länder, damit diese dann ihre Regierungen unter Druck setzen können. Der seit der Gründung des *Club von Rom* gut geschmierte Medienapparat läuft auf Hochtouren. Millionenbeträge fließen aus den Kassen der großen Stiftungen des Ostküstenestablishments an geeignete Umweltschutzorganisationen, um eine Hysterie gegen die drohende Klimakatastrophe und das Ozonloch zu entfachen.

Das *Welt-Rohstoff-Institut* erhielt — um hier wenigstens ein Beispiel zu nennen — allein zu diesem Zweck 25 Millionen Dollar von der *McArthur-Stiftung*. „Linke" Grüne mögen dieses Institut nicht, weil sich das Gerücht unausrottbar bei ihnen festgesetzt hat, dieses Institut sei eine der unzähligen Frontorganisationen der *CIA*. Das Geld war dort sicherlich im Sinne der Stifter gut angelegt. Denn der Chef des Instituts, Thornton Bradshaw, saß praktischerweise auch in den Vorständen großer amerikanischer Medienriesen wie *NBC, RCA* und einigen anderen, daneben war er noch Präsident der *Atlantic Richfield Corporation*.

Die Grünen sind nur in ihrer eigenen Einbildung eine „Randgruppe", die gegen das Establishment ankämpft. In Wirklichkeit sind sie Fußtruppen im internationalen Machtkampf, und die Führer ihrer Organisationen wissen das auch. Benedick spricht in dieser Beziehung Klartext: „Die Medien sind ein integraler Bestandteil der diplomatischen Strategie. Die US-Regierung unternahm größte Anstrengungen, auch die Öffentlichkeit anderer Länder, besonders in Europa und Japan, zu erreichen. Sie wollte dadurch dem ansonsten unangefochtenen Einfluß der kommerziellen Interessen entgegentreten. Bekannte amerikanische Politiker und Wissenschaftler gaben Pressekonferenzen, Reden, Radio und Fernsehinterviews in vielen Hauptstädten des Auslands. Das hochmoderne *Worldnet-Telekommunikations-System* der US-Informationsagentur wurde eingesetzt. Dadurch konnten Robert Watson von der *NASA* und US-Unterhändler Benedick live in einer Serie von Fernsehveranstaltungen in über zwanzig Hauptstädten Europas, Lateinamerikas und Asiens auftreten. Solche Veranstaltungen liefen ein ganzes Jahr lang und hatten eine große Medienwirksamkeit im Radio, im Fernsehen und in der Presse."

Einen ähnlich abrupten Gesinnungswandel wie *Du Pont* und *ICI* erlebte schließlich auch Frau Thatcher, die Premierministerin in London. 1985 war die eiserne Lady noch eine rigorose Gegnerin des FCKW-Verbots, und plötzlich, ein Jahr danach, wurde sie zu seiner glühenden Verfechterin. In der Zwischenzeit hatten *Du Pont* und *ICI* — beide Firmen arbeiten auch auf anderen Gebieten eng zusammen — ihr gemeinsames Vorgehen abgesprochen. Ein weltweites Chemiekartell war so zustandegekommen. *Imperial Chemical Industries* war im letzten Jahrhundert von Lord Alfred Mond auf dem Höhepunkt imperialer britischer Machtentfaltung gegründet worden. Die britische Regierung räumte ihm schnell eine Monopolstellung in England ein. Die britische Kolonialpolitik zielte nämlich darauf ab, jede industrielle Produktion in den Kolonien und abhängigen Staaten abzutreiben, diesen Staaten nichts als die Gewinnung von Rohstoffen und deren Export nach England zu ermöglichen und den bescheidenen Warenbedarf aus Englands Industrie zu decken. Im Grunde wird diese Politik bis heute, wenn auch finanzpolitisch anders versteckt, als „Freihandelspolitik" weitergeführt.

Als Frau Thatcher erkannte, welche Rolle die Umweltpolitik hierbei spielen konnte, warf sie ihre frühere Meinung zum FCKW-Verbot um. Sie nahm Denys Henderson, den Vorsitzenden von *Imperial Chemical Industries*, als Sonderberater zu sich und begann ihren Feldzug für das FCKW-Verbot. Nach Henderson stand mit dem FCKW-Verbot die Zukunft des Unternehmens auf dem Spiel. Nur die Sondergewinne aus diesem Geschäft haben es angeblich noch gerettet. So jedenfalls drückte er sich auf der Aktionärsversammlung im April 1989 aus und fuhr fort:

Nach der vollständigen Eliminierung von FCKWs „ist es unser Ziel, das führende Chemieunternehmen der Welt zu werden". Gut zwei Monate zuvor hatte die britische Premierministerin ihre erste Konferenz „Zur Rettung der Ozonschicht" in London eröffnet und Repräsentanten aus 124 Ländern, davon 85 im Ministerrang, zu dieser Mammut-Öko-Show begrüßt.

Es gibt einen nicht uninteressanten Seitenaspekt der *ICI*-Beteiligung am FCKW-Verbot. Einer der Verwalter des *ICI*-Familienvermögens heißt Lord Melchett. Er ist Enkel des *ICI*-Gründers Alfred Mond und Geschäftsführender Vorstand der Umweltorganisation *Greenpeace*. *Greenpeace* ist ein sehr lukratives Geschäftsunternehmen, das jährlich mehrere hundert Millionen Dollar erwirtschaftet.

Noch am gleichen Tag, an dem das Londoner Abkommen gegen die Verwendung von FCKW unterzeichnet worden war, kündigte der Chef des Umweltamtes in den USA, Walter K. Reilly, an, das Justizministerium werde besonders scharf gegen Übertreter der FCKW-Bestimmungen vorgehen. Reilly war Leiter der US-Delegation in London gewesen. Er teilte bei dieser Gelegenheit mit, daß bereits Verfahren gegen Firmen, die FCKW importierten, eröffnet worden seien. Am 29. Juni waren *Unitor Ships Service, Inc.* aus Long Beach in Kalifornien, *Fehr Brothers, Inc.* in New York und drei andere Firmen angeklagt worden, FCKW ohne die nötige Genehmigung der Behörden importiert zu haben. Das entsprechende Gesetz war im Januar des Jahres erlassen worden. Keine der Firmen war über dieses Gesetz unterrichtet worden.

Paul Berg, Präsident der Firma *Unitor Ships Service* drückte vor der Presse seine Wut darüber aus, „daß er von der Behörde in Seattle falsch beraten worden sei". Er könne sich aber, fügte er hinzu, mit der Regierung nicht anlegen, da sie ihn mit einer Geldstrafe von 25 000 Dollar pro Kilogramm FCKW bedroht. So schloß er einen Vergleich und zog sich aus dem Geschäft zurück. Auch in New York kam es zu einem Vergleich, der die Firma 101 935 Dollar kostete. In beiden Fällen war die Verteidigung finanziell zu riskant. Aber der Vergleich schuf die erforderlichen Präzedenzfälle, mit denen dann alle Importeure, Produzenten und Verbraucher von FCKW gehörig unter Druck gesetzt werden konnten.

Inzwischen ist die Gesetzgebung aber weitergeführt worden, so daß sie auf ihren eigentlichen Punkt kommt. Das neue „Gesetz zur Schaffung sauberer Luft", das Präsident Bush im Sommer 1991 unterzeichnete, droht Übertretern nicht nur langjährige Gefängnisstrafen an, es kriminalisiert vor allem — und darauf kam es eigentlich an — den Transfer von Techniken und Verfahren, die Länder der Dritten Welt befähigen könnten, selbst FCKW herzustellen.

Um aber die Bevölkerung dieser Länder am Leben zu erhalten und zu diesem Zweck mit Nahrungsmitteln zu versorgen, ist der Aufbau einer Lagerinfrastruktur mit entsprechenden Kühlaggregaten unerläßlich. Die Voraussetzungen dafür zu schaffen, wird unter Strafe gestellt. Das FCKW-Verbot reiht sich so nahtlos in die Politik der „technologischen Apartheid" ein, die die USA und ihre Gefolgschaftsstaaten seit einigen Jahren gegen die Länder der Dritten Welt in immer schärferer und unverhüllterer Form betreiben.

FCKW-Verbot und Bevölkerungskontrolle

Die berufliche Karriere des „Ozon-Diplomaten" Richard Elliott Benedick, wie erwähnt war er Chef der Abteilung Bevölkerung im US-Außenministerium, weist auf den größeren Rahmen hin, in dem FCKW-Politik und „technologische Apartheid" stehen. Dieser Rahmen ist dokumentiert in dem *Memorandum 200* des Sicherheitsrates der US-Regierung. Dieses Dokument tauchte kürzlich im *U.S. National Archive* auf, wo es streng vertraulich eingelagert war. Es handelt sich dabei um eine auf den 10. Dezember 1974 datierte Studie mit dem Namen „Auswirkungen des weltweiten Bevölkerungswachstums auf die Sicherheits- und auswärtigen Interessen der USA" und faßt mehrere Papiere und Vorschläge zusammen, die bis zu dem von John D. Rockefeller III. 1952 gegründeten *Po-*

pulation Council zurückgehen. Die Papiere und Vorschläge wurden zu einer für alle Dienststellen der US- Regierung verbindlichen politischen Doktrin zusammengefaßt, die die Unterschrift von Henry Kissinger und Brent Scowcroft trägt. Der gegenwärtige Präsident Bush war an ihrer Formulierung damals schon an führender Stelle beteiligt.

Die Studie warnt — auf Seite 15 — vor den Auswirkungen, die eine wachsende Bevölkerung der Entwicklungsländer, vor allem in den 13 Schlüsselländern wie Indien, Bangladesch, Pakistan, Nigeria, Mexiko, Indonesien, Brasilien, den Philippinen, Thailand, Ägypten, Türkei, Äthiopien und Kolumbien auf die politischen, strategischen und wirtschaftlichen Interessen der USA haben. Sie warnt vor der „wachsenden politischen und strategischen Rolle" der Entwicklungsländer mit einer wachsenden Bevölkerung, ihrem dadurch „wachsenden Machtstatus auf der Weltszene".

„Die US Wirtschaft benötigt," so heißt es auf Seite 43, „große und wachsende Mengen an Rohstoffimporten vor allem aus weniger entwickelten Ländern". „Die eigentlichen Probleme der Rohstoffversorgung," hieß es zuvor auf Seite 37, „liegen nicht im tatsächlichen Vorhandensein solcher Rohstoffe, sondern in den politisch-wirtschaftlichen Bedingungen des Zugangs, den Bedingungen ihrer Exploration und Ausbeutung und der Aufteilung ihres Nutzens auf die Förderer, Verbraucher und die Regierung des Ursprungslandes". Aus diesem Grund „wird Bevölkerungspolitik für die Versorgung mit Ressourcen und die wirtschaftlichen Interessen der USA relevant". Vor allem deshalb, weil, wie die Studie hervorhebt, die USA mit einem Anteil von 6% an der Weltbevölkerung gut ein Drittel ihrer Versorgungsgüter beansprucht. Ausdrücklich wird hervorgehoben, daß diese Gründe unabhängig von Umweltgesichtspunkten bestünden.

Das Memorandum setzt sich dann umfassend mit dem von seiten der Entwicklungsländer zu erwartenden Widerstand gegen die Politik der Bevölkerungskontrolle auseinander. Es warnt vor der von Entwicklungsländern immer nachdrücklicher geforderten „Neuen Weltwirtschaftsordnung", die den Versorgungsanteil der USA an den Weltressourcen schmälern würde. Es verlangt, daß Druck auf die Führung der Entwicklungsländer ausgeübt werden müsse, um sie von solchem „Glauben, Ideologien und Mißverständnissen" zu heilen, wie sie auf der „Bevölkerungskonferenz in Bukarest 1974 im Zusammenhang mit der Forderung nach einer „Neuen Weltwirtschaftsordnung" vorgetragen worden waren.

Besondere Hilfe erwartet man sich hierbei von den Internationalen Organisationen, von Konditionen der *Weltbank*, von der „Erziehungsarbeit" der Massenmedien und Verknüpfungen von Maßnahmen der Bevölkerungskontrolle mit der Entwicklungshilfe. Aber man ist sich — auf Seite 106 — der Gefahr bewußt, „daß einige Entwicklungsländer in dem Druck der entwickelten Länder zur Familienplanung eine Form des wirtschaftlichen und rassistischen Imperialismus sehen". Das verlange, daß die USA ihre Politik über die internationalen Institutionen durchsetzten. „Denn es ist wesentlich, daß die Anstrengungen, durch die die Entwicklungsländer zur Bevölkerungsreduktion gebracht werden sollen, von seiten der Führer der Entwicklungsländer nicht als Politik der Industrieländer angesehen wird, sie klein zu halten [Originalton: ,to keep their strength down'] und die Rohstoffe für die reichen Länder zu reservieren".

Die Studie selbst sieht — Seite 53 — den Vorteil darin, „daß Ausgaben für Bevölkerungskontrollprogramme viel geringer und wirksamer sind, als die Produktion durch Investitionen in Bewässerungsanlagen, Kraftwerke und Fabriken zu steigern".

Der Zusammenhang zur FCKW-Diplomatie wird auf Seite 106 der Studie deutlich: „Da im wesentlichen Bevölkerungswachstum den wachsenden Nahrungsmittelbedarf bestimmt, sollte die Vergabe von knappen Nahrungsmittelressourcen davon abhängig gemacht werden, welche Schritte zur Bevölkerungskontrolle wie auch zur Nahrungsmittelproduktion eingeschlagen werden. Bei diesen empfindlichen Verhältnissen ist es jedoch wichtig, weder vom Stil noch von der Sache selbst her den Eindruck von Zwang aufkommen zu lassen". Und daraus ergibt sich die rhetorische Frage: „Sollen Nahrungsmittel als nationales Machtmittel angesehen werden? Sollen wir eine Auswahl treffen, wen wir vernünftigerweise unterstützen, und sollen Bevölkerungsanstrengungen ein Kriterium für Hilfsleistungen sein? Ist die USA darauf vorbereitet, Nahrungsmittel zu rationieren, um Völkern zu helfen, die ihr Bevölkerungswachstum nicht kontrollieren wollen oder können?"

Anhand der Studie ist es nicht schwer, alle wichtigen Kampagnen, die mit großem Medienaufwand weltweit vorgetragen worden sind, diesem strategischen Ziel der USA zuzuordnen. Am 26. April 1991 hat Sir Crispin Tickell in seiner St.-Georgs-Vorlesung genau das getan. Bei dieser Veranstaltung pflegt sich die Creme der britischen Politik in *Windsor Castle* zu versammeln, um die allgemeinen Richtlinien der Politik des britischen Königshauses festzulegen. Sir Tickell nannte diesem erlauchten Kreis auch den Umfang der angestrebten Weltbevölkerung, die man in der US-Studie von 1974 nur angedeutet findet: „Die Tragfähigkeit der Erde wäre mit 2,5 Milliarden Menschen erschöpft". Als „Meilensteine" zu diesem Ziel stellte er den Bericht des *Club von Rom* von 1970, die UNO-Konferenz zu Umweltfragen von 1972, welche zum Umweltprogramm der UNO führte, die erste *Klimakonferenz* von 1979, die *Wiener Konvention* zum Ozonloch von 1985 und ganz besonders den sozialdemokratischen *Brundlandt-Bericht* über Umwelt und Entwicklung aus dem Jahr 1987 heraus.

Ist es nicht merkwürdig, daß gerade die Umweltschutzbewegung, deren Mitglieder von sich selbst die Vorstellung haben, als von der Gesellschaft geächtete Störenfriede die Öffentlichkeit wachgerüttelt und auf Probleme aufmerksam gemacht zu haben, die keiner sehen wollte, daß ausgerechnet ihre Kampagnen mit der imperialen Strategie des Finanzestablishments völlig synchron laufen?

Wer sich die Geschichte genauer ansieht, bekommt unweigerlich Zweifel am Bild der spontanen „Bürgerbewegung" für den Umweltschutz. Hat es je eine „spontane" Bürgerbewegung gegeben, die plötzlich mit der Veröffentlichung eines Grundsatzmanifests ausbrach, die dieses Manifest binnen weniger Wochen in millionenfacher Auflage in allen wichtigen Sprachen verbreiten konnte und die Rundfunk und Fernsehstationen im Sturm eroberte?

Die Art der Verbreitung des Manifestes „Die Grenzen des Wachstums" hat ganz und gar nichts mit Spontanität und Bürgern zu tun. Sein Erscheinen war der Startschuß für eine nicht enden wollende Reihe von Umweltkatastrophen, die die Medien zu wahren Horrormeldungen antrieben. Das Ozonloch ist nur ein Beispiel dafür. Medienvertreter behaupten zwar immer, sie brächten nur die Volksmeinung zum Ausdruck, in Wirklichkeit sind sie Meinungsmacher. Hinter ihnen steht Macht und Geld.

Lange vor dem Ökoboom gab es da die relativ unauffällige Organisation, in der man nicht so ohne weiteres Mitglied wurde. Heute ist sie mit ihrem Markenzeichen, dem niedlichen Pandabären, an die breite Öffentlichkeit getreten und hinreichend bekannt. Der Vorstand dieser Organisation umfaßte Leute mit Macht und Geld. Als Schirmherr trat Prinzgemahl Philip Herzog von Edinburgh auf. Mit ihm im Vorstand des *World Wildlife Fund* waren Personen wie John H. London, der Vorstandsvorsitzende von *Royal Dutch Shell*, der auch im Vorstand der *N.M. Rothschild Orion Bank* und der *Chase Manhattan Bank* sitzt. Das gilt wohl auch für Robert O. Anderson, den Chef der *Atlantic Richfield Oil Corporation*, dem unter anderem auch die berühmte Londoner Zeitung *Observer* gehört. Wir treffen in dem Kreis auf Dr. Luc Hoffmann, dessen Namen der berühmte Chemiekonzern *Hoffmann-LaRoche* trägt, und auf Thomas J. Watson, den Chef von *IBM*. Hinzu kommen die beiden hohen *NATO*-Beamten Russell Train, Vorstandsmitglied der *Union Carbide Corporation*, und Aurelio Peccei, der eine eigene Wirtschaftsberaterfirma besaß und nebenbei noch im Vorstand bei *FIAT* und *Olivetti* Dienst tat. Das ist die „Bürgerinitiative", von der die Umweltschutzbewegung ausging. Diese „Systemgegner" waren der Anfang. Wie ging es weiter?

Peccei übernahm 1967 den Vorsitz im Wirtschaftsausschuß des *Internationalen Atlantik-Instituts*. In dieser Funktion hatte er die NATO-Führungsspitze in dem Themenbereich „Die Neuordnung der Welt und die Notwendigkeit globaler Planung" zu unterrichten. Um seinen Schulungskursen mehr Gewicht zu geben, gründete die *NATO* 1969 das Komitee „Herausforderungen der modernen Gesellschaft".

Im Gründungsdokument liest man Sätze, die zum Grunddogma eines jeden grünen Umweltschützers geworden sind, auch wenn er sie nicht unmittelbar aus diesem Dokument auswendig gelernt hat: „Das Überleben der heutigen menschlichen Gesellschaft wird gegenwärtig von einem neuen Faktor bedroht: der schnellen Verschlechterung des Globus als ökologischem System. Die weltweite ökologische Krise hat drei Komponenten: Die Verstädterung, die Bevölkerungsexplosion und den zerstörerischen Eingriff der Technik des Menschen in seine physikalische und sozio-kulturelle Umgebung".

Und wie ging der Prozeß weiter, nachdem die erlauchte „Bürgerinitiative" ihr Manifest veröffentlicht hatte? Dr. W. Henily, damals stellvertretender Generalsekretär der *NATO*, beschreibt es folgendermaßen: „Zuerst haben die europäischen Regierungen gezögert, sich damit zu beschäftigen. Dann haben die grünen Parteien und die Umweltschützer auf die Regierungen Druck ausgeübt und sie dazu gezwungen, Ausschüsse einzurichten..." Aus den Ausschüssen wurden Ministerien, aus den Grünen der ersten Stunde Minister, Professoren, Rundfunkkommentatoren und Konzernleiter. Das war ein langer Prozeß, und er wurde rasch in Szene gesetzt.

Am 22. April 1970 wurde in Amerika der „Tag der Erde" gefeiert. Tausende von Studenten und erlebnishungrige Zuschauer nahmen in allen größeren Städten der USA an aufwendigen Festivitäten teil, die von den Medien eindringlich in jedes Haus gedrückt wurden. Rock und Popmusik, Anti-Kernkraft-Sprüche, Plakate mit der Aufforderung „Liebe Deine Mutter, den Planet Erde" und vieles

ANNUAL REVENUES OF SELECTED ECOFASCIST GROUPS	
1990	
ORGANIZATION	REVENUES
African Wildlife Foundation	$4,676,000
American Humane Association	$3,000,000
American Rivers	$1,800,000
Center For Marine Conservation	$3,600,000
Clean Water Action	$9,000,000
Conservation International	$8,288,216
The Cousteau Society	$14,576,328
Defenders of Wildlife	$4,345,902
Earth Island Institute	$1,300,000
Environmental Defense Fund	$16,900,000
Greenpeace Intl.	$100,000,000
Humane Society	$15,142,844
Inform	$1,500,000
International Fund for Animal Welfare	$4,916,491
National Arbor Day Foundation	$14,700,000
National Audubon Society	$37,000,000
National Wildlife Federation	$90,000,000
Natural Resources Defense Council	$16,000,000
Nature Conservancy	$168,554,000
Population Crisis Committee	$4,000,000
Rails-To-Trails Conservancy	$1,544,293
Sierra Club	$40,659,100
Student Conservation Association, Inc.	$3,800,000
Union of Concerned Scientists	$3,300,000
Wilderness Society	$10,932,448
Wildlife Conservation International	$4,500,000
Zero Population Growth	$1,300,000
	$585,335,622

Abbildung 1. Jährliche Finanzzuwendungen ausgewählter Umweltschutzorganisationen.

mehr warb für das Spektakel. Dem Beobachter wurde suggeriert, hier macht sich ein lange unterdrückter Aufschrei der Bevölkerung gegen die Nötigungen durch die profitgierige Industrie spontan Luft. Nur, spontan war das nicht. Das Spektakel war gut koordiniert und hervorragend geplant. Neben den großen Stiftungen hatte Robert O. Anderson von der *Atlantic Richfield Oil Corporation* ganz uneigennützig tief in die Tasche gegriffen und persönlich 200 000 Dollar zugesteuert.

Interessant ist der Beitrag der Zeitschrift *The Progressive*. Es handelt sich um das Organ der Fabianer um H.G. Wells, Bertrand Russell und die Gebrüder Huxley, das vor 70 Jahren mit dem Projekt „Neue Linke" begonnen und sich nach dem Krieg über die Welt verbreitet hatte. Es war seitdem das Führungsorgan des innersten Kreises ihrer Aktivisten geblieben. Nun schwenkte es mit der Sondernummer „Krise des Überlebens" auf Grünkurs. Das Heft enthielt Beiträge der bekanntesten neuen Aktivisten der neuen grünen Bewegung wie Ralf Nader, Paul Ehrlich, Danis Hayes und anderen. In dem Editorial hieß es: „Der 22. April ist der Hebel, etwas, das man nutzen sollte, um die Aufmerksamkeit der Bevölkerung darauf zu stoßen, wo es lang geht. Er ist die Chance, das Ganze in den Griff zu bekommen..." Wie nicht anders zu erwarten, schwenkten bald die anderen namhaften „neuen Linken" auf diesen Kurs ein.

Das Ganze wird noch deutlicher, wenn man die Geldströme verfolgt, die seit 1969 in die Umweltschutzbewegung geflossen sind. Leider läßt sich das in Deutschland nur schwer ermitteln. In den USA sind diese Zahlen aufgrund der Veröffentlichungspflicht von gemeinnützigen Gesellschaften leichter zugänglich. Dort flossen nachweislich jährlich etwa 22 Millionen Dollar an grüne Gruppierungen und Initiativen. Dazu kommen die riesigen Summen, die von seiten des Staates und halbstaatlicher Organisationen für bestimmte „Forschungs- und andere Projekte" ausgegeben werden, über die sich derartige Gruppen indirekt noch einmal finanzieren.

Wo kommen nun die privaten Gelder vorwiegend her? Wie die *Abbildung 1* zeigt, stammen sie vorwiegend aus den Stiftungen der großen Ölgesellschaften und Banken. Vor allem ist da die *Atlantic Richfield Foundation* zu nennen, natürlich die *Ford Foundation*, der *Rockefeller Brothers*

Fund, der *Rockefellers Family Fund* und die *Rockefeller Foundation*.

Nehmen wir als Beispiel den *Umwelt-Verteidigungs-Fonds* in den USA. Es wird immer so getan, als sei diese Organisation dadurch entstanden, daß sich einige Leute bei Kaffee und Kuchen gefunden und sich über das Gefahrenpotential von Chemikalien für die Umwelt unterhalten hätten. Sie hätten dann beschlossen zu handeln und die Organisation ins Leben gerufen. Tatsache ist aber, daß die Organisation von der *Ford Foundation* gegründet worden war. Zusätzlich schoß die *Joyce Foundation* 75 000 Dollar zu, die *Mott Foundation* steuerte 150 000 bei und weitere 25 000 kamen von der *Carnegie Foundation*. Heute tragen 150 000 Mitglieder die Organisation, die 18 Rechtsanwälte und 30 Wissenschaftler beschäftigt und über einen jährlichen Haushalt von 15 Millionen Dollar verfügt. Die Organisation hat sich im Kampf gegen das DDT hervorgetan und will sich nun in Sachen Klimakatastrophe und Ozonloch besonders engagieren.

Quellenhinweise:

Richard E. Benedick: Ozone Diplomacy, Harvard University Press, 1991

Stephen Levy: The Unicorn's Secret. Murder in the Age of Aquarius, Prentice Hall Press, 1988

Business Week vom 18. 12. 1989, „The Maverick Boss at Seagram. Edgar Bronfman jr. is Reshaping the Company for a Tougher World", Titelgeschichte.

Martin Gardner: Notes of a Fringe-Watcher, *The Skeptical Inquirer*, 1989.

Laurie Hays: Bronfmans of Seagram Take Increasing Role in Du Pont Co. Affairs", *Wall Street Journal* vom 17. 7. 1987, Titelgeschichte.

Lewis Du Pont Smith: A Memorandum On the Horrifying Economic and Strategic Implications of the Company's Scientifically Flawed Policy with Respect to CFCs and „Ozon Depletion", 24. 4. 1991.

Richard L Hudson: Giant Chemical Companies Should Prosper from Expected Ozone Friendly Accords", *Wall Street Journal Europe*, 29. Juni 1990.

„Who Finances Environmentalism", *Executive Intelligence Review*, New York.

Nachwort

Ozonloch im Kopf

Politik ist sowieso ein schmutziges Geschäft! Jeder wird von irgendwem bezahlt und bestochen! Wer weiß, was für Interessen hinter diesem Buch stehen? Und außerdem kann man ja ohnehin nichts ändern! — Wirklich nicht? Gleichgültigkeit ist heute das größte Übel von allen. Wollen Sie wissen, warum Ihr Nachbar, Ihr Berufskollege, Ihr Vereinskamerad, Ihr Freund oder Ihr Ehepartner das Ozonloch im Kopf haben? Gleichgültigkeit gegenüber den wirklichen Menschheitsproblemen ist der wesentliche Grund dafür. Und das ist nicht allein das Problem „der Medien". In Lateinamerika sterben Zehntausende von Menschen an der Armutskrankheit Cholera — und wir haben das Ozonloch im Kopf. Die schreckliche Krankheit *AIDS* grassiert in Afrika und in den Armenvierteln nordamerikanischer Großstädte — und wir haben das Ozonloch im Kopf. In China wird jeder geringste Versuch der Demokratisierung blutig niedergewalzt — und wir haben das Ozonloch im Kopf. Und auch wenn in Kroatien, zwei Autostunden von München entfernt, Menschen grausam massakriert werden, bringen wir nur hohle Phrasen hervor — und haben das Ozonloch im Kopf.

Tagtäglich sehen wir im Fernsehen, wie Menschen in unvorstellbarem Elend leben und sterben — sinnlos sterben und sinnlos leiden. Cholera und Malaria waren bereits fast besiegt. Wenn heute Menschen an diesen Krankheiten sterben, dann ist das kein naturgegebenes Schicksal. Wir machen es uns einfach und erregen uns über die potentielle Gefahr, die möglicherweise durch die Verwendung von FCKWs in Kühlschränken irgendwann einmal eine ansteigende UV-Belastung entstehen lassen und bei weißhäutigen Menschen zu einer geringfügigen Erhöhung des Hautkrebses führen könnte. Wir stellen diese Überlegungen an, während wir in tropische Länder in Urlaub fahren, uns in die Sonne legen und peinlich darauf achten, nicht hundert Meter abseits der Touristenzentren mit der unvorstellbaren Armut dieses Teils der Erde in Berührung zu kommen.

Wir ereifern uns über Asylanten; nicht weil wir etwas gegen Ausländer haben. Italienische, spanische, griechische, türkische Gastarbeiter konnte wir verkraften, aber diese „Wirtschaftsasylanten" treffen unseren Nerv. Sie konfrontieren uns mit der realen Not in dieser Welt und stören unser Ozonloch im Kopf.

Die Zeit, in der wir auf die „Selbstheilungskräfte" von Wirtschaft, Wissenschaft und Demokratie allein vertrauen konnten, sind vorüber. Die irrationale Anti-Kernkraft-Kampagne hat Tatsachen geschaffen; genau wie die Kampagne „Gift im Essen" oder das „Waldsterben" und die „Klimakatastrophe". Das Ozonloch im Kopf ist Realität. Feige Manager ducken sich und warten, bis die jeweilige Hysterie wieder abgeflaut ist. Clevere Politiker versuchen sich mit der Hysteriewelle emportragen zu lassen. Einige Wissenschaftler warnen vor Übertreibungen. Wie schön! Und wie hilflos. Was wir ändern müssen, sind nicht einzelne Argumente, sondern die Unart, mit Hysteriekampagnen Politik zu machen.

Das alljährliche „Ozonloch" über der Antarktis ist ein interessantes Phänomen, dessen Erforschung wichtig ist. Die Klimaforschung entsteht als eine eigenständige wissenschaftliche Disziplin. Mit zunehmender wirtschaftlicher Aktivität des Menschen wird die Erforschung potentieller Eingriffe in das lokale und globale Klima immer wichtiger. Aber wenn durch ideologisch motivierte Verbote und Auflagen Kosten in Milliardenhöhe erzeugt werden, bevor gesicherte Beweise für deren Notwendigkeit vorliegen, dann ist das angesichts der Not in der Welt ein Verbrechen.

Ende Mai 1991 legte die Forschergruppe, die das „Internationale Tschernobyl-Projekt" für die *IAEA* durchführte, auf einer Konferenz ihren Bericht über die „Einschätzung der radiologischen Konsequenzen und Evaluierung der Schutzmaßnahmen" vor. Untersucht worden war die radiologische Situation von etwa 825 000 Bewohnern in den *am stärksten radioaktiv verseuchten Gebieten* in der Ukraine, in Weißrußland und in Rußland. Es konnten *keine strahlenbedingten Gesundheitsschäden*, wie zum Beispiel Herzgefäßanomalien, Sehstörungen durch Star oder Schilddrüsenanomalien festgestellt werden. Kinder zeigten normales Wachstum und Gewicht. Es traten keine vermehrten Schilddrüsenknoten bei zwei- bis zehnjährigen Kindern auf. Bei Erwachsenen wurde kein Anstieg von Leukämie und Krebs festgestellt. Die kindliche und perinatale Sterblichkeitsrate sank nach dem Reaktorunfall sogar ab.

Vor allem stellt die Studie fest, daß aufgrund der wahrscheinlich aufgetretenen Strahlendosen auch ausgedehnte epidemiologische Analysen kaum eine zukünftige Zunahme von Krebs und genetischen Schäden über die natürliche Schädigungsrate hinaus feststellen werden. Festgestellt wurden jedoch ernsthafte psychologische Konsequenzen in Form von Streß und Angst, die durch die andauernde Unsicherheit über das Ausmaß der Schäden und Gefahren hervorgerufen wurden. Die Studie fordert, daß in Zukunft bei Schutzmaßnahmen der Nutzen solcher Maßnahmen den möglichen Schaden, der ohne diese Maßnahmen eintrifft, übersteigen sollte.

Was hat das mit dem Ozonloch über der Antarktis zu tun? Nichts, aber viel mit dem in unseren Köpfen.

Ralf Schauerhammer
SACKGASSE ÖKOSTAAT: KEIN PLATZ FÜR MENSCHEN

4. Auflage (60. Tausend), 212 Seiten
DM 14,80 ISBN 3-925725-06-7

Umweltschutz, das politische Schlagwort unserer Tage, dient vielen Interessen. Manche wollen wirklich die Natur für den Menschen gesund und sauber halten. Andere spielen nur mit Sorgen und Ängsten der Bevölkerung. Sie wollen Faschismus mit ökologischem Gesicht, den Ökostaat. Es wird Zeit, die grundlegenden Argumente der Umweltschutzbewegung zu überprüfen. Schauerhammer legt in klarem, gut leserlichem Stil die Tatsachen dar, an denen sich die meisten Behauptungen der Ökobewegung brechen. Wer sich in seinem Bemühen um eine saubere und gesunde Umwelt ernst nehmen will, wird an diesem Buch nicht vorbeikommen.

Gerd R. Weber
Treibhauseffekt, Klimakatastrophe oder Medienpsychose?

256 Seiten, 40 Schaubilder, DM 14,80 ISBN 3-925725-14-8

Aus dem Inhalt: Die Klimakatastrophe, Tatsachen und Fiktionen. 1. Der Treibhauseffekt: Willkommen zum Leben auf der Erde. 2. Können wir in die Zukunft sehen? 3. Im Wunderland der Großrechner: Modelle nach Wunsch. 4. Der Härtetest: Modelle und Wirklichkeit. 5. Der große Zeithorizont: Was beeinflußt das Klima außer den Spurengasen? 6. Die Perspektiven ändern sich. 7. Unrealistische Forderungen zur Eindämmung. 8. Realistische Lösungswege. 9. 1:0 im Kampf Medien gegen Wissenschaft.

**Dr. Böttiger Verlags-GmbH,
6200 Wiesbden, Dotzheimer Str. 166**